보드리야르 읽기

세창사상가산책18

보드리야르 읽기
시뮬라크르의 유혹과 하이퍼리얼의 리얼리티

초판 1쇄 인쇄 2019년 11월 22일
초판 1쇄 발행 2019년 11월 29일

_

지은이 최효찬
펴낸이 이방원
기획위원 원당희
편집 송원빈·김명희·안효희·윤원진·정조연·정우경
디자인 손경화·박혜옥 **영업** 최성수 **기획·마케팅** 이미선

_

펴낸곳 세창미디어
출판신고 2013년 1월 4일 제312-2013-000002호
주소 03735 서울시 서대문구 경기대로 88 냉천빌딩 4층
전화 02-723-8660 팩스 02-720-4579
이메일 edit@sechangpub.co.kr 홈페이지 http://www.sechangpub.co.kr/

_

ISBN 978-89-5586-578-3 04160
     978-89-5586-191-4 (세트)

이 도서의 국립중앙도서관 출판예정도서목록(CIP)은 서지정보유통지원시스템 홈페이지(http://seoji.nl.go.kr)와
국가자료종합목록 구축시스템(http://kolis-net.nl.go.kr)에서 이용하실 수 있습니다.(CIP제어번호 : CIP2019045795)

_ 이 책은 한국연구재단의 2017년 저술출판지원사업(교양서 부문)에 선정되어 출간되었다.

세창사상가산책 | JEAN BAUDRILLARD

보드리야르 읽기

시뮬라크르의 유혹과
하이퍼리얼의 리얼리티

최효찬 지음

18

세창미디어
MEDIA

그러므로 '현실'은 속임수이다.

확인가능한 것이 없다면,

세계는 근본적으로 환상이다.

— 『불가능한 교환』

이 책을 "아는 것이 힘이다"라며

배움의 길로 이끌어 주신 선친(諱 崔雲煥)과

요양원에서 아들을 기다리고

계실 모친(柳末乞)께 바칩니다.

머리말

월트 디즈니Walt Disney가 영화로 선보인 공주는 1937년 백설공주를 시작으로 신데렐라(1950) 등 지금까지 12명에 이른다. 세상의 때가 묻지 않은 주인공이 뜻하지 않은 역경에 놓이지만, 결국 낙관적인 천성과 불굴의 노력, 특히 로맨스가 가미된 남성의 도움으로 이를 극복하는데, 결말은 언제나 해피엔딩의 성장 스토리를 따른다. 누구나 간절히 바라지만 현실에서는 좀처럼 이루기 힘든 꿈이 디즈니의 작품 속에서는 언제나 이루어지는 셈이다. 여기서 영상에 의해 새로이 만들어진 신데렐라와 같은 이미지가 보드리야르가 말한 시뮬라크르simulacre인 셈이다. 이러한 시뮬라크르는 과잉이미지를 생성하는 시뮬라시옹simulation(모사) 과정을 거치면서 생성된다.

요즘 드라마에서는 '재벌남'이 주인공으로 곧잘 등장한다. 더욱이 하나같이 근사한 남자라는 이미지로 나오는데 이 또한 허무맹랑한 시뮬라크르에 불과하다. 물론 재벌남이 근사한 남자일 수도 있을 테지만 보편적인 캐릭터는 결코 아니기 때문이다.

재벌남이 오히려 여성을 불행에 빠뜨리거나 사회에 해를 끼치는 경우가 더 많을 수도 있다. 다만 그러한 '찌질한 재벌남'의 시뮬라크르들은 미디어에 의해 이미지로 생산되지 않고, '근사한 재벌남'의 이미지가 더 많이 생산될 뿐이다. 이러한 시뮬라시옹 과정을 통해 구성된 '근사한 재벌남'의 시뮬라크르는 원본도 사실성도 없는 실재, 즉 보드리야르가 말한 하이퍼리얼hyperreal(초과실재)의 현실로 둔갑한다.

보드리야르의 사상은 크게 소비사회론, 대중매체론, 시뮬라시옹 이론으로 대별할 수 있고, 그의 사상은 허무주의적 비관주의로 특징지을 수 있다. 이 책에서는 실재하지 않는 이미지로 생성된 시뮬라크르들이 어떻게 실재를 대체하며 하이퍼리얼 세상을 만드는지, 그 하이퍼리얼이 단지 가상의 현실로 머물지 않고 어떻게 진짜 현실을 갈취하는지를 살펴볼 것이다. 아울러 인공지능과 같은 디지털 기술이 지배하는 사회에서, 이제는 인간의 고유한 사유조차도 '쓸모없는 기능'이 되어 인류의 '사라짐'을 걱정해야 하는 디지털 디스토피아 또한 보드리야르의 글을 빌려 탐색해 보고자 한다.

필자는 2005년 연세대 대학원에서 비교문학과정 박사학위논문을 작성하면서 보드리야르를 본격 연구하기 시작했다. 보드리야르 사상을 접했을 때, 오아시스를 만난 기분이었다. 그의 이론 속에 사유의 난맥을 시원히 풀어 주는 오아시스가 있었기 때문이다. 박사학위논문인 「일상의 억압기제 연구」(2006)는 보드리야르의 이론과 매체미학을 접목하면서 성과를 낼 수 있었고, 그 논문은 『일상의 공간과 미디어』(2007)로 출간돼 2008년 대한민국학술원 우수학술도서에 선정되기도 했다. 이후 『하이퍼리얼 쇼크: 이미지는 어떻게 세상을 지배하는가』(2011)와 『장 보드리야르』(2006)를 출간한 데 이어 이번에 보드리야르 연구를 시작한 지 15년 만에 다시 『보드리야르 읽기』를 한국연구재단의 저술지원금으로 출간한 것은 연구자로서 큰 보람이 아닐 수 없다. 아울러 사랑하는 이채영(미미)과 병장으로 전역하고 모스크바대학교에서 유학 중인 아들 승현과 출간의 기쁨을 함께하고 싶다.

보드리야르와 씨름하는 새,

아, 낙엽비 흩날리며 만추晩秋가 가고 있다!

2019년 11월, 북한산 자락 후연재厚淵齋에서

최효찬 쓰다

세창사상가산책 | JEAN BAUDRILLARD

1

보드리야르 생애와 사상

1
보드리야르 사상의 흐름과 저서들

20세기 프랑스를 대표하는 포스트모던 사상가이자 사회이론가인 보드리야르Jean Baudrillard는 1929년 7월 29일 프랑스 랭스의 소작농 집안에서 태어났다. 소르본대학교에서 독일어를 공부하고 1958년부터 1966년까지 프랑스의 국립고등학교인 리세에서 독일어를 가르쳤다. 1968년 앙리 르페브르Henri Lefebvre를 지도교수로 박사학위 논문인 「사물의 체계」를 발표하였고, 파리10대학인 낭테르대학교 조교수로 재직하게 된다. 이때 이른바 '68혁명'을 목도하게 되고, 이는 그의 사상에 큰 영향을 미치게 된다.

보드리야르는 초기의 네 저서, 즉 『사물의 체계』(1968), 『소비의 사회』(1970), 『기호의 정치경제학 비판』(1972), 『생산의 거울』(1973)을 통해 현대성에 관한 새로운 사유, 새로운 성찰의 영역을 펼친다. 첫 저작인 『사물의 체계』는 포스드모더니즘 세상에서 핵심요소 중 하나가 되는 기술이 어떻게 급속하게 비기능적·비실용적 기술이 되는지를, 그리고 환상과 욕망에 따라 어떻게 새로운 기술이 고안되는지를 고찰한다. 소비는 우리의 일상이다. 우리는 물건뿐만 아니라 물건의 이미지와 물건에 대한 담론들에 둘러싸여 있다. 보드리야르가 『소비의 사회』와 『기호의 정치경제학 비판』에서 정밀하게 분석하고자 하는 것은 소비하는 행위가 아니라, 거기에 작용하는 복잡한 사회의 논리와 계급의 교묘한 지배 전략이다. 여기서 보드리야르는 생산보다는 소비에 우위를 둔 일상성의 사회학을 펼치며 마르크스의 생산이론 대신 소비이론을 기호가치로 정립한다.

보드리야르는 주저인 『소비의 사회』에서 소비 개념의 혁신을 통해 현대사회를 분석하는 열쇠를 찾는다. 에밀 뒤르켐Emile Durkheim의 정의에 따르면, 소비란 형식적 규칙에 지배되는 것이 아니라 개인수준에서의 욕구와 무질서에 내맡겨져 있는 것처럼 보이기 때문에 언뜻 보면 아노미적인 영역에 불과하다. 이 때문에 경제학은 결국 소비에 대해 말하는 것을 싫어한다. 다른 모든 부분은 사회적 규칙에 얽매여 있지만, 소비에서의 개인은 자기만의 사적 영역에서 자유롭고 독자적인 행동의 여지를 갖고 있다는 것이다. 그러나 보드리야르는 "소비는 사람들이 일반적으로 생각하는 것처럼 불확정적인 주변 영역이 결코 아니다. 그것은 적극적이고 집단적인 행동이며, 강제이고, 도덕이며 제도이다"[01] 라고 말한다.

보드리야르에 따르면, 경제학에서 정의하는 소비 개념과는 다르게 상품(사물)의 소비란 사용가치의 소비를 포함하면서도 그것을 훨씬 넘어선다. 즉 행복, 안락함, 풍부함, 성공, 위세, 권위, 현대성 등에 소비의 본래적 의미가 있다. 예컨대 세탁기는 도구로 사용되는 것과 함께, 행복, 위세 등등의 요소로서의 역할도 하는데 이 후자야말로 소비의 고유한 영역이라는 것이다.

보드리아르는 "소비는 부족部族의 새로운 신화처럼 현대세계의 도덕이 되었다"[02]면서 소비에 관한 이데올로기는 우리로 하여금 다음과 같이 생각하도록 만들려 한다고 강조한다. "우리는 새로운 시대에 들어갔으며, 결정적인 인간 '혁명'이 고난에 가득 찬 '영웅적 생산시대'를 넘어 '행복한 소비시대'를 만들어 내면서 인간과 그 욕망의 복권復權이 마침내 가능하게 되었다라고 말이다."[03]

보드리야르는 기존 경제학에서 비교적 관심을 적게 두었던 소비에 방점을 둠으로써 소비의 체계를 새롭게 분석한다. "소비가 단지 사물과의 관계만이 아니라 집단 및 세계와의 관계의 능동

보드리야르, 『소비의 사회』, 이상률 역, 문예출판사, 1999, 106쪽.
보드리야르, 『소비의 사회』, 10쪽.
보드리야르, 『소비의 사회』, 107쪽.

적 양식이라는 것, 즉 우리의 문화체계 전체가 기초를 두고 있는 체계적 활동 및 포괄적 반응의 양식이다"[04]라고 보드리야르는 강조한다.

보드리야르는 이러한 착상으로 사물을 기호로 파악하고, 또 사회를 의미작용의 체계로 해석한다. 현대사회를 소비사회로 지칭하면서 현대인은 생산된 물건의 기능을 따지면서 아울러 상품을 통하여 얻을 수 있는 위세와 권위, 곧 기호를 소비한다고 주장하였다. 그리고 보드리야르는 인간의 욕구를 특정한 사물에 대한 욕구로 해석하지 않고, '차이'에 대한 욕구, 즉 사회적 의미에 대한 욕망으로 해석한다.

특히 보드리야르는 이른바 '시뮬라시옹simulation' 개념을 통해 현실과 가상의 경계가 사라진 시대, 원본 없이 가짜 복사본들로 둘러싸인 세계로 현대사회를 진단한다.

보드리야르는 가공의 이미지인 '시뮬라크르simulacre'[05]의 개념을 도입해, 발터 벤야민Walter Benjamin이 말한 아우라aura[06]의 상실 이후의 기술복제시대를 분석하고 있다. 보드리야르는 시뮬라시옹을

---

04 보드리야르, 『소비의 사회』, 10쪽.

05 simulacrum은 고어(古語)로 같은 뜻이며 복수는 simulacra이다. 시뮬라크르의 동사적 의미는 시뮬라시옹으로 '시뮬라크르(를) 하기'이다.

06 원본의 예술 작품만이 가지고 있는 흉내 낼 수 없는 분위기.

통해 포스트모던 사회의 본질을 꿰뚫고 있다. 그의 이론의 핵심 개념인 시뮬라크르는 원본 없는 이미지로 만들어진 복사본을 가리키는 개념이다. 원본을 '재현'하는 수준이 아니라 그 자체가 새로운 '원본'으로서 실재의 자리를 대신 차지한다. TV, 광고, 영화, 인터넷 등 미디어가 만들어 낸 원본 없는 이미지, 즉 시뮬라크르는 시뮬라시옹의 결과물로 가상의 이미지 자체가 실재 자체를 대체하며 원본도 사실성도 없는 실재인 하이퍼리얼hyperreal[07]을 만들어 낸다는 것이 보드리야르의 핵심 이론이다.

즉 시뮬라크르와 하이퍼리얼은 시뮬라시옹에 의해 만들어지는 것으로, 예전의 실재 이상으로 우리 곁에 있다. 또한 하이퍼리얼은 전통적인 실재가 가지고 있는 사실성에 의해 만들어진 것도 아니고, 사실성에 의해 규제되지도 않는다. 말하자면 현대인은 가상 실재인 시뮬라크르의 미혹 속에서, 그리고 시뮬라크르의 미혹이 만들어 내는 하이퍼리얼의 현실 속에서 살아가고 있다는 것이 보드리야르의 주장이다.

아울러 보드리야르는 대중매체와 문화에 대해서도 탁월한 관

---

[07] 하태환의 번역본에는 '파생실재'로 명명하고 있다. 여기서는 또 하나의 실재의 파생이 아니라, 시뮬라크르에 의해 새롭게 실재를 생성하고, 전혀 다른 현실을 생성함으로써 전통적인 실재가 가지고 있는 사실성에 규제되지 않는다는 의미에서 '초과실재'로 표기한다. 따라서 『시뮬라시옹』의 인용문에 등장하는 파생실재 또한 초과실재로 표기함을 밝힌다.

점을 제시했다. 현대에 이르러 미디어에 대한 부정적 시각이 더 우세한 편인데 보드리야르의 대중매체론은 이보다 더 비관적이고 허무주의적이다. 보드리야르는 현대의 대중매체가 현실을 반영하는 매개체가 아니며 본질적으로 반중재反仲裁적이고 비추이非推移적인 동시에 의사소통을 방해하는 일방적 매체의 속성을 지녔다고 강조한다. 더욱이 "의미적인 모든 내용물은 매체의 유일 지배적인 형태 속으로 흡수된다는 것이다. 매체만이 사건을 만든다. 이것은 그 내용이 순응적이건 전복적이건 마찬가지다"[08]라고 주장한다.

1980년대에 이르면 보드리야르의 사유는 대단히 비관적이고 허무주의적인 색채를 띠게 된다. 그의 주저인 『시뮬라크르와 시뮬라시옹』[09]과 『숙명적 전략』에 이르면 그의 이론은 극단을 향해, 자체의 한계를 향해 내달리고 있다. 이른바 보드리야르의 급진적 사유이다. 더욱이 유고로 나온 『사라짐에 대하여』에서 허무주의는 절정에 이른다. 그가 2007년 77세로 세상을 떠나기 전에 남

---

[08] 보드리야르, 『소비의 사회』, 147-148쪽.

[09] 이 책의 원제는 『시뮬라크르와 시뮬라시옹(Simulacres et Simulation)』인데, 번역본 제목은 『시뮬라시옹』으로 되어 있다. 이 책에서는 각주는 번역본 제목인 『시뮬라시옹』으로 표기하되, 본문은 원제인 『시뮬라크르와 시뮬라시옹』으로 표기한다(보드리야르, 『시뮬라시옹』, 하태환 역, 민음사, 1996).

긴 마지막 텍스트『왜 모든 것은 아직 사라지지 않았는가?』를 번역한 이 책은 극단으로 치닫는 현대문명에 유언장을 던지고 있다. 보드리야르는 "객관적 지식 습득과 기술 지배를 향해 나아가는 현대에 실제 세상과 인간은 사라졌으며, 현대의 문화는 유령으로 가득 찼다"고 이야기한다.

보드리야르는 1980년경부터 일기를 쓰기 시작했고 1987년 교수직을 그만둔 뒤 여행과 집필 활동에 전념한다. 보드리야르는 미국 여행기를 담아 1986년『아메리카』를 출간한다. 이 책에서 뉴욕에 도착한 보드리야르는 다음과 같이 질문한다. "왜 사람들은 뉴욕에 거주할까? 그들 사이에는 어떠한 관계도 없다. 함께 무리 지어 다니는 군중이 됨으로써 그들 사이에 흐르게 된 짜릿한 내적 전류inner electricity를 제외하고는, 인공적 중심에 가까이 있다는 매력이 주는 마법과도 같은 매혹, 이것이 뉴욕을 매혹적으로 만들며, 그곳을 벗어나야 할 아무 이유가 없도록 만든다. 함께 무리 지어 다니는 거대한 군중의 일원이 되는 순수한 엑스터시를 제외한다면, 여기에 있어야 할 아무런 인간적인 이유도 없는 것이다."[10] 보드리야르는 이 책에서 미국을 현대성이 생겨나

10 리처드 레인,『장 보드리야르, 소비하기』, 곽상순 역, 앨피, 2008, 192쪽.

살아가고 또한 죽어 버린 '실현된 유토피아'라며 냉정한 눈길을 던진다. 희망도 매력도 클라이맥스도 없는 낙원이라는 것이다.

현대사회의 기호나 이미지를 해명하는 데 열정을 지녔던 보드리야르는 박사학위 논문 「사물의 체계」에서부터 30여 년에 걸쳐 40여 권의 관련 저서를 출간했다. 대표적인 저서로는 『소비의 사회』, 『기호의 정치경제학 비판』을 비롯해 『생산의 거울』, 『상징적 교환과 죽음』(1976), 『유혹에 대하여』(1979) 『시뮬라크르와 시뮬라시옹』(1981), 『숙명적 전략』(1983), 『아메리카』(1986), 『차가운 기억들』(1987-2005), 『악의 투명성』(1990), 『걸프전은 일어나지 않았다』(1991), 『완전 범죄』(1994), 『토탈 스크린』(1997), 『불가능한 교환』(1999), 『암호』(2000), 『테러리즘의 정신』(2002), 『지옥의 힘』(2002), 『세계의 폭력』(2003), 『투명성의 계약 혹은 악의 공모』(2004), 『사라짐에 대하여』(2007) 등이 있다.

이러한 저술을 통해 보드리야르는 비의사소통적인 대중매체에 의해 조작되는 현대사회를, 시뮬라시옹 질서에 따라 기호와 이미지가 지배하는 소비사회로 분석하며, 기존의 생산 질서 위주의 현대 자본주의 사회에 대해 급진적 사유를 전개한다. 보드리야르는 미디어에 의해 창조된 기호와 이미지가 현대사회를 지배하는 현상을 비판적으로 분석한 사회이론가이자, 근대철학의 이성, 합리주의에 반기를 든 대표적인 포스트모던 철학자로, 탈마르크스주의·탈구조주의 사조를 이끈 거장으로 꼽힌다.

2
마르스크주의에서 탈마르크스주의로

앙리 르페브르는 마르크스주의 사회학자로 『일상생활 비판』(1946)을 펴냈다. 여기에서 그는 마르크스의 소외 개념을 강조하지만 생산현장의 차원을 넘어 사회구조에 주목했다. 르페브르는 1968년에 『현대세계의 일상성』을 출간했는데 보드리야르는 르페브르에게 박사학위논문 지도를 받으며 스승의 이론에 큰 영향을 받았다. 초기 보드리야르의 이론적 기틀을 마련한 마르크스주의도 르페브르의 사상과 궤를 같이한다. 그가 '생산시대'에 종언을 고하고 '소비시대'를 주창한 것도, 향유 를 전유가 아니라 강제의 개념으로 분석하여 배려의 테러리즘을 내세운 것도, 르페브르의 현대 소비사회 분석에 기반을 두고 있는 것이다.

르페브르는 일상생활을 통한 일상성[1]의 혁명을 강조한다. 예컨대 축제는 단순한 일상이 아니라 사회 구성원을 통합하는 등 일정한 역할을 한다는 것이다. 하지만 르페브르는 현대사회에서 일상생활은 풍요로운 주체가 되지 못하고 사회조직의 객체가 되었다고 강조하며 소비조작의 관료사회에 살고 있다고 강조한다.

마르크스주의적 관점에서 현대 자본주의사회를 연구한 르페브르는 현대의 자본주의를 관료제에 의해 소비가 조작되는 이른바 '소비조작의 관료사회société bureaucratique de consommation dirigée'[12]로 분석한다. 이 사회의 특징은 상품영역뿐만 아니라 사적인 일상생활에도 억압과 강제의 기제가 작동하는 과잉억압의 사회라고 분석한다.

---

[11] 르페브르는 일상생활에 대한 대표적 연구자로 꼽힌다. 르페브르의 일상생활 연구는 소외의 탐구와 직결된다. 그에게 일상의 연구는 '사람이 어떻게 살고 있는가?'에 관한 포괄적인 파악이다. 그에게 있어 현대인의 구체적 삶은 현대의 기술문명과 소비적 특성에 의하여 끊임없이 소외당하고 불만의 상태에 빠져 있는 것으로 포착되기 때문이다. 일상의 연구가 단순히 미시적, 단편적 수준에 머무는 것을 거부하고 개인과 사회 전체의 역동적이고 변증법적인 관계에서 다루어져야 한다는 것을 강조한다. 개인의 구체적 삶은 사회의 기술발전 단계와 전체 구조에 의해 크게 제약되기 때문이다. 이러한 관점에서 르페브르는 개인의 고유 영역으로 간주되는 욕구 자체가 사회 전체적 수준에서 창출되고 조정된다고 본다. 르페브르는 1946년에 『일상생활 비판(Critique de la vie quotidienne)』 제1권을 출간한 것을 시작으로 1961년에 『일상생활 비판』 제2권, 그리고 1968년에 『현대세계의 일상성(La vie quotidienne dans le monde morderne)』 등을 통하여 일상생활에 대한 연구를 집중적으로 다루었다.

[12] 앙리 르페브르, 『현대세계의 일상성』, 박정자 역, 기파랑, 2005, 133쪽.

소비조작의 관료사회로 지칭되는 소비사회는 이전의 '산업사회'와는 구별되는 특징이 있다. 소비사회 이론가들은 현대사회의 전사前史라 할 수 있는 공업생산과 자본주의경제의 초기단계에서는 욕구가 생산을 인도하지 않았다고 주장한다. 기업가들은 시장을 알지 못했고 소비자를 몰랐다. 그들은 소비자가 있을 것을 희망하며 무턱대고 생산했고 시장에 상품을 내놓았다. 그렇지만 오늘날 소비사회에서 생산을 조직하는 사람들은 지불능력이 있는 수요만이 아니라 소비자들의 욕구까지도 고려한다. 결국 소비행위는 조직된 합리성 속에 자리 잡게 된다.[13]

소비사회에서는 관료제의 조직합리성이 소비의 합리성으로 이어진다. 막스 베버Max Weber에 따르면, 관료제는 무엇보다 합리성에 기반을 둔다. 관료제의 구조를 지니는 조직은 기계와 같이 움직이며, 소기의 목적을 위하여 그가 가지고 있는 인적·물적 자원을 집중적으로 또 최대한으로 활용할 수 있도록 제도화되어 있다. 또 베버는 현대사회에서 국가뿐만 아니라 회사·정당·학교 등 그것이 다수로 구성된 지속적인 조직체인 이상, 거기에는 관료제 구조가 존재한다고 보았다. 즉 관료제는 국가뿐만 아니

[13] 앙리 르페브르, 앞의 책, 123-125쪽.

라 기업체 등 대부분 조직에서 발견되는 보편성을 지닌다. 르페브르의 소비조작의 관료사회에서는 소비가 이러한 조직의 합리성에 따라 보편적으로 이루어진다는 데 기초해 있다. 소비가 합리성을 지닌다면 조직을 최대한 활용해 소비를 합리적으로 만들어 낼 수 있는 것이다.

보드리야르식으로 말하자면, 소비의 목적은 가치가 있는 사회적 코드를 생산하기 위해서이다. 소비의 체계는 욕구와 향유에 근거하는 것이 아니라, 언어처럼 인위적인 기호 및 차이의 코드에 근거하고 있다.[14] 마르크스주의자인 스승의 이론에 영향을 받은 보드리야르는 여기에 더해 소비가 '생산'되는 소비의 시대를 주창하게 된다. 르페브르는 소비조작의 관료사회는 자본과 결탁한 관료제에 의해 소비가 합리적으로 조작되므로 생산영역이 아닌 소비영역에서 소외문제를 낳는다고 본다. 마르크스가 노동으로 소외가 발생한 반면, 르페브르는 소비를 소외와 연결시켜 분석한다. 소비조작의 관료사회는 광고를 통하여 '소비 이데올로기'를 유포함으로써 소비욕구를 조장하고, 소비를 조작하며, 소비가 중심이 된 일상생활을 조직한다고 주장한다. 소비조작의

14 박정자, 『로빈슨 크루소의 사치』, 기파랑, 2006, 83쪽.

관료사회에서 소비조작을 통해 일상생활이 소외되는 현상은 프롤레타리아뿐만 아니라 모든 계급에 공통적인 현상이 되고 있다. 특히 노동자 계급의 경우 상상 속에서의 소비와 현실에서의 소비 사이에서 다른 어떤 집단보다 더 큰 실망과 좌절을 경험하게 된다.

르페브르에 따르면, 전후의 근대 자본주의는 노동현장에서 착취와 소외를 지속시켰다. 그러나 지금의 소외는 일상생활 자체로, 작업장이 아닌 일상생활 속으로, 재생산(소비를 통해 생산이 반복되는 과정)과 여가에 까지도 깊숙이 파고들기 시작했다. 소비주의를 통해 소외가 쏟아져 들어오며, 미디어와 광고를 통해 사람들을 유혹한다. 그리고 국가 관료제와 계획을 담당하는 관공서들을 통해 모든 광고판을 요란하게 장식하면서 개입한다.[15]

1960년대에 보드리야르는 새로운 프랑스를 목격한다. 현대화와 기술발전, 독점자본주의, 대량소비의 정보사회가 그것이다. 특히 마르크스가 상품의 경제적 분석을 통해 생산관계에서 계급 간의 모순을 규명하려 했다면, 보드리야르는 생산양식 이론은 한물 갔다며 이제는 생산이 아니라 소비가 사회질서를 주도한다고

15 앤디 메리필드, 『매혹의 도시, 마르크스주의를 만나다』, 남청수 외 역, 시울, 2005, 180쪽.

주장한다.

보드리야르는 대량소비의 출현과 그 효과에 대해 비판적으로 해명하는 데 연구의 초점을 두는데, 그 분석틀로 마르크스주의의 구조주의를 이용한다. 언어와 문화의 영속적인 심층구조를 강조하는 방법론인 구조주의는, 주체가 존재로부터가 아니라 언어[16]로부터 나온다고 주장한다. 구조주의자들은 기호체계가 작동하는 방식에 관심을 갖는다. 그러나 구조주의자들은 대체로 기호 그 자체의 기호론적 층위를 넘어 이데올로기나 철학과 같은 다른 쟁점들과 상호작용하며 세계 내에서 그러한 체계가 작동하는 방식을 탐구한다. 또한 구조주의자들의 접근은 체계에 대한 보편적인 관심으로 간주되기도 하며 문화적 산물이나 사건, 이론들을 하나의 체계로 이해하려는 방식으로 간주되기도 한다.

라캉Jacques Lacan은 무의식이 언어처럼 구조화되어 있다고 주장했으며, 구조주의자들 사이에서는 인간 주체가 의미체계의 산물이라는 주장이 별다른 이견 없이 받아들여졌다. 이것은 자유인

---

[16] 소쉬르에 따르면 기호는 청각영상인 기표(記標)와 개념인 기의(記意)로 이루어진다. 그러나 그의 요점은, 세계 내의 사물이나 대상을 대신하는 기호에 있는 것이 아니며, 예컨대 '고양이'라는 기호와 부드러운 털을 지닌 애완용 동물이라는 세계 내의 대상 간의 관계가 자의적이라는 데 있다. 체계는 차이를 통해 의미를 생산하거나 만들어 낸다. 다시 말해서 '고양이'라는 기호는 우리가 언어라고 부르는 체계 내에서 '개'라는 기호와 다르기 때문에 의미를 갖는다는 것이다.

본주의적 입장과는 반대되는 것이다. 인본주의적 입장에 따르면 인간 주체는 인간의 본성을 표현하는 예술 작품이나 그에 버금 가는 중요한 의미를 산출할 수 있는 본질적 특성과 재능을 지니 고 있다. 예를 들면 전기비평은 소설이나 그림 속의 모든 의미가 그것을 만든 작가에게로 거슬러 추적될 수 있다고 주장한다. 즉 주체가 체계에 선행하는 것이다. 반면 구조주의자들에 따르면, 인간 주체는 이미 그들로 하여금 다양한 작품의 창작을 가능하 게 한 사고체계의 일부분이다. 여기서는 체계가 주체에 선행한 다. 프랑스의 모네 플랜Monnet Plan[17]은 바로 구조주의를 반영한 정 책이라고 보드리야르는 분석한다. 보드리야르는 모네 플랜이 정 책적으로 입안되고 실행되던 시기를 살았다.

"모네 플랜에 따르면, 인간은 체계에 맞추어 자신의 노동하는 삶을 자발적으로 꾸려 나가야 했다. 모네 플랜은 그 목적, 즉 근대화와 더 나은 생산성 때문에 의미를 갖는다."[18]

17 제2차 세계대전에서 피폐한 프랑스의 경제부흥을 위하여 입안된 제1차 근대화 설비계획. 프랑 스는 전후(戰後)의 황폐로부터 재기하기 위하여 경제와 산업을 근본적으로 근대화할 필요가 있 었는데, 경제전문가 J.모네에 의하여 1946년 입안된 것이다. 이 플랜은 경제운영에 대한 정부의 통제를 극력 배제하면서도 자본주의체제 속에 계획화 정책을 도입하는 혼합경제로서, 이후 프 랑스 경제계획의 모델이 되었다.

보드리야르는 모네 플랜이 시뮬라시옹에 따라 진행되었다고 주장한다. 성공적으로 진행된 모내 플랜에 대부분 의지한 프랑스의 현대화는 많은 실질적인 진전을 이루어 1968년에는 이미 되돌릴 수 없는 과정이 되어 있었다. 이에 보드리야르는 "모네 플랜은 미리 예정된 성공 시뮬레이션이었다"면서 "공적 영역에서 광범위하게 통용되기 시작한 이후, 그것은 '리얼리티'를 획득하여 번영의 미래를 상징하는 말이 되었다"[19]고 강조한다.

프랑스의 1968년 5월 혁명은 구조주의와의 한판 투쟁이라고 보기도 한다. 구조주의에 반대하는 사람들은 5월 혁명을 그들이 증오하는 철학을 쫓아낼 수 있는 기회로 보고 맹렬한 기세로 덤벼들었다. 토론회에서 구조주의는 비판에 직면했다. 학생 봉기가 일어나던 시기에 보드리야르는 낭테르대학에서 학생들을 가르치고 있었다. 이 시기에 보드리야르는 구조주의적 관점을 수용했으며, 마르크스주의에 회의를 품기 시작했다. 이러한 구조주의적 관점은 1968년 출간된 『사물의 체계』에도 적용되었다. 보드리야르는 소비에서 작동하는 구조적 체계를 탐색한다. 그리고 구조주의는 소비의 역동성을 드러내는 데 이용할 수 있다고 보

---

[18] 리처드 레인, 앞의 책, 40쪽.
[19] 리처드 레인, 앞의 책, 51-52쪽.

았다. 그런데 5월 혁명으로 구조주의가 격렬한 비판에 직면한 이후부터 보드리야르는 구조주의에 의문을 갖게 된다.

보드리야르의 사상적 층위는 마르크스주의를 구조주의적 입장에 따라 재편한 시기(1968-1972)와 1972년 이후 마르크스주의를 강력히 비판하며 구조주의와 결별하는 시기로 사상적 층위가 구분된다. 보드리야르는 『생산의 거울』의 출판과 더불어 결정적인 관점의 변화가 일어났는데, 그것은 구조주의적 마르크스주의를 구축하려는 시도를 단념하고, 마르크스주의에 더 비판적이고 회의적인 시각을 견지하게 되었다는 것이다.[20]

초기 보드리야르의 관심사를 결정하는 이항대립은 '생산'과 '소비'의 대립이다. 그래서 생산과 소비를 다루는 방식을 검토하면, 마르크스주의에 대한 보드리야르의 태도 변화를 추적할 수 있다. 고전적 마르크스주의, 즉 마르크스 본래의 사고방식에 가장 가깝다고 간주되는 이론에서 산업화된 자본주의사회의 핵심을 이루는 것은 '생산'이다. 보드리야르의 초기 저서에는 소비에 대한 열렬한 관심이 분명하게 드러나 있으며, 그 관심은 임금이 큰 폭으로 증가하고 상품에 대한 대량소비가 발생하는 현대의 프랑

20 리처드 레인, 앞의 책, 122쪽.

스에 마르크스주의를 적용한 결과에 대한 것이었다. 그러나 소비에 대한 보드리야르의 관심 때문에 생산이 여전히 우선권을 갖고 있다는 사실이 부인되는 것은 아니다. 이때까지만 해도 보드리야르는 마르크스의 『자본론』에서 다듬어진 이론적 입장을 많은 부분 신뢰하는 상태였다.[21] 그러나 보드리야르는 『생산의 거울』에서 자신이 행해야 할 작업은 생산에서 소비로 지배적 관점을 변환하는 일이라고 역설한다.

보드리야르는 『소비의 사회』의 전반부에서 대량소비라는 새로운 인간 행동을 체계적으로 검토한다. 즉 인간 존재는 소비재처럼 상품이 된다. 다시 말해서 인간 존재는 '인간성'보다는 다른 근거로 가치가 매겨지며, 또한 사물의 연속적 사슬 혹은 사물의 소비라는 새로운 유형이나 리듬에 따라 자신의 삶을 영위하게 된다는 것이다.[22]

마르크스는 자본주의 사회에서 개인적 소비는 본질적으로 개인적 욕구의 대리충족이 아니라 노동력의 재생산을 위해 필요하다는 사실을 잘 보여 준다. 그러나 보드리야르가 보기에 노동자의 소비는 이보다 더욱 복합적이고 흥미로운 현상이라고 주장한

---

21 리처드 레인, 앞의 책, 122-123쪽.
22 리처드 레인, 앞의 책, 123쪽.

다. 즉 『소비의 사회』에서 그는 생산과 소비가 서로 뒤얽히고 있다는 점에 주목한다.

마르크스는 『자본론』에서 상품을 사용가치[23]와 교환가치[24]를 동시에 전달하는 것으로 정의했다. 이 두 가치는 모두 생산에 초점이 맞추어져 있다. 마르크스는 어떻게 노동자가 그 자신의 노동의 산물에서 소외되는지, 즉 어떻게 자신이 생산해 온 사물의 교환가치에서 어떠한 이득도 얻지 못하는지, 또한 공장의 기계와 같은 생산방식으로부터 어떻게 소외되는지 주목했다. 마르크스에게 노동자의 소비는 생산적 소비와 개인적 소비로 나뉜다. 생산적 소비는 공장의 생산라인에서 작업하면서 자신의 에너지를 소비하는 것이다. 그러나 노동자는 그러한 생산과정에 따른 이

---

[23] 신발이나 의복처럼 욕구를 충족시키는 무언가를 만들어 내는 생산활동에서 창출되는 것. 상품은 사용가치와 교환가치라는 두 가지 요소로 구성되어 있는데, 마르크스는 사용가치에 대해 "한 물건의 유용성은 그 물건으로 하여금 사용가치가 되게 한다. 이러한 사용가치는 그 물건을 구체적으로 사용하거나 소비하면 실현된다"고 설명했다.

[24] 상품 생산에 필수적인 노동력의 표현. 이는 사용가치처럼 상품 그 자체와 관련된 것이 아니라, 그 상품을 만들기 위해 필요한 노동의 비용과 관련되는 것이기 때문에 추상적인 표현이다. 교환가치는 우선 어떤 종류의 사용가치가 다른 종류의 사용가치와 교환되는 양적관계 혹은 비율로 표시된다. 예컨대 한 벌의 양복이 80kg의 쌀과 교환된다면 양복 한 벌의 교환가치는 80kg의 쌀이다. 그런데 양복과 쌀이라는 종류가 다른 사용가치가 이처럼 양적으로 비교되고 교환되는 까닭은 양자가 질적으로 동일한 어떤 공통인자를 포함하고 있기 때문인데, 바로 인간노동이다. 상품의 교환비율을 궁극적으로 규정하는 것은 인간노동 가치의 크기이다. 교환가치는 화폐의 출현과 더불어 가격으로 매겨진다(박은태, 『경제학 사전』, 경연사, 2010).

익을 공장주(자본가)에게 고스란히 빼앗긴다. 개인적 소비는 공장에서 노동의 대가로 받은 임금을 소비하는 것이다. 그러나 그조차도 기본적인 필수품을 구입하는 데 전부 사용한다.[25] 결국 노동자에게 소비는 개인적 욕구의 대리충족이 아니라 노동력의 재생산을 위해, 즉 사용가치에 초점을 맞추고 있다는 한계를 벗어나지 못한다고 할 수 있다. 그러나 보드리야르가 보기에 노동자는 욕구를 충족시키기 위해 상품을 구매한다고 해도, 단순히 그런 차원에서 소비하는 것이 아니라고 강조한다.

보드리야르는 멜라네시아 원주민들의 '화물 신화'를 소비사회에 대한 우화로 제시하면서 소비에 대해 마르크스와는 다른 분석을 가한다. 멜라네시아의 원주민들은 하늘을 지나가는 비행기에 넋을 빼앗겼다. 그러나 이 사물은 결코 자신들에게로 내려온 적이 없었다. 백인들이 그것을 잡는 데 성공한 것은 그들이 지상에 빈터를 만들어 하늘을 나는 비행기를 유인할 만한 사물을 배치하였기 때문이다. 그런데 원주민들은 나뭇가지와 리안liane(열대 아메리카산 칡의 일종)잎으로 모형비행기를 만들기 시작하였으며, 빈터를 구획하여 밤에는 정성껏 불을 지펴 진짜 비행기가 그곳

25 리처드 레인, 앞의 책, 125쪽.

에 착륙하기를 열렬히 기다리기 시작하였다.[26]

보드리야르는 이런 우화를 통해 현대의 소비자들은 허위 사물, 행복을 의미하는 기호들을 전체적으로 배치하고 그다음에 행복이 내려앉기를 기다린다고 분석한다. 하지만 멜라네시아 원주민들에게 비행기가 내려오지 않듯이, 현대의 소비자들에게도 텔레비전 앞에 앉아 스위치를 누른다고 해서 진정한 행복이 착륙하진 않는다. 예를 들면 최신형 승용차처럼 새로운 모델을 갖게 되면 그 사물에서 행복을 얻을 수 있으리라 기대한다. 하지만 새로운 모델이 다시 출시되면 행복의 유통기한도 끝난다.

현대인들에게 행복을 기다리는 작업은 다시 반복된다. 소비의 과정은 마술적인 것으로 경험되는데, 한편으로는 행복의 기호들이 '진정한' 총체적 만족을 대체했기 때문이고, 또한 그러한 기호들이 총체적 만족을 끝없이 지연시키기 때문이다. 텔레비전은 종종 풍부한 소비로 인해 더 행복한 삶을 사는 것처럼 보여 준다. 이는 마치 멜라네시아인들의 화물 숭배에 대한 믿음이 사실로 증명되는 것과 같다.[27]

텔레비전과 화물 숭배라는 두 가지 경우에서 모두 한 사회적

---

26 보드리야르, 『소비의 사회』, 21쪽.
27 리처드 레인, 앞의 책, 130-131쪽.

집단은 더 많은 사물을 소비하는 다른 사회적 집단을 목격하게 되며, 그 결과 미래의 풍요와 행복에 대한 자신들의 신념을 더욱 확고히 하게 된다. 보드리야르가 강조하고자 하는 것은 풍부함의 기호를 따라 발생하는 이러한 기대가 우리 사회의 코드 및 상징적 체계로 강화된다는 것이다. 그리고 사회의 상징적 체계가 담당하는 이러한 역할을 검토하려면 마르크스에게서는 찾아볼 수 없는 일련의 연구가 필요하다는 것이다.[28] 보드리야르는 여기서 소비의 개념을 달리 포착하게 된다. 즉 소비는 단순히 개인적인 차원에서 이루어지는 행위가 아니라는 것이다.

가령 유명 디자이너의 옷을 구입하는 행위는 그 옷에 투여된 노동의 질을 따져 사용가치와 교환가치를 매기려는 사람들에게 불필요한 낭비로 간주될 수 있다. 그런데 유명 디자이너의 옷은 일반 대중적인 브랜드가 아니기 때문에 남다른 가치와 의미를 지닌다. 다시 말해서 디자이너의 옷은 기호처럼 패션계 내에서 혹은 그것을 넘어서 순환한다. 의복으로서의 실용적 가치만으로 그 의미를 따지는 것은 무의미한 일이다. 따라서 소비자가 소비행위에 탐닉할 때, 그 소비행위는 패션체계 혹은 코드와 같은 하

---

28 리처드 레인, 앞의 책, 131쪽.

나의 체계 속에 위치함으로써 의미를 얻게 되는 것이다.[29]

보드리야르는 우리가 소비의 논리와 사용가치의 논리, 교환가치와 상징적 교환 사이를 반드시 구분해야 한다고 주장한다. 명백한 사례는 결혼반지와 아무런 의미를 갖지 않는 평범한 반지 사이의 차이가 갖는 논리이다. 결혼반지는 상징적 가치(결혼)를 지니며, 선물로 받는 과정에서 단 하나의 특별한 사물이 된다. 예컨대 그 반지는 시대의 흐름에 따라 당대의 유행에 맞는 다른 것으로 바뀔 수 없는 것이다. 그러나 평범한 반지는 대체로 상징적 의미와는 거리가 멀다. 그것은 유행에 따라 바뀌거나 완전히 버려질 수 있으며, 무언가를 과시할 목적으로 (예컨대 재산의 과시) 순전히 개인적 취향에 따라 선택되는 것이다. 그 반지는 단 하나의 특별한 사물이 아니라 기호처럼 기능하는 소비의 사물이다.[30]

이러한 논의를 통해 보드리야르는 구조주의적 관점에서 소비를 분석하여 사회적 체계가 개인적 주체에 선행한다[31]고 주장한다. 보드리야르는 사람들은 그들에 앞서 존재하는 사회적 체계

---

29 리처드 레인, 앞의 책, 138-139쪽.
30 리처드 레인, 앞의 책, 139쪽.
31 '인간존재는 타고난 내적 정체성을 지니고 있으며 그것을 표현한다'는 자유주의적 인본주의자의 입장과 상반된다.

를 통해 자신의 정체성을 부여받을 뿐이라고 주장한다. 주체는 체계에 의해 정체성을 부여받으며, 또한 주체는 체계의 질서에 속하는 '의미 요소' 중 하나로 환원된다.[32]

이러한 주장은 상품과 생산물 역시 인간 주체와 마찬가지로 체계에 속하는 하나의 의미 요소에 불과하며, 따라서 소비는 일종의 교환이라는 주장으로 이어진다. 언어가 개인의 발화행위 parole(파롤)를 통해 그때그때 즉흥적으로 구성되는 것이 아니듯이, 소비 또한 개인적 욕구를 통해 그때그때 임시적으로 구축되거나 체계화되는 것이 아니다. 즉 언어와 소비를 배경으로 탄생한 주체는 전적으로 언어의 체계langue(랑그)에 의해 그 의미가 주어지는 것으로, 차이와 코드의 장을 벗어나서는 살아갈 수 없게 된다는 것이다.

"변별된 상품과 기호/사물들의 유통, 구매, 판매, 전유는 오늘날 우리의 언어, 우리의 코드를 구성하며, 사회 전체는 그러한 코드를 통해 의사소통하고 이야기를 나눈다"[33]고 보드리야르는 『소비의 사회』에서 주장한다. 이러한 글에서 보드리야르는 이미 생산이 중심인 마르크스주의에서 멀리 떨어져 있는 것처럼 보인다.

---

32 리처드 레인, 앞의 책, 140쪽.
33 리처드 레인, 앞의 책, 140-141쪽.

보드리야르는 초기의 저서들에서 생산은 소비에 관한 이론을 정립하는 데 필수적 토대라고 보았다. 그러나 1972년 이후 보드리야르의 작업에서 생산은 마르크스주의의 맹점을 상징하는 것으로 평가절하되었다. 생산은 여전히 마르크스주의적 사고를 지배하는 개념으로 간주된다. 그러나 바로 이러한 지배적 영향력 때문에 그것은 오히려 마르크스주의적 분석체계가 지닌 한계를 상징하는 것이 되었다.[34] 마르크스주의는 인간을 생산적 공동체에 속하는 것으로 간주하는 서사에 갇혀 있다는 것이다. 따라서 보드리야르는 마르크스주의가 현대 소비사회의 메커니즘을 분석할 수 있는 생산 너머를 이해할 수 없다고 말한다.

또한 보드리야르는『소비의 사회』에서 지출 혹은 낭비 개념을 '포틀래치potlatch'와 연관지어 소비를 새로운 기호체계로 통찰력 있게 분석하며 마르크스주의와는 차별화된 분석으로 나아간다. 즉 마르크스주의에는 결여된 소비이론을 새로운 측면에서 분석하여 소비자 중심의 현대사회를 전망하면서, 1972년 이후 보드리야르는 마르크스 비판가로 변모한다.

---

34 리처드 레인, 앞의 책, 142쪽.

2

보드리야르 사상의 이해

1
보드리야르 사상의 3가지 토대

보드리야르를 이해하는 3가지는 소비와 대중매체와 시뮬라시옹 질서로 대별할 수 있다. 보드리야르는 먼저 『소비의 사회』에서 바타유의 포틀래치 논문을 들어 소비에 대한 새로운 해석을 가하며 소비사회론을 이끌어 낸다. 또한 그는 『기호의 정치경제학 비판』에서 기존의 '생산' 주축의 경제와 마르크스의 정치경제학을 비판적으로 분석한다. 아울러 '대중매체를 위한 진혼곡'이라는 장에서는 1968년 5월 혁명에서 미디어가 혁명을 지배하고 분위기를 이끌었지만 비의사소통적인 일방적 보도를 했다면서 급진적이고 회의주의적인 대중매체론을 내놓았다. 그는 『소비의 사회』에서 고급 승용차나 스포츠카는 비생산적인 '쓸모없는 기능물'이지만 상징적인 코드로 작동하는 '가제트'가 실재를 대체한다는 시뮬라시옹 질서의 탐색에 나서기도 했다. 말하자면 보드리야르는 포틀래치와 68혁명, 가제트에 남달리 예리하게 천착함으로써 독특한 시각으로 현대사회를 통찰할 수 있게 한 소비사회이론, 기존의 대중매체론을 뒤엎는 새로운 대중매체론, 그리고 실재하지 않는 가공의 이미지들이 새로운 실재를 갈취하는 시뮬라시옹 이론을 내놓을 수 있었다.

1) 포틀래치에서 새로운 소비사회를 읽다

보드리야르는 소비의 이론을 정립하기 위해 조르주 바타유 Georges Bataille에 주목한다. 먼저 보드리야르는 헤겔의 변증법적 철학에 엇박자를 낸다. 변증법에 대해 옥스퍼드 철학사전에서는 "각각의 시대를 특징짓는 모순의 점진적 해결을 향해 사건들을 전개시키는 역사적 힘"이라고 규정한다. 마르크스주의는 헤겔적 변증법[01] 혹은 인간 주체의 형성에 대한 헤겔의 변증법적 통찰을 사적 유물론의 관점에 통합시켰다. 다시 말하자면 사회구조적으로 한 사회가 어떻게 계급투쟁을 통해 진화하는지 볼 수 있도록 헤겔의 이론을 경제학과 결합한 것이다. 마르크스주의에 따르면, 변증법의 궁극적 결론은 헤겔이 말한 절대정신(혹은 철학)에 이르는 것이 아니라 한 사회가 공산주의체제에 도달하는 것이다.[02]

---

01 변증법이란 말은 그리스어에서 유래했으며, "이야기 주고받기(to converse)"를 의미한다. 이는 철학을 논리적 토론의 장으로 이끄는데, 그 토론에서는 두 개의 상반되는 주장 혹은 입장이 세 번째 것으로 해결된다. 이 "세 번째 주장 혹은 입장은 또 다른 논리적 주장을 개진하는 새로운 출발점이 되고 그렇게 변증법은 계속해서 전진하게 된다"(리처드 레인, 앞의 책, 29쪽 각주).
02 리처드 레인, 앞의 책, 24쪽 각주.

보드리야르는 헤겔의 변증법처럼 사고를 총체화하는 체계에 의구심을 품는다. "세상에는 변증법에 포함될 수 없는 경험들이 존재한다. 커다란 종에 조그맣게 난 금이 궁극적으로 전체 구조를 파괴할 수 있는 것처럼, (잠재적으로) 전체 체계를 파괴할 가능성이 있는, 그 한계 지점에서 작동한다고 할 만한 경험이 존재할 수도 있으리라는 것이다."[03]

보드리야르는 이에 대한 논리적 근거를 바타유의 논문에서 찾았다. 보드리야르에 따르면, 헤겔의 논리에 맞선 가장 대표적인 것은 파괴의 과정을 탐색하는 바타유의 논문 「지출이라는 개념」이다. "현대사회는 상품의 생산과 보존, 그리고 인간 삶의 재생산과 보존이라는 두 가지 주요한 요소 때문에 실용적이 되고 말았다"고 바타유는 주장한다. 이러한 흐름에 적응하려면 소비는 과잉이 아니라 신중한 것, 즉 최소한의 소비가 되어야만 한다. 그러나 바타유는 최소한의 소비조차도 비생산적 지출의 삶이 되는 행위라고 강조한다. 바타유는 사치, 장례, 전쟁, 종교의식, 윤리

---

03 리처드 레인, 앞의 책, 33쪽. 포스트모더니즘의 세계(혹은 정신)를 구조화하는 핵심 요소들 중 하나는 기술이다. 우리는 예컨대 '석기시대' 혹은 '컴퓨터 시대'와 같이 당대에 사용된 기술에 따라 한 사회를 정의해 왔는데, 일반적으로 그러한 서술은 기술이 꾸준히 진보해 왔다는 식의 단선적인 진화론적 모델을 취하는 경우가 많았다. 그러나 그러한 서사는 기술문명에 드리운 그늘을 거의 고려하지 않고 있다(리처드 레인, 앞의 책, 57-58쪽).

규제를 위한 기념물 제작, 게임, 스펙터클, 예술, 도착적 성행위와 같은 이러한 비생산적 행위들이 모두 그 자체를 넘어서는 어떠한 목적도 갖고 있지 않다고 주장한다.[04]

바타유의 이러한 분석은 보드리야르에게 영향을 주었다. 보드리야르는 1965년 페터 바이스Peter Weiss의 희곡 『마라/사드』를 번역했다. 여기서 그는 우리를 총체화시키는 변증법의 체계에 대립되는 개념을 얻을 수 있다고 한다.

"그 희곡은 춤과 팬터마임, 노래, 장황한 기도, 곡에 연기, 영웅적 장면 등이 격렬하게 뒤엉켜 있으며, 또한 그로테스크한 폭력과 성적 과잉으로 얼룩진, 뜨겁게 달아오른 혁명의 수사들이 그처럼 격렬한 장면들을 전달한다."[05]

바타유의 지출 개념과 관련한 유명한 사례는 포틀래치와 관련돼 있다. 캐나다 북서부 해안가 원주민들의 의식인 포틀래치는 대체로 성년식과 결혼식, 장례식 때 행하는 의식인데, 참석자들에게 상당한 가치가 있는 과도한 선물을 아무런 대가 없이 주는

04 리처드 레인, 앞의 책, 34쪽.
05 리처드 레인, 앞의 책, 34쪽.

특징이 있다. "포틀래치는 대체로 모든 교환의 가능성이 배제된, 대단히 풍부한 선물로 구성되는데, 그 선물은 경쟁자를 모욕하거나 경쟁자에게 싸움을 걸고 그를 억압하려는 의도에서 공격적으로 제공된다. 그 선물의 교환가치는 모욕을 씻기 위해 도전을 수용한다는 의미에서 선물을 받은 사람이 (승인하는 순간 자신이 자초하는) 그 계약에 만족한다는 듯이 더 가치 있는 선물로 응답해야만, 다시 말해서 이자까지 쳐서 갚아야만 한다는 것이다."[06]

바타유가 흥미를 갖는 것은 포틀래치식 증여와 재산의 파괴 행위다. 바타유에 따르면, 포틀래치를 통해 재화는 궁극적으로 상실되는 것이 아니라 아이러니하게도 증가하게 된다. 재산을 더 많이 상실한 사람일수록 더 큰 권력을 획득하기 때문이다.[07] "재화는 부자가 권력을 획득하는 경로를 따라 그러한 권력의 부수적 획득물로 등장한다. 그러나 그것은 전적으로 손실을 향하며, 어떤 의미에서는 이러한 권력은 손해 볼 수 있는 권력으로 특징화된다. 영예와 명예는 오직 손실을 통해서만 재화와 연결된다."[08]

체계 내에서 역사는 발전하는 방향으로 나아간다는 게 바로 헤

---

06 리처드 레인, 앞의 책, 35쪽 재인용.

07 리처드 레인, 앞의 책, 35-36쪽 재인용.

겔과 마르크스의 변증법이다. 그런데 보드리야르에 따르면, 바타유의 포틀래치 분석은 헤겔과 마르크스의 변증법의 한계를 벗어나 사유를 확장한다. 보드리야르는 『소비의 사회』에서 지금까지의 모든 사회는 엄밀하게 필요한 것 이상으로 항상 낭비하고, 탕진하고, 소모하고, 소비하였다며 그 이유를 다음과 같이 밝힌다. "개인이나 사회가 생존하고 있을 뿐만 아니라 진정으로 살고 있다는 것을 느끼는 것은 초과분과 여분을 소비할 때라는 것이다. 이러한 소비는 '소모', 즉 순수하고 단순한 파괴에까지 이를 수 있는데, 그때에는 특별한 사회적 기능을 갖는다."[09]

바타유가 분석한 포틀래치에서는 귀중한 재화들을 경쟁적으로 파괴하는 것이 사회조직을 공고하게 한다. 콰키우틀족은 텐트의 덮개, 카누, 문장이 그려져 있는 동판을 내놓는데, 그들은 '자신들의 지위를 유지하기 위해', '자신들의 가치를 확인하기 위해' 그것들을 불태우거나 바다에 던진다는 것이다.

바타유의 '포틀래치'로부터 소비 개념에 대한 새로운 관점을 포착한 보드리야르는 『기호의 정치경제학 비판』의 첫 문장에서 물건이 지닌 기호의 사회적 기능에 대해 논한다.

08 리처드 레인, 앞의 책, 36-37쪽 재인용.
09 보드리야르, 『소비의 사회』, 43쪽.

물건들의 실제를 다양한 계급과 범주에 따라 조절하는 사회적 논리의 분석은 동시에 '소비' 이데올로기의 비판적 분석일 수밖에 없는데, 그 이유는 소비 이데올로기가 오늘날 물건들에 관련된 모든 실제의 기초를 이루고 있기 때문이다.[10]

보드리야르가 첫 문장에 이 책의 모든 것을 집약해 놓았다고 해도 과언이 아니다. 여기에는 이중의 분석이 있다고 보드리야르는 강조한다. 첫째는 물건들 각자의 독특한 사회적 기능에 대한 분석이고, 둘째는 물건과 결부되어 있는 이데올로기의 정치적 기능에 대한 분석이다. 보드리야르는 이 분석들이 절대적인 선결조건, 즉 욕구에 입각하여 물건들을 바라보는 자연발생적인 시각과 물건의 사용가치에 언제나 우선권이 있다는 가설을 먼저 넘어서야 한다고 강조한다. 여기서 보드리야르는 물건들이 지니는 사용가치와 교환가치를 넘어 기호가치를 암시한다.

이를 고찰하기 위해 보드리야르는 상징적 교환으로서의 '쿨라 kula'와 '포틀래치'에 대해 언급한다. 쿨리는 파푸아뉴기니의 트로브리안드 군도 사람들의 교환체계로서, 붉은 조개껍질 목걸이

---

[10] 보드리야르, 『기호의 정치경제학 비판』, 이규현 역, 문학과지성사, 2001, 11쪽.

와 흰 조개껍질 팔찌만이 정해진 경로를 따라 교환된다. 그것들은 사용하기 위해서라기보다는 오히려 위세를 떨치고 높은 지위를 획득하기 위해 소유된다. 제한된 수의 사람들만이 쿨라에 참여할 수 있는데, 각자는 쿨라 물품을 비교적 짧은 기간 동안 지니고 있다가 자신의 편에게 건네준다. 그리고 그것을 받은 사람은 그 대신에 다른 하나의 물품을 상대방에게 준다. 그렇게 해서 생긴 제휴관계는 평생 지속된다.[11] 포틀래치 또한 북아메리카 인디언들이 축제일에 행하는 지위 과시용 선물 분배 행사로서, 상류계급에 속하는 한 개인 또는 집단이 다른 사회 계급의 개인이나 집단에게 일정한 수의 선물을 준다. 선물을 받은 사람은 선물을 준 사람을 긍정적으로 대하면 그만일 뿐, 어떤 다른 것을 상환물로 제공해서는 안 된다. 이것은 일반적인 의미의 소비와는 거리가 먼 낭비적이고 과시적인 소비에 해당한다고 보드리야르는 강조한다.

미국의 사회학자인 소스타인 베블런Thorstein Bunde Veblen은 상류계급의 '과시적 소비(낭비)'라는 개념을 제시한다. 일찍이 베블런은 『유한계급론The Theory of the Leisure Class:An Economic Study in the

---

11 보드리야르, 『기호의 정치경제학 비판』, 13쪽 역주.

Evolution of Institutions』(1899)에서 "상층계급의 두드러진 소비는 사회적 지위를 과시하기 위하여 자각 없이 행해"지는 과시적 소비를 지적하였다. 과시적 소비란 보란 듯이 사치를 부리고, 위세를 떠는 지출 또는 소비행위다. 베블런이 입증하고 있듯이, 종속된 계급은 '주인나리'의 생활수준을 자랑삼아 내보이는 것도 그 계급의 기능이라고 지적한다.

여자와 심복, 하인은 신분의 지수다. 수적으로 남아돌고 무위도식하는 가운데 주인의 권세와 부를 여실히 드러내는 이 범주의 사람들도 역시 소비를 하기는 하지만 그들의 소비는 '주인나리'의 이름으로 행해진다(대리소비). 그러므로 그들의 기능은 경제적으로는 쿨라나 포틀래치에서 찾아볼 수 있는 물건들의 기능에 지나지 않으며, 더 나아가서는 가치들의 위계를 설정하거나 유지하는 것이다.[12]

베블런은 이러한 관점에 입각하여 가부장제 사회에서 여성의 지위를 분석한다. 말하자면 음식을 먹이기 위해서가 아니라 일을 시키기 위해 노예의 생활을 돌봐 주듯이, 여자를 아름답게 꾸

---

12 보드리야르, 『기호의 정치경제학 비판』, 14쪽.

미기 위해서가 아니라 여자의 사치를 통해 주인의 정당성이나 사회적 특권이 여실히 드러나도록 여자에게 호화로운 옷을 입힌 다는 것이다. 특히 살림이 넉넉한 계급에서 여자들의 교양은 그 녀들이 속한 집단의 자산 가운데 일부를 이룬다. 보드리야르는 "이 '대리 소비', '남을 대신하여 행하는 소비'의 개념은 대단히 중 요하다. 이 개념은 소비에 관한 기본적인 정리定理, 곧 소비란 개 인의 향락과는 아무런 관계도 없다는 것. 소비는 사회생활 당사 자들의 의식에 의해 숙고되기도 전에 그들의 행동을 결정짓는 강제적인 '사회 제도'라는 것 쪽으로 우리를 이끌어간다"[13]고 강 조한다.

보드리야르는 "더 나아가 이 개념은 소비를 일반화된 개인적 욕구 충족으로서가 아니라 다른 집단이나 계급보다는 오히려, 또 는 다른 집단이나 계급과는 대조적으로, 특정한 집단이나 계급에 영향을 미치는 사회의 '운명'으로 간주하게 된다"[14]고 지적한다. 베블런에 의하면, 위세의 주요한 지수에는 호사와 탕진(헛된 지출) 말고도 또 하나가 있는데, 그것은 직접적으로나 대리로 행사되 는 무위(시간 낭비)이다.[15] 보드리야르는 베블런의 과시적 소비 개

13 보드리야르, 『기호의 정치경제학 비판』, 14쪽.
14 보드리야르, 『기호의 정치경제학 비판』, 14-15쪽.

념을 자신의 소비사회론에 적극 끌어들여 소비를 생산의 질서에 대체하게 되는 것이다.

보드리야르는 지금까지 어느 시대를 막론하고 귀족계급은 '쓸데없는 낭비'를 통해 자신들의 우월성을 확인하였다고 주장한다. 따라서 합리주의자와 경제학자가 만들어 낸 효용이라는 개념은 훨씬 더 일반적인 사회적 논리에 따라 재검토해야 한다는 것이다. 이 논리에서 낭비는 비합리적인 찌꺼기가 아니라 긍정적인 기능을 지니면서 보다 높은 사회적 기능수준에서 합리적 효용과 교대하며, 심지어 결국에는 본질적인 기능으로 나타난다고 강조한다. "이러한 시각에서는 '소비'에 대한 정의가 생산적인 낭비로 나타난다. 이는 필요, 축적 및 계산에 근거를 둔 경제학의 시각과는 반대된다. 그 시각에서는 오히려 여분이 필수품보다 우위를 차지하고, 지출이 축적 및 취득보다 가치에서 우위를 차지한다."[16]

우리나라에서도 과거에 사회적으로 존중받는 가문[17]이 되기 위

---

15 보드리야르, 『기호의 정치경제학 비판』, 15쪽.
16 보드리야르, 『소비의 사회』, 43-44쪽.
17 사회적으로 존중받는 가문은 '적선지가 필유여경(積善之家 必有餘慶)'이란 말을 실천했는데 이는 적선을 하는 집안은 반드시 경사스런 일이 일어난다는 뜻이다. 베풂, 즉 재화와 자본을 낭비함으로써 사회적 위신과 권력을 유지해 온 것이다. 예를 들면 구례에 있는 운조루(雲鳥樓)는

해서는 축적보다 지출에 우위를 두어야 했다. 보드리야르는 풍부함의 낭비를 이렇게 표현하고 있다. "풍부함이 하나의 가치가 되기 위해서는 충분한assez 풍부함이 아니라 너무 많은trop 풍부함이 있어야 하며, 필요와 여분 사이에 중요한 차이가 유지되고 표면화되어야 한다: 이것이 모든 수준에서의 낭비의 기능이다."[18] 보드리야르는 낭비가 사라지기를 바라는 것은 환상이라며, 오히려 체계 전체의 방향을 잡는 것이 낭비라고 강조한다.

보드리야르는 '소비의 영웅들'이라는 개념을 소개하며 적어도 서양에서는 '생산의 영웅들'에 대한 찬양보다 '소비의 영웅들'에 대한 찬양이 더 많다고 한다. 오늘날 대중매체들은 영화배우, 스포츠 및 게임의 스타, 돈 많은 몇몇 왕자나 세계적인 군주들 등, 결국 대낭비가들grands gaspilleurs[19]에 대한 이야기를 들려준다. 잡

1776년(영조 52)에 낙안군수 류이주(柳爾胄)가 지은 집인데 200여 년 된 뒤주가 있다. 쌀 세 가마가 능히 들어갈 '뒤주'의 원통형 아랫부분에 '누구나 열 수 있다'는 뜻의 '타인능해(他人能解)'란 글귀가 붙어 있다.

18 보드리야르, 『기호의 정치경제학 비판』, 46쪽.

19 풍부한 낭비는 아리스토텔레스가 말한 '호탕한 부자'에 해당할 것이다. 아리스토텔레스는 『니코마코스 윤리학』에서 재물에 대한 관점을 너그러움과 호탕함, 방탕함과 인색함의 네 가지 부류로 나눈다. 이때 너그러움과 호탕함은 재물을 널리 베푸는 통 큰 부자들로, 중용을 실천하는 덕의 길이며, 이와 반대로 방탕함과 인색함은 재물을 전혀 베풀지 않는 부자들로, 악덕의 길에 해당한다. 먼저 재산에 대해 너그러운 유형은 재산을 잘 활용하면서 사용하는 사람이 해당된다. 무슨 물건이나 그것을 가장 잘 쓸 수 있는 사람은 그 물건에 관한 덕을 가지고 있는 사람이다. 따라서 재물을 가장 잘 사용할 수 있는 사람이 다름 아닌 너그러운 사람이라고 아리스토텔레스는

지와 텔레비전의 뉴스에 화제를 제공하는 이 모든 거대한 공룡들에 대해서, 우리의 흥미를 돋우는 것은 언제나 그들의 지나친 생활, 엄청난 잠재적 지출능력이라고 보드리야르는 말한다. "그들의 초인적인 특성은 그들의 포틀래치의 냄새이다. 따라서 그들은 사치에의 쓸데없이 과도한 지출이라는 매우 명확한 사회적 기능을 수행한다. 그들은 옛날의 왕, 영웅, 사제 또는 큰 벼락부자들과 같은 사회집단을 대신해서 이 기능을 수행한다."[20] 보드리야르는 대낭비가들의 소비를 현대판 포틀래치에 비유한다. 따라서 미디어적 측면에서 생산 영웅에 대한 관심에서 소비 영웅에 대한 관심으로의 전환과 과도하게 낭비적인 삶을 사는 '공룡들'에 대한 관심으로의 전환이 대중문화를 지배하게 된다고 주장한다.

나아가 그는 오늘날의 사회에서는 낭비적인 소비가 일상적인

강조한다. 너그러운 사람이 되려면 재물을 베풀 수 있어야 하는데 그러자면 적어도 재물을 일정 정도 소유한 부자여야 한다. 다음으로 재물에 대해 호탕한 유형이다. 아리스토텔레스는 이것이 '큰 규모에서의 알맞은 소비'에 해당한다고 말한다. 그러나 호탕함은 재물에 관계되는 모든 행위들에 있어서의 너그러움은 아니다. 이 호탕함은 그 소비 규모에 있어서 너그러움을 능가한다(아리스토텔레스, 『니코마코스 윤리학/정치학/시학』, 손명현 역, 동서문화사, 2007, 4권 참고). 우리나라의 경우 '경주 최부잣집'이 전 재산을 독립운동과 해방 후 대학설립에 희사했다는 점에서 재물의 사용에 있어 호탕함에 해당할 것이다. 아울러 경주 최부잣집은 상속받은 재산을 이웃들에게 베풀기를 잘한 가문으로 존경받았다는 점에서 너그러움의 유형에도 포함될 것이다.

20 보드리야르, 『소비의 사회』, 47쪽.

의무 혹은 간접세처럼 무의식적이고 강제적인 하나의 제도가 되었다고 강조한다. 또한 경제질서가 강요하는 것 중의 하나로 낭비적인 소비가 태연하게 끼어들었다고 강조한다. 예를 들어 "당신의 자동차를 부수세요. 그 뒤는 보험이 책임집니다!"와 같은 광고 문구에서 이런 사실을 알 수 있다.

그런데 보드리야르는 자동차와 교통사고가 의심할 바 없이 일상적인, 그리고 장기적으로는 집단적인 낭비의 특권적 발생지 중 하나라는 이색적인 분석을 가한다. "그 사용가치가 계획적으로 감소되고, 그 위세와 유행의 정도가 철저하게 강화되고 게다가 투자된 금액이 터무니없이 많기 때문인 것만은 아니다. 보다 큰 이유는 사고로 인해 일어나는 철판 및 기계장치 그리고 인명의 구경거리가 될 만한 집단적 희생에 있다."[21]

보드리야르는 "교통사고는 소비사회에서 가장 아름다운 거대한 해프닝인데, 소비사회는 이 교통사고에 의한 물질과 생명의 의례적 파괴 속에서 자신의 과도한 풍부함의 증거를 얻는다"[22]고 주장한다.

---

21 보드리야르, 『소비의 사회』, 50쪽.
22 보드리야르, 『소비의 사회』, 49쪽.

소비사회가 존재하기 위해서는 사물이 필요하다. 보다 정확하게 말하면 사물을 '파괴'하는 것이 필요하다. 소비는 자신을 넘어서 파괴로 변모하려는 강한 경향을 갖고 있다. 바로 이 점에서 소비는 의미 있는 것이 된다.[23]

보드리야르는 "사물은 파괴에 있어서만 '남아돌 정도로' 존재하며, 그리고 소멸 속에서 부富의 증거가 된다"[24]고 말한다. 치명적인 인명 손실을 초래하는 교통사고야말로 프로이트가 말한 '죽음충동'에 비유되는, 소비사회의 '파괴충동'이라고 규정할 수 있지 않을까 싶다. 자동차의 증가는 그만큼 파멸적이고 숙명적인 사고를 피할 수 없기 때문이다.

과도하게 파괴적인 낭비는 개인적 차원에서도 일어나지만 국가적인 차원에서도 일어난다고 보드리야르는 말한다. 서구 사회에서 모든 낭비 중 가장 큰 낭비는 최신화된 군사기술에서 이루어진다. 예컨대 신형 무기 시험이나 군사 훈련에서는 엄청난 규모의 무기들이 낭비된다. 일반적으로 소비의 과잉 또는 낭비는 나쁜 것이라는 도덕적인 메시지가 강하다. 그러나 보드리야르

---

23 보드리야르, 『소비의 사회』, 49-50쪽.
24 보드리야르, 『소비의 사회』, 50쪽.

는 『소비의 사회』에서 낭비를 도덕의 시선으로 바라보는 분석에 의구심을 제기한다. 과잉의 소비는 불가피한 보편적 현상이라는 주장이 사회학적으로 제기된다며, 낭비가 생산적인 활동으로 간주된다는 것이다. "남아 있는 여분의 아낌없는 지출, '무익한 지출'인 허례허식 등이 개인적인 측면에서든 사회적인 측면에서든 가치, 차이, 의미 등을 생산하는 생산적인 활동이 되면서, 낭비가 심지어 궁극적인 본질적 기능으로 등장하게 되는 것이다."[25]

말하자면 과잉의 소비를 부정적으로 간주하기보다, 현대의 자본주의사회에서는 극에 달한 소비가 '미덕'이 된다는 점에 주목해야 한다는 것이다. 예컨대 값비싼 최고 등급의 자동차는 품위와 상징적 가치를 갖지만, 또한 그 차를 소유하는 순간 즉각적으로 감가상각을 떠안아야 한다는 점에서 낭비적 지출.

경쟁적인 과잉낭비를 초래하는 포틀래치에서는 품위 상승이라는 상징적 가치를 대가로 지불한다. 서구에서는 주로 대중의 소비를 고취하는 방식으로 낭비적 지출이 계속될 수 있게 한다.[26] 낭비는 자본주의체계의 부작용으로 간주될 만한 부산물이 아니라고 말한다. 그것은 오히려 사회 내에 존재하는 결핍에 눈감을

25 리처드 레인, 앞의 책, 78쪽 재인용.
26 리처드 레인, 앞의 책, 80쪽 재인용.

수 있게 만들고 현재의 사회가 매우 풍요로운 사회임을 암시적으로 전달한다고 보드리야르는 강조한다.

이와 같이 보드리야르는 겉보기에는 낭비에 가까울 만큼 불필요한 지출을 감수하고서라도 일상적 필수품 너머에 존재하는 무언가를 소유하는 기쁨의 상징적 가치와 사회적 의미를 탐색한다. 이를 통해 보드리야르는 넘쳐나는 사물과 낭비적 소비를 이론적으로 설명할 수 있는 모델을 확보한다.

2) 가제트에서 시뮬라시옹 질서를 읽다

보드리야르 이론의 핵심 개념인 시뮬라크르는 실재를 대체한 인위적인 복사본을 가리키는 개념이다. 이는 원본을 '재현'하는 수준을 넘어서 그 자체가 새로운 '원본'으로 실재의 자리를 대신 차지하는 것을 말한다.

보드리야르는 시뮬라시옹 질서에 따라 기호와 이미지가 지배하는 현대 소비사회이론을 주창해 현대 자본주의사회를 냉철하게 분석했다. 그 단초는 의외로 '가제트'라는 것에서 찾았다. 포블래치의 낭비적 소비와 파괴적 소비를 분석한다. 보드리야르는 가제트 또한 기능적으로는 잠재적으로 쓸모없는 것으로 낭비적 소비에 해당한다. 보드리야르는 가제트에 대한 논의와 함께 장식품과 같은 시뮬라크르로서의 키치kitsch에 대해서도 시뮬라크르의 개념으로 분석을 시도한다.

　먼저 보드리야르는 1968년 발표한 『사물의 체계』에서 자동화와 하이퍼기능성 차원의 '가제트'를 논한다. 보드리야르에 따르면, 기술적 사물은 실제적인 것이 아니라 강박적인 것이 된다. 실용적이지 않지만 기능적인 사물 혹은 잡동사니 물건을 보드리야르는 '가제트gadget'라고 명명한다. 프랑스어 사전에는 가제트란 실용성이 없는 신기하고 기발한 제품이나 기구, 장치로 풀이한다. 따라서 가제트는 더 이상 유용한 쓰임새를 갖고 있기 때문에 소비되는 것이 아니다. 보드리야르는 "그 사물이 봉사하는 것은 우리의 구체적 필요를 충족시키기 위해서가 아니라 우리의 꿈과 욕망을 만족시키기 위해서이다"라고 강조한다.

　현대세계에서 사물은 이제 이미지에 따라 채택된다. 따라서 자동화 방식은 "기능적 고장, 불필요한 복잡함, 세부사항에 대한 강박적 집착, 특이한 기술 혹은 쓸모없는 형식주의 등의 세계로 가는 문을 열었다"[27]라고 보드리야르는 말한다. 이는 오늘날 일상화된 휴대폰이나 자동차를 통해 쉽게 이해할 수 있다. 자동차의

27　리처드 레인, 앞의 책, 66쪽 재인용.

경우 자동화된 장치들에 익숙하기 위해서는 그 장치들의 사용법을 학습해야 할 정도다. 핸드폰을 새로 구입하면 세부적인 프로그램을 다시 익혀야 한다. 신기술은 사용자들에게 짜증을 불러일으킬 정도다. 신상품을 보면 디자인을 바꿔야 한다는 강박적 집착을 엿본다. 소비자들은 새롭게 자동화된 기능들을 익히느라 '닦달'[28]당할 정도다.

보드리야르는 기술이 갖는 이상적이거나 종말론적인 양가적 가능성에 매혹되었다. 특히 보드리야르를 사로잡은 것은 현대사회의 주체가 일상 속에서 기술을 경험하는 방식이다. 보드리야르는 『사물의 체계』에서 골동품에 열광하는 사람들을 통해 인간 주체에게 결여되어 있는 무언가가 사물에 투사되는 방식에 주목한다. 예컨대 사회적 지위를 욕망하는 사람은 대저택을 구입하

---

[28] "기술의 본질은 닦달하는 것이다." 독일의 철학자 하이데거는 근대기술의 본질을 뜻밖에도 '닦달(Gestell)'하는 것이라고 표현했다. 신상으로 교체를 하면 그때부터 또 다시 닦달을 당한다. 새로운 디자인에 맞춰 약간씩 기능을 달리하는 매뉴얼에 맞춰야 하는데 새로운 핸드폰에 익숙해지기까지는 신상을 구입한 후 최소한 몇 주 정도가 지나야 한다. 손에 익기 전까지는 '멀쩡하게 잘 사용했는데 괜히 신상으로 바꾸었다'는 후회마저 든다. 이게 기술에 닦달당하는 현대 '소비인간'들의 자화상이다. 기술의 본질이 닦달하는 것이라는 하이데거의 재미있는 비유는 철학적으로 다음과 같은 의미를 담고 있다. "닦딜이 의미히는 것은 도구적인 연관성을 맺고 있던 사물이 단순한 부품으로 전락함으로서 주위세계-자연이나 현존재의 존재연관성을 상실하고 있음을 의미한다"(이은정, 「이방인들의 공동체: 인간과 공동체에 대한 하이데거와 레비나스의 사유」, 연세대 박사논문, 2009).

거나 그러한 저택에 어울리는 예술품을 구입하려 한다는 것이다. 그리고 그렇게 사들인 예술품을 마치 예전부터 자기의 소유였던 것처럼 가장한다. 자동차에 대한 욕망에서도 마찬가지다. 보드리야르는 자동차의 소비욕구를 부추기는 현대적이고 기계적인 사물에 눈길을 돌린다.

보드리야르는 "사물의 형식은 그것의 실용적 기능과 관련되어야 할 필요는 없다"면서 가제트의 사례로 1950년대에 유행한 미국의 대형 자동차의 안정판을 예로 든다. 그 차들은 거대한 수직 안정판tail fins을 뒷부분에 달고 있는데, 그 안정판 자체는 속도를 상징하지만, 실질적으로는 비생산적인 방해물에 불과했다. 즉 그 안정판은 그저 비행기 모양을 본뜬 항공역학적 환상의 상징물이었다며 보드리야르는 『사물의 체계』에서 이렇게 강조한다.

수직 안정판은 실제 속도를 반영한 기호가 아니라, 멋지지만 '쓸모 없는 속도'를 상징한다. 그것은 일종의 우아함을 동반한 놀랄 만한 자동화 작용의 효과를 상징한다. 그 수직 안정판을 달고 있는 차는 우리의 상상 속에서 특유의 안정감과 조화로움을 뽐내며 멋지게 날아가는데 이러한 상상이 가능한 것은 물론 그 수직 안정판의 존재 덕분이다.[29]

따라서 이러한 안정판에 의한 속도는 진짜 속도와는 상관없이 '절대적'인 것이 된다. 왜냐하면 그것은 추상화된 하이퍼리얼에 속하는 것이기 때문이다. 보드리야르는 '절대적' 속도의 또 다른 사례로 스포츠카를 든다. 스포츠카는 실제로 터보 엔진을 장착한 세단형 승용차보다 기껏해야 비슷한 속도를 내거나 더 느릴 뿐이다. 그렇지만 세단형 승용차는 스포츠카보다 더 느리게 달리는 것처럼 보인다. 따라서 빠르게 자기 길을 달리며 살아가는 삶과 동일시하기를 원하는 사람들은 세단형 승용차를 소유하려 하지 않을 것이다. 스포츠카를 선택하는 사람들은 차의 모양이 상징하는 '절대적' 속도를 구입하는 것이지, 고속도로에서 혹은 교통 체증에 갇힌 도시에서 실제로 그렇게 달리려고 돈을 지불하는 것은 아니다.[30]

　보드리야르는 기능적으로 쓸모없는 수직 안정판이 재현하는 '기적적인 자동화 방식'은 비생산적이지만, 이 수직 안정판은 예컨대 이 차는 당신의 꿈을 충족시킬 수 있을 만큼 거대하다는 식으로 소비의 필수품이 되게 유혹한다는 것이다. 보드리야르는 스포츠카의 이러한 논의에서 스포츠카는 속도를 즐기려는 실용

---

[29] 리처드 레인, 앞의 책, 61쪽 재인용.
[30] 리처드 레인, 앞의 책, 61, 63쪽 재인용.

2장 | 보드리야르 사상의 이해 | **063**

성보다는 가제트로 인해 만들어진 가상의 이미지인 시뮬라크르로 소비된다고 본다. 그리고 이것이 하이퍼리얼을 생성하게 되면서 새로운 실재가 되는 시뮬라시옹 질서를 만들어 내게 된다는 것이다.

보드리야르는 기계가 공업사회의 상징이었다면, 가제트는 탈공업사회의 상징이라고 한다. 그는 가제트에 대한 엄밀한 정의는 없다면서도 "소비대상이 일종의 기능적 무용성(무엇을 소비한다고 하면 그것은 '유용함'과는 전혀 다른 것을 소비하는 것이다)을 특징으로 하고 있다는 것을 인정한다면, 가제트야말로 소비사회에서의 사물의 진정한 모습"[31]이라고 강조한다. 보드리야르는 가제트란 잠재적 무용성과 유희적 조합에 의해 가치를 지니는 것으로 정의할 수 있다면서 옛날에 대유행한 배지badge도 가제트에 해당된다고 말한다. 또한 IBM제의 포켓용 메모 장치도 가제트로 소개하는데, 이를 요즘에 대입하면 삼성전자의 '갤럭시 노트'에 쓰는 S펜(메모펜)과 마찬가지다. 메모 기능은 스마트폰의 애플리케이션에서도 구현되지만 갤럭시 노트의 메모펜을 사용하면 디지털 시대를 선도하는 이미지를 생산하기 때문이다.

---

31 보드리야르, 『소비의 사회』, 158쪽.

보드리야르에 따르면, 가제트는 무엇보다 사회적 위세를 가져다준다. 제아무리 하찮은 장식품이라도 아무 데도 쓸모없는 것은 없다. 심지어 보드리야르는 "가령 실용적 가치가 하나도 없는 것이라도 바로 그런 이유로 오히려 차이표시기호가 되는 것이다"[32]라고 역설한다. 예컨대 자동차 운전석과 자동차 전체로 유행 및 위세의 논리 또는 물신숭배의 논리 속에 들어가는 경우에는 가제트가 된다는 것이다. 최고급 승용차 그 자체가 위세를 상징하는 시뮬라크르인 것이다. 특히 가제트는 실용적이거나 상징적인 것이 아니라 유희적인 사용방식에 의해 규정된다고 보드리야르는 강조한다. 사물, 인간, 문화, 여가 때로는 노동과 정치에 대해 우리의 관계를 점차 지배하는 것이 이 유희성이라는 것이다.

보드리야르에 따르면 잠재적 무용성과 유희성을 특징으로 하는 가제트는 실제로 작동하는 것이 아니라 이미지 속에서 작동한다. 여기서 현실과 하이퍼리얼 사이의 차이를 살필 수 있다. 현실은 구체적 모델을 통해 구성되지만, 가제트는 순수하게 기능적 모델에 따라 구성된다는 점에서 포스트모더니즘적인 하이퍼리얼리티이다.[33] 그는 이러한 기술적 사물들을 16세기 후반부터 18세

32 보드리야르, 『소비의 사회』, 159쪽.
33 리처드 레인, 앞의 책, 68쪽

기 초반까지 유럽에서 번성한 장식적 건축양식인 바로크 양식과 동등한 것으로 본다. 말하자면 바로크 양식을 건축의 유용성이 아닌 유희성의 차원에서 시뮬라크르로 보는 것이다.

따라서 이제 체계 내에 존재하게 된 것은 인간이 아니라 사물이며, 인간 주체는 그저 한가한 구경꾼에 불과한 존재가 되었다. 이는 예컨대 업그레이드 모델로 출시되는 스마트폰이나 신차를 보면 실감할 수 있다. 기존에 출시된 것보다 더 성능이 좋고 기술적으로 뛰어난 상품을 소유하려는 강박적 집착, 나온 지 얼마 안 됐지만, 낡은 것이 되어 버리는 현상 등에서 알 수 있듯이 수많은 물건들은 실질적으로 사용되지도 못한 채 대단히 빠르게 처분될 운명에 처해 있다. 그러한 물건들은 출시된 지 얼마 지나지 않아 이내 폐물이 된다. 심지어 최신형 가제트를 구입하여 그것의 향상된 '디자인'을 자랑할 때조차 우리는 내일이면 새롭게 업그레이드된 모델이 나올 것이라는 가제트의 운명을 알고 있다.

보드리야르는 『소비의 사회』에서 가제트에 대해 논하면서 키치에 대해서도 자세하게 논한다. 키치란 액세서리, 민속풍의 장식물, 기념물, 전등갓, 가면 등 저속하고 시시한 물건들의 총체이다. 특히 행락지와 유원지에 많이 볼 수 있다. 키치는 담화에서 '상투적 문구'와 똑같은 기능을 갖고 있으며, 가제트와 완전히 마찬가지로 실체를 갖고 존재하는 사물과 혼동해서는 안 된다고 보드리야르는 강조한다.

키치의 범람은 모든 영역에서 차용한 차이표시기호의 산업적 생산에 의한 다양화와 사물의 통속적인 대중화에서 생긴다. 이 현상은 대중문화와 마찬가지로 소비사회의 사회학적 현실을 기반으로 하고 있다. 소비사회는 지위이동이 가능한 유동적인 사회이다. 폭넓은 층의 사람들이 사회계급을 기어 올라가고자 한다. 하지만 상위의 지위에 도달하면 그와 동시에 문화적 요구를 지니게 되는데, 그것은 그 지위를 기호로 표시하고 싶은 욕구와 다름없다. 사회의 어느 수준에서도 '위의 계층에 올라간' 세대는 자신에 어울리는 이른바 사물의 '파노플리panoplie'[34]를 원하기 마련이다.[35]

키치의 수요는 사회적 지위이동에 따라 결정된다, 사회적 이동이 없는 사회에서는 키치가 존재하지 않는데, 그 경우에는 특권

---

[34] '집합(set)'이라는 뜻으로 '같은 맥락의 의미를 가진 것들의 집합'을 말한다. 원래 중세시대 기사들이 출전할 때 갖추어야 할 갑옷, 장갑, 검, 창 등을 의미했다. 여기서 파노플리 효과(effect de pano-plie)가 유래되었다. 즉 소비자가 특성 제품을 소비하면 유사한 급의 제품을 소비하는 소비자 집단과 같아진다는 환상을 갖게 되는 현상을 말한다. 이런 현상은 구매한 물건을 통해 자신의 지위와 문화적 자본을 드러내려는 욕구에서 비롯되는 것으로 명품에 대한 인기도 이를 통해 설명할 수 있다.

[35] 보드리야르, 『소비의 사회』, 155쪽.

계급전용의 차이표시용구로서 아주 조금의 사치품이 있으면 충분하다. 예술작품의 복제품조차도 고전시대에는 '진짜로서의' 가치를 지녔다. 그런데 사회이동의 시대가 본격화되면서 전혀 다른 형태의 사물이 번성하기 시작한다. 르네상스 및 17세기에 부르주아의 대두와 함께 겉멋의 태도와 바로크 양식이 출현한다. 저속하고 통속적인 사물인 키치는 귀중하고 희소한 사물, 하나밖에 없는 사물의 가치를 높인다. 키치와 '진짜' 사물은 오늘날 끊임없이 변화하고 증가하는 차이표시용구의 논리에 따라서 함께 소비의 세계를 조직하고 있다.

보드리야르에 따르면 아름다움과 독창성의 미학에 대항해서, 키치는 시뮬라시옹의 미학[36]을 만든다. "실물보다 크거나 작은 복제품을 만들거나 소재를 모조하거나 어떤 형태를 일부러 우스꽝스럽게 하거나 아니면 어울리지 않게 조합한다든가 하여 키치는 실제로 체험한 적도 없는 유행을 반복한다. 이렇게 보면 키치는 기술면에서 가제트와 동류라는 것을 알 수 있다."[37] 가제트 역시 키치와 똑같이 테크놀로지의 흉내, 쓸모없는 기능, 실제적인

---

[36] 번역본에는 시뮬레이션 미학으로 표기했다(보드리야르, 『소비의 사회』, 155쪽). 시뮬레이션의 프랑스어 발음이 시뮬라시옹이다. '시뮬레이션의 미학'은 영어식 표현보다 보드리야르의 프랑스어 표현인 '시뮬라시옹의 미학'으로 표현하는 게 적절할 것이다.

[37] 보드리야르, 『소비의 사회』, 157쪽.

쓰임새는 없고 오로지 실제적 기능을 흉내 내는 것에 불과하다. 이러한 시뮬라시옹 미학은 키치의 사회적 기능과 깊이 관련되어 있다고 보드리야르는 말한다. 왜냐하면 키치는 계급적 원망顯望, 계급상승에의 예감, 상층계급 문화에의 주술적 동화를 표현하기 때문이다.

보드리야르는 1968년 『사물의 체계』에 이어 1972년 『소비의 사회』에서 가제트에 대해 논의를 진전시켰는데, 그의 분석은 1981년 『시뮬라크르와 시뮬라시옹』에서 그 유명한 시뮬라시옹 질서를 주창하게 되는 것이다. 가제트의 분석에서 출발한 시뮬라크르와 하이퍼리얼의 이론은 소비사회를 이해하는 핵심적인 이론으로 평가받고 있다.

3) 68혁명에서 대중매체를 읽다

1968년 봄, 파리 근교의 낭테르대학교 학생들이 시위를 벌였다. 학내 문제로 시작된 이 시위는 곧 미국의 베트남 침략과 소련의 체코슬로바키아 침공에 항의하는 시위로 번졌고, 기성세대와 국가 권력에 저항하는 혁명으로 발전하였다. 여기에 노동자들이 가세했다. 이후 68혁명의 이념은 노동 운동, 여성 해방 운동, 언론 운동, 반핵 평화 운동, '녹색당'과 '그린피스' 같은 환경 운동,

'국경 없는 의사회' 같은 인권 운동 등이 성장하는 데 밑거름이 되었다.

68혁명은 5월에 일어나 '5월 혁명'이라고도 한다. 보드리야르는 1966년부터 낭테르대학교에 재직하고 있었다. 1968년 5월 2일 낭테르대학교가 폐쇄되자 학생들은 파리의 소르본대학으로 장소를 옮겼다. 5월 20일까지 대대수 개인들은 통상적인 시위의 과정이라고 생각했지만 시위대는 며칠 사이에 1천만 명에 이르렀다. 5월 24일에 이르자 시위는 파리뿐만 아니라 프랑스 전역으로 확산되었다. 이러한 상황에 대해 대부분 비평가들은 주로 중산층 학생들이 주동이 된 68혁명이 어떻게 노동계급의 관심사까지 반영할 수 있었는지 주목했다. 그러나 이러한 반영은 일시적인 것에 머물렀다. 68혁명에 참가했던 프랑스 녹색당의 다니엘 콘 벤디Daniel Cohn-Bendit가 '혁명적 폭발론'에서 주장했듯이 학생 시위는 실제로 일시적 폭발 이상의 역할을 하지 못했다. 다시 말해서 학생 봉기는 일련의 더 큰 정치적 사건을 촉발하거나 제시하기는 했지만, 그 분규를 생생하게 전달하던 텔레비전 화면이 보여 준 것만큼 학생과 노동자들이 조화롭게 협력한 것은 아니었다는 말이다. 학생봉기는 1967년 경기 후퇴 및 실업자 증가와 같은 관심사에서 출발했지만 학생들과 노동자들은 상이한 목소리를 내기 시작했다. 학생들은 더 나은 교육조건 및 정치혁명을 요구했지만 노동자들은 현실적인 노동여건의 개선을 원했다. 결국 노동자들이 작업장으로 후퇴하자 승리감에 도취한 드골 정권에 의해 6월의 정치적 반동이 찾아왔다.

68혁명에 대한 두 가지 관점이 있다. 하나는 학생들의 분규가 정치적 혁명을 목적으로 한 것이라는 관점이다. 또 다른 하나는 깅고한 움직임을 가진 내재적 체계가 사회를 조직하고 움직인다는 구조주의적 개념을 공격하고 무효화하려는 사건이었다는 관점이다. 후자의 관점이 맞다면, 68혁명은 더욱 큰 규모로 발전해 전 세계로 확장될 수도 있었을 것이다.

보드리야르는 5월, 낭테르에서 일어난 학생들의 초법적 행동을 '상징적 사건'이라고 불렀다.

"5월 22일 낭테르(파리 서쪽 교외 위치)에서 일어난 투쟁은 위반하는 것이기 때문에, 그러한 시기에 그러한 장소에서 근본적인 단절을 생각해 냈기 때문에, 행정권 및 교권 체제만이 발언권을 갖고 기능한 어떠한 발언도 허용하지 않는 상황에서 응답을 창안했기 때문에 상징적이었다."[38]

---

[38] 보드리야르, 『기호의 정치경제학 비판』, 197쪽.

보드리야르는 학생 투쟁이 상징적이었던 것은 사실상 대중매체를 통한 확산과 만연 때문이 결코 아니라고 주장한다. 대신 학생 봉기는 평범한 일상사를 붕괴시키고 파괴하는 등 광범위한 효과를 낳았다면서 그 자체가 상징적 사건이라고 한다.

보드리야르는 1968년 바이스의 희곡을 프랑스어로 번역한 『베트남 해방 전쟁의 발생과 전개에 대한 담론』을 출간했다. 이 희곡은 마르크스주의 입장에서 베트남 전쟁을 신랄하게 비판했다. 바이스의 『마라/사드』에서 볼 수 있는 복합적인 지출의 미학과는 반대로, 이 희곡에서 바이스는 자본주의체계가 제국주의적 정권 안보를 위해 경제적 과잉분을 지출 혹은 낭비하고 있다고 비판한다. 이 희곡은 미국의 베트남 침략을 비판할 뿐만 아니라, 이 전쟁이 최초의 실질적 '텔레비전' 전쟁이었다는 사실에 초점을 맞춘다. 미디어를 통해 선전 선동의 기계들은 비판적이고 반전주의적인 관점이 유포되는 것을 가로막았다.[39]

1968년 5월 혁명에 있어 보드리야르는 적극 지지자도 아니었고, 금세 기삿거리로 전락하고만 봉기의 효과에 대해서도 회의적이었다. 그리고 68혁명을 보도한 대중매체에 대한 보드리야르의

39 리처드 레인, 앞의 책, 43쪽.

분석은 바이스의 『마라/사드』에서 미디어에 대한 관점과 맥락을 같이 한다. 보드리야르는 1968년 5월 혁명 당시 미디어는 '혁명'의 단일한 이미지만 재생산해 냈다면서 미디어가 변혁운동을 이끌어 냈다는 시각에 회의적이다. 말하자면 『마라/사드』에서 보여준 분석처럼, 미디어가 오히려 68혁명을 변혁운동으로 번지는 것을 가로막았고 이는 결국 드골 정권의 반혁명으로 귀결되었다는 것이다.

대중매체가 1968년 5월에 변혁운동을 자발적으로 증폭시킴으로써 제구실을 했다는 반론이 있을 수 있다고 보드리야르는 말한다. 적어도 투쟁의 시기에는, 대중매체가 권력에 (본의 아니게) 등을 돌렸기 때문이다. 보드리야르는 여기에 고무된 미국 히피들의 전복 전략이 세워지며 세계의 변혁운동들에서 '상징적 투쟁'의 이론이 구상된다고 주장한다. 즉 대중매체의 연쇄반응력을 통해 대중매체의 방향전환과 대중매체가 지니고 있는 즉각적인 정보 보급의 기능 활용이 여러 변혁운동에서 시도되었다. 즉 대중매체는 변혁운동에 있어 곧 계급투쟁의 변수로 작용할 수 있다는 것이다.

68혁명 당시에 라디오와 TV, 신문들이 도처에서 학생들의 시위를 보도했다. 보드리야르는 당시 언론 보도를 보면 "대중매체가 전복하는 영향을 믿게 만드는 본보기 구실을 할지도 모른다"
고 말한다. "학생들의 시위가 기폭 장치였다면, 대중매체는 공명
장치였다"는 것이다. 게다가 "정권은 대중매체가 혁명가들을 '지
지한다'고 비난하기를 서슴지 않았다"[40]는 것이다.

그러나 보드리야르는 변혁운동에서 대중매체를 활용한다는
것은 거창한 환상일 뿐이며 68혁명 당시 대중매체가 변혁운동
을 증폭시켰다는 의견에도 회의적이었다. 보드리야르는 대중매
체가 제구실을 하지 않았으며 자체의 관례적인 사회통제 기능에
따라 사건들의 층위에 머물러 있었다고 주장한다. 그는 "그러나
그 파업이 '매체화되자', 그들은 어떻게 할지를 몰랐다. 어떤 점에
서는 추상되어, 국지적이고 가로지르며 자발적인 투쟁 형태들을
(전부는 아니지만) 무력화시켰다"[41]고 강조한다. 말하자면 68혁명은
언론 보도가 본격화되면서 오히려 혁명의 방향성을 잃고 '실패
한 혁명'으로 흘러갔다는 것이다. "사건을 여론의 추상적인 보편
성 속으로 퍼뜨림으로써, 대중매체는 사건의 난데없는 지나친 전
개를 강요했으며 너무 이른 강제된 확장에 힘입어 본래의 운동
이 지닌 고유한 리듬과 방향을 빼앗았다 ― 한마디로 대중매체

---

[40] 보드리야르, 『기호의 정치경제학 비판』, 195쪽.
[41] 보드리야르, 『기호의 정치경제학 비판』, 199-200쪽.

는 운동을 재빨리 지나쳐 버린 것이다."[42] 즉 미디어는 오직 끝없이 재생산될 수 있는 혁명의 단일한 이미지에만 관심을 갖는다. 거리에서 벌어지는 복합적인 사건들이 단일한 어떤 것으로 뭉뚱그려진 채 재생산되면서 단락이 생기고 왜곡이 일어난다.[43]

따라서 보드리야르는 68혁명의 진정한 혁명매체는 대중매체가 아니라 '거리'라는 파격적인 주장을 한다.

> 68혁명의 진정한 혁명매체는 담벼락과 벽보, 유인물 또는 삐라, 발언이 행해지고 교환되는 거리 ―즉각적인 게시문이며, 주어지고 되돌려지며, 말해지고 응답되며, 같은 시간에 같은 장소에서 항상 변화하며, 상호적이고 서로 반대되는 모든 것― 이다. 이 점에서 거리는 모든 대중매체를 대신하고 전복하는 형태이다. 왜냐하면 대중매체처럼 응답이 없는 전언들의 객관화된 대중 전달 매체, 순간적이고 사라지기 마련인 발언, 대중매체의 플라톤학파적인 영사막 위에는 반영되지 않는 발언의 상징적 교환이 이루어지는 트인 공간이기 때문이다.[44]

---

42 보드리야르, 『기호의 정치경제학 비판』, 195쪽.
43 리처드 레인, 앞의 책, 49쪽.
44 보드리야르, 『기호의 정치경제학 비판』, 200쪽.

그러나 보드리야르는 "거리는 대중매체에 의해 구경거리가 됨으로써 생기를 잃어버렸다"고 말한다. 보드리야르에 따르면 68혁명 당시 거리에서 발견한 이상적 의사소통 방식은 미디어를 통해서도 가능할 수 있을 것 같지만 이러한 기대는 환영에 불과하다. 왜냐하면 언제나 미디어는 응답을 가로막기 때문이다. "미디어는 다양한 응답의 시뮬레이션 형식들 중에서 미디어의 전달 과정에 통합될 수 있는 것을 제외하고는 … 모든 교환 과정을 불가능하게 만든다."[45]

보드리야르는 1968년 5월의 학생시위와 총파업이, 대중매체의 보도를 통해 확산되어 혁명에 이르기는커녕, 오히려 진정되는 역설을 낳았다고 말한다. 이는 매체들의 일방성에 기인한다고 강조한다.

대중매체를 특징짓는 것은 대중매체가 반중재적이고 비추이적이라는 점, 비의사소통을 빚어 낸다는 점이다. (…) 곧 대중매체는 응답을 영원히 금하는 것, 모든 교환 과정을 불가능하게 만드는 것이라는 정의에 기반을 두고 있다. 이것이 바로 대중매체의 진정한 추

---

45 리처드 레인, 앞의 책, 49쪽 재인용.

상작용이다. 그리고 사회 통제 및 권력의 체계가 세워지는 것은 바로 이러한 추상작용을 통해서이다.[46]

보드리야르는 68혁명 당시 프랑스 대중매체의 분석을 통해 미디어에 대한 극도의 비관주의를 드러낸다. 심지어 그는 미디어는 "응답이 들려올 수 없도록 말해지고 행해진다"[47]고 강조한다. 따라서 그는 미디어 자체의 전복을 부르짖는다. "이 영역에서의 유일한 혁명은 그 응답 가능성의 복원에 있다. 이 단순한 가능성은 대중매체가 지닌 현 구조 전체의 전복을 전제로 한다."[48]

보드리야르는 대중매체 가운데 가장 허울 좋은 것은 사실상 선거제도라고 주장한다. 그는 "국민투표는 선거제도의 끝마무리기 때문에, 거기에서도 여전히 형식적인 교환의 탈을 쓴 발언의 절대화가 권력의 정의定義 자체이다"[49]라고 냉소적인 시선을 던진다. 미디어의 일방적인 의사소통 방식을 비판한 보드리야르는 나중에 시뮬라시옹 개념을 제시하면서 미디어가 청중이나 '참여자'의 반응을 미리 결정한다고 주장한다. 예컨대 시사토론에서

---

46 보드리야르, 『기호의 정치경제학 비판』, 191-192쪽.
47 보드리야르, 『기호의 정치경제학 비판』, 192쪽.
48 보드리야르, 『기호의 정치경제학 비판』, 192쪽.
49 보드리야르, 『기호의 정치경제학 비판』, 192쪽.

결론을 정하고 참여자의 반응을 유도한다는 것이다.

보드리야르에게 매체라는 단어는, 정치적 투쟁도구로서의 '거리'부터 권력의 도구로서의 '전쟁'에 이르기까지 매우 다양한 표현으로 등장한다. 더 나아가 매체를 "자율적이고 코드에 의해 지배받는 구조"라는 일반적인 의미로 사용된다. 보드리야르는 두 개의 매체 개념을 사용한다. 하나는 경험적인 것으로서, 이는 대중매체적인 과정을 겨냥하고 있다. 다른 하나는 일반적인 것으로서, 사회적 관계형식인 교환행위가 중심이 된다.[50]

TV의 등장 이후 대중매체에 대한 평가는 극과 극을 오간다. 독일의 한스 엔첸스베르거Hans Magnus Enzensberger는 대중매체에 대해 "역사상 처음으로 대중이 대중매체에 힘입어 생산적인 사회과정에 참여할 수 있게 되었다"거나 "그러한 참여의 실천 수단이 바로 대중의 손아귀에 놓여 있다"[51]며 그 긍정적인 기능에 찬사를 보냈다. 그러나 보드리야르는 엔첸스베르거에 대해 대중매체의 구조적 성질에 관해 순진성을 내보였다면서 그의 말은 진실이 아니라고 말한다.

보드리야르가 가진 대중매체에 대한 회의적인 시각은 다음의

---

[50] 디터 메르쉬, 『매체이론』, 문화학연구회 역, 연세대출판부, 2009, 172-173쪽.
[51] 보드리야르, 『기호의 정치경제학 비판』, 193쪽.

문장에 집약되어 있다. "텔레비전은 현존한다는 사실 자체로 말미암아 성격상 사회 통제이다. 텔레비전은 각자의 사생활에 대한 체제의 잠망경-밀정 이상이기 때문이다. 다시 말해서 사람들이 더 이상 서로 이야기하지 않는다는 사실, 사람들이 결국 서로 분리되어 응답 없는 발언을 향한다는 사실의 확실성을 구현하기 때문이다."[52] 보드리야르는 이와 같이 TV를 비롯한 대중매체가 지배세력의 앞잡이로 밀정 이상의 사회통제 역할을 한다면서 극도의 회의주의적 시각을 드러낸다.

보드리야르는 소비사회를 특징짓는 현상 중 하나로 '뉴스항목의 보편성'을 든다. 미디어는 충격적인 내용을 전달하는 동시에 그러한 충격을 다소간 완화할 수 있도록 동질적이고 동일한 형식으로 정보를 축소·왜곡하기 때문이다. 곧 주체는 겉보기에 사건들의 세계에 더 가까이 다가가게 된 것 같지만, 이러한 세계는 현실과 거리를 유지하는 기호들을 통해 소비될 뿐이다. 이러한 주장은 이후 하이퍼리얼리티라는 개념을 통해 더욱 정교화된다.[53]

자본주의 발달의 초기 단계이든 후기 단계이든 국가와 사회체

---

52 보드리야르, 『기호의 정치경제학 비판』, 194쪽.
53 리처드 레인, 앞의 책, 131쪽

계의 개인에 대한 억압은 생산양식이 변했다고 해도 결코 사라지지 않는다. 오히려 계몽(이성)주의의 기획 이후에 인간조건에 대한 야만성이 제거되었다고 하더라도, 계몽된 사회 역시 재생산을 지속하기 위해 이데올로기적 장치 등을 통해 개인을 더 교묘하게 '착취'하고 있다는 것이 보드리야르의 주장이다. 즉 후기 자본주의의 소비사회 단계에서는 표면적으로 일상생활의 제약이 완화되었고, 생산양식으로 볼 때 개인을 물리적으로 억압하는 사회라고 할 수 없다. 하지만 소비사회는 이전보다 더 교묘한 조작과 통제의 기제를 통해 인간을 억압하고 있고, 이를 주도하고 있는 것이 미디어라는 말이다.

2
보드리야르의 핵심 사상 읽기

1) 차이표시기호

보드리야르는 『소비의 사회』 첫 문장을 이렇게 시작한다.

오늘날 우리들의 주위에는 사물, 서비스 및 물석 재화의 증기에 의해 이루어진 소비와 풍부함이라는 상당히 자명한 사실이 존재하는데, 이것은 인류의 생태계에 근본적인 변화를 일으키고 있다.[54]

이어 보드리야르는 "'환경'이라든가 '분위기'라는 개념이 지금처럼 유행하게 된 것은 근본적으로 우리가 다른 사람들 가까이에, 그들이 존재하고 대화하는 곳에 살고 있기보다는, 순종적이며 현혹적인 사물의 무언의 시선 속에 살게 된 이후에서였다"면서 늑대소년의 우화를 인용한다. "늑대소년이 늑대들과 함께 생활하여 마침내 늑대가 된 바와 같이, 우리들도 또한 서서히 기능적 인간이 되고 있다. 우리들은 사물의 시대에 살고 있다. 우리들은 사물의 리듬에 맞추어서 사물의 끊임없는 연속에 따라 살고 있다고 나는 말하고 싶다."[55]

이는 로마인이 노예로 둘러싸여 급기야 노예의 분위기 속에서 살게 되었고, 결국 노예가 되지 않을 수 없었다고 말한 카를 융의 문장을 떠올리게 한다. "모든 로마인들은 노예에게 둘러싸여 있었다. 노예와 노예들의 심리가 고대 이탈리아에 흘러 넘쳤고 로

---

54 보드리야르, 『소비의 사회』, 12쪽.
55 보드리야르, 『소비의 사회』, 26쪽.

마인은 부지불식간이긴 하지만 내면적으로 노예가 되어 버렸다. 언제나 노예들의 분위기 속에서 생활했기 때문에 무의식을 통해 노예의 심리에 젖어든 것이다."[56] 마셜 매클루언Mashall McLuhan은 『미디어의 이해Understanding Media』(1964)에서 '미디어는 메시지다 The Medium is The Message'라는 장에서 이를 소개하고 있다. 매클루언의 이 말처럼 현대인들은 유혹하는 사물에 둘러싸여 마치 사물처럼 '소비 제국'의 일원으로 살고 있다고 해도 과언이 아닐 것이다. 노예들에 둘러싸여 있으면 노예근성에 젖게 되듯이 촉각적 매체에 둘러싸여 있으면 촉각형 인간이 된다는 것이다. 요즘에는 전자매체에 둘러싸여 있으므로 인간은 전자매체가 제공하는 수많은 욕망에 자극받는 '촉각의 노예'라고 비유할 수 있겠다.

보드리야르에 따르면 경쟁원리가 관철되는 소비사회에서 개인들은 사회적 상승과 개인적 쾌락의 극대화를 위해 더욱 경쟁 상태로 내몰리게 되고, 만성적인 피로를 초래한다. 만성적으로 관리할 수 없는 개인들의 피로는 관리할 수 없는 폭력과 함께 잠재적 폭력이 된다. 극도로 내면화된 욕구와 갈망의 지상명령에 강제를 받은 개인들은 자신의 통일성을 잃어버린다. 욕구충족의

---

56 마셜 맥루언, 『미디어의 이해』, 임상원 역, 민음사, 2002, 55쪽 재인용.

사회적 불균형과 불평등이 심화되면 이 사회는 점점 적대관계가 늘어나고 살기 불편한 상태의 사회가 된다. 따라서 개인들은 만성적인 피로로 인해 배제되거나 욕구충족과 사회적 지위상승을 위해 끊임없이 자신을 채찍질하게 되는데, 이게 앙리 르페브르가 말한 '테러리스트 사회'의 속성과 맞닿아 있다.

보드리야르에 따르면 소비의 목적은 더 이상 사용가치가 아니라 기호가치를 소비한다고 말한다. 이 기호가치는 자신을 남들과 구별시켜 주는 차이의 욕구, 차이의 소비를 말한다. 즉 사람은 사회적 '차이의 욕구'를 위해 소비한다. 더욱이 소비사회에서 미디어는 현실의 매개 도구가 아니라 형성 도구가 된다. 미디어가 말하거나 보여 주지 않으면 소비되지도 말해지지도 않는 것이다. 즉 미디어가 말하고 보여 주는 것을 소비하기 위해 노력할수록 소비의 '차이'는 사라진다. 차이가 사라질수록 사람들은 더욱 더 '차이의 욕구'에 집착하며 억압당한다. 스마트폰 소비를 예로 들면 쉽게 이해할 수 있다. 신상품이 나오면 멀쩡한 스마트폰을 교체하는 것은 공급에 의해 수요가 촉빌되는 현상이다. 스마트폰이 신상품으로 계속 출시되는 메커니즘의 배후에는 스마트폰이 디지털 분위기를 선도한다는 리듬과 분위기가 깔려 있고, 스마트폰 이용자들이 그런 리듬과 분위기를 타지 않으면 시대에

뒤떨어진 사람으로 이미지가 낙인찍히기 때문이다.

보드리야르는 『소비의 사회』에서 소비 개념의 혁신을 통해 현대사회를 분석하는 열쇠를 찾는다. 그는 경제학에서 정의하는 소비 개념과는 다르게 상품(사물)의 소비란 사용가치의 소비를 포함하면서도 그것을 훨씬 넘어선다. 즉, 행복, 안락함, 풍부함, 성공, 위세, 권위, 현대성 등에 소비의 본래적 의미가 있다고 주장한다. 이러한 착상으로 사물을 기호로 파악하고 또 사회를 의미작용의 체계로 해석한다. 그리고 보드리야르는 인간의 욕구를 특정한 사물에 대한 욕구로 해석하지 않고, '차이'에 대한 욕구, 즉 사회적 의미에 대한 욕망으로 해석한다.[57] 여기서 차이의 욕구는 차이의 소비를 강박한다.

이때 "수요와 공급의 법칙이란 옛날의 이야기일 따름이다. 대중과 대중의 소비는 조작될 따름이다. 상품과 광고는 조작의 메커니즘일 따름이고, 대중들은 중력과 자력에 이끌리는 쇳가루와도 같은 것들이다."[58] 보드리야르의 사회적 차이화의 논리에 따르면, 사람들은 상품의 구입과 사용을 통해 자신을 돋보이게 하며 동시에 사회적 지위와 위세를 나타낸다. 이렇게 본다면 소비

---

57 보드리야르, 『소비의 사회』, 314-315쪽.
58 보드리야르, 『시뮬라시옹』, 265-266쪽.

란 자율적인 주체의 자유로운 활동이 아니라, 체계를 발생시키고 관리하는 생산 질서와 상품의 상대적인 사회적 위세 및 가치를 결정하는 의미작용의 질서에 지배받고 있는 것이다. 개인은 이제 사물에 의해 지배받으며 그 결과 자율성과 창의성을 박탈당한 사물과 같은 존재로 전락한다. 보드리야르는 이러한 사태를 루카치György Lukács와 프랑크푸르트학파를 따라 '물신화의 과정'으로 기술한다.[59] 즉 소비의 주체는 개인이 아니라 기호의 질서이다.[60] 보드리야르에 따르면 현대사회는 생산과 노동에 의해 발전되는 것이 아니라 소비에 의해 확장되며, 소비가 사회를 움직이는 원동력이 되고 있다. 따라서 현대사회를 지배하는 소비의 이데올로기는 사물의 기호학을 심화시킨다.

보드리야르는 현대의 소비사회에 대한 우려의 표현으로 데카르트의 명제 "나는 생각한다. 그러므로 나는 존재한다"의 명제를, "나는 소비한다. 그러므로 나는 존재한다"로 변형시킨다. 그는 현대 소비사회에서의 사물은 기호와 이미지에 의해 가치가 결정된다고 주장한다.[61] 따라서 생산영웅에 대한 관심에서 소비

---

59 보드리야르, 『소비의 사회』, 315쪽.
60 보드리야르, 『소비의 사회』, 298쪽.
61 배영달, 『보드리야르와 시뮬라시옹』, 살림, 2005, 37-38쪽.

영웅에 대한 관심으로의 전환, 혹은 보드리야르가 밝힌 것처럼 과도하게 낭비하는 삶을 사는 '공룡들'에 대한 관심으로의 전환이 대중문화를 지배하게 된다.[62] 앞서 말한 것처럼 보드리야르는 『소비의 사회』에서 낭비를 도덕의 관점으로 바라보는 분석에 의구심을 제기하며 낭비가 심지어 궁극적으로 본질적인 기능을 한다고 본다.

보드리야르는 마르크스의 사물가치론을 비판하면서 사물을 물질적 실체로 보지 않고 기호로 파악했다. 그리고 이 사물의 기호가 일종의 체계를 지니는 것으로 보았다. 따라서 소비사회에서 중요한 범주는 사물의 사용가치나 교환가치보다는 기호학적 가치, 특히 광고언어가 사물에 부가하는 기호학적 가치이다. 그러므로 생산이 소비의 논리에 의해 이루어지는 상황에서 대중매체는 광고언어를 통해 기호학적 가치의 창출에 나선다. 결국 사람들은 광고상품의 가치보다는 기호학적 가치를 위하여 소비한다.[63] 보드리야르는 가공의 이미지(시뮬라크르)를 전파하는 광고를 현대의 가장 주목할 만한 매스미디어로 파악한 것이다.

보드리야르는 "선전의 의미작용은 차이의 산업적 생산에 속한

[62] 리처드 레인, 앞의 책, 76-77쪽.
[63] 배영달, 『보드리야르와 시뮬라시옹』, 39쪽.

다"[64]면서 이것이 소비의 체계를 가장 강력하게 정의한다고 말한다. 그런데 개인들은 차이를 통해 서로 대립시키고 개성화하는 것이 아니다. "'개성화하는' 차이는 … 이제 모델들 속으로 수렴한다. 차이는 이 모델들에 입각해서 교묘하게 생산되고 재생산되는 것이다. 그러므로 자기를 타자와 구별하는 것은 바로 어느 한 모델과 일체가 되는 것, … 따라서 바로 그러한 방법으로 실제적인 모든 차이와 특이성을 포기하는 것이다."[65] 따라서 보드리야르는 "소비과정 전체는 … 다른 생산부문의 경우와 마찬가지로 독점화의 경향이 보인다. 차이생산la production des différences의 독점적 집중이 존재하는 것"[66]이라고 강조한다.

결국 자본과 미디어의 선전에 의한 '차이의 산업적 생산'은 '차이의 숭배'를 불러오고 급기야 차이의 경쟁적인 소비로 차이가 사라지는 '초차이의 소비'로 이어지게 된다. 여성들의 명품 선호는 역설적으로 명품의 대중화라는 차이의 역설을 낳고 있는 것이다. 보드리야르는 "유혹과 자기도취는 대중매체에 의해 산업적으로 생산되고 눈에 띄는 기호로 만들어진 모델에 의해 미리

---

64 보드리야르, 『소비의 사회』, 117쪽.
65 보드리야르, 『소비의 사회』, 117쪽.
66 보드리야르, 『소비의 사회』, 118쪽.

주어지고 있다"고 강조한다. "모든 처녀들이 자신을 브리지트 바르도와 같다고 생각하기 위해서는, 자신을 돋보이게 하는 것이 머리형, 입술, 특징적인 복장 등이지 않으면 안 된다. 즉, 그것은 필연적으로 모든 여성들에게 똑같은 것이어야 한다. 저마다 이 모델들을 실현하는 데서 자기 자시의 개성을 찾는다."[67] 모든 여성이 브리지트 바르도Brigitte Bardot[68]를 흉내 내며 똑같아진다. 여성적 모델은 여성에게 자기 자신을 기쁘게 할 것을 남성적 모델보다 훨씬 더 많이 명령하는데 이는 자기만족과 자기도취적 배려 때문이다. 보드리야르는 "결국은 남성들에게는 계속 병정놀이를 하도록, 여성들에게는 혼자서 인형놀이를 하도록 이끄는 것이다"[69]라고 비유했다. 우리나라에서도 드라마에 나오는 여배우의 명품 가방이나 액세서리를 따라하고 머리 모양도 똑같이 재현하는 현상이 일어나곤 한다. 이 역시 차이의 추구가 오히려 차이를 사라지게 하는 획일화를 초래하는 것이다. 보드리야르는 이때 차이의 소비는 상류층에서 하류층으로 모방소비가 이루어진다고 한다.

---

67 보드리야르, 『소비의 사회』, 130쪽.
68 1950-60년대 세계적인 명성을 얻었던 프랑스 여배우. 당시 모든 여성의 우상이었다.
69 보드리야르, 『소비의 사회』, 131쪽.

보드리야르는 『시뮬라크르와 시뮬라시옹』에서 계몽의 영향력이 상실되는 현실에 대해 대단히 냉소적이고 비판적인 입장을 견지하고 있다. 그는 "모델들이 지식을 생산할 뿐만 아니라 정부와 거대 미디어가 그러한 모델들을 정확하게 통제한다"[70]고 말한다. 컴퓨터 소프트웨어 혹은 그와 유사한 체계들이 모델(시뮬라크르)을 활용해 하이퍼리얼을 효과적으로 만들어 낸다는 말이다.[71]

'차이의 소비'의 역설적인 형태는 '과소 소비'나 '비과시적 소비'이다. 이때 최상류계급은 차이의 소비의 역설적인 형태로 '과소 소비' 혹은 '반소비'를 택한다. 이는 "상류계급이 과시적인 과소 소비 전략을 통해 출세 제일주의자들에게 행하는 저항이다."[72] 중간계급이 명품 소비를 통해 차이의 소비를 한다면 상류계급은 오히려 명품을 소비하지 않음으로써 차이의 소비를 하는 것이다. 이때 중간 계급은 명품 소비를 하면서 또 다시 억압과 배제를 경험하게 된다.

이게 보드리야르가 말한 과소 소비나 비과시적 소비의 역설이다. 달리 말하자면 위세의 초超차이화라고 하는 역설이다. 그것

---

70 리처드 레인, 앞의 책, 172-173쪽.
71 리처드 레인, 앞의 책, 175쪽.
72 보드리야르, 『소비의 사회』, 112쪽. 예컨대 생전에 마이클 잭슨은 콘서트 때 화려한 무대의상 대신 운동복을 입고 나온 적이 있는데 반소비에 해당할 것이다.

은 더 이상 과시에 의해서가 아니라 남의 눈에 띄지 않는 태도와 검소한 겸손함으로 자신을 나타내는 것이다. 이런 행동들은 결국 그 반대로 바뀌는 한층 더한 사치, 과시의 증가이며 따라서 보다 교묘한 차이를 만들어 낸다. 차이화는 이 경우에 사물거부, 소비거부의 형태를 취할 수 있는데, 그것은 또한 소비 중에서도 최고의 소비에 속한다.[73]

"당신이 대부르주아라면 '포시즌스(뉴욕의 고급 레스토랑)'에 가지 마세요…." "부인, 모 미장원은 세계에서 제일 머리를 잘 흩트려 줍니다!" "이 심플한 옷은 고급의상실이 주는 인상을 없애 줍니다." 이러한 소비경향을 보드리야르는 '반反소비'라고 명명하면서 이것이 메타소비이며 계급의 문화지수로서의 역할을 한다고 강조한다. "중간계급은 오히려 과시적으로 소비하는 경향이 있다. 이 점에서는 그들은 순진하다. 계급의 전략 전체가 이러한 상황의 배후에 있다는 것은 말할 필요가 없다."[74]

보드리야르는 "학교와 마찬가지로 소비는 하나의 계급적 제도"[75]라고 강조한다. 모든 사람이 똑같은 교육기회를 갖지 못하

---

73 보드리야르, 『소비의 사회』, 121쪽.
74 보드리야르, 『소비의 사회』, 122쪽.
75 보드리야르, 『소비의 사회』, 69쪽.

는 것처럼 모든 사람이 똑같은 사물을 갖지 못한다. 구매력과 계급상승의 기능을 하는 교육수준에 의해 사물의 구입, 선택, 이용이 결정된다. 이 때문에 보다 깊은 곳에서부터 근본적인 차별이 존재한다고 보드리야르는 강조한다. 보드리야르에 따르면, 그것을 결정하는 것은 '지위'라며 이 지위 개념이 사회적 이동의 모든 움직임에 방향을 부여한다. 모든 갈망의 근저에는 태어날 때부터의 지위, 은총 및 우월함을 가져다주는 지위라고 하는 이상적인 목표가 존재하는데, 그러한 지위는 또 사물의 주위에도 나타난다. 그것은 세상 사람들이 장식품, 가제트 등의 물신에 열중하는 열광을 불러일으키는데, 이 물신 숭배적 논리가 바로 소비의 이데올로기라고 보드리야르는 주장한다.[76]

텔레비전 드라마는 재벌의 '명품 이미지(럭셔리 쇼핑, 최고급 수입차, 안락한 집, 여행 등)'를 시뮬라크르로 만들어 내고 시청자들은 이를 소비한다. 처음부터 명품은 존재하지 않는다. 미디어와 광고 매체에 의해 선전과정을 거치고 여기에 고객들의 선호도를 얻으면 명품으로 둔갑하는 것이다. 명품은 자본과 미디어가 시뮬라시옹 과정을 거치면서 만들어 내는 시뮬라크르인 것이다.

---

[76] 보드리야르, 『소비의 사회』, 70-71쪽.

아무리 명품이라도 막상 갖고자 하는 대상을 손에 넣으면 얼마 지나지 않아 시큰둥해진다. 현대인에게 승용차나 집만큼 욕망을 부추기는 대상도 없다. 처음에는 소형이나 중형 승용차를 몰다가 고급 승용차를 사고, 나아가 외제 승용차를 원하고 그것도 모자라 그중에서도 최고급을 찾게 된다. 그다음에도 욕망은 그칠 줄 모르고 끝없이 이어진다. 막상 그 물건을 손에 넣으면 만족할 줄 모르고 다시 무엇을 욕망하게 된다. 영원히 채워지지 않는 이 욕망의 결핍이 슬라보예 지젝Slavoj Zizek이 말한 이른바 '잉여쾌락'[77]이다. 잉여쾌락은 인간이 살아가는 에너지이자 자본주의 소비사회가 유지되는 메커니즘이다. 보드리야르는 "결핍을 퍼뜨리는 것은 결코 자연이 아니라 시장경제이다. 바로 여기, 기세등등한 시장경제의 첨단에서 결핍/기호, 결핍/시뮬라크르가 다시 고안된다"[78]고 강조한다.

사람들의 모든 행동에는 두 가지 동기가 있다. '성적 충동'과

---

[77] 지젝의 '잉여쾌락' 개념은 마르크스의 상품분석에 나오는 '잉여가치'를 정신분석에 차용한 개념이다. 즉 욕망은 대상의 고유가치와 교환가치의 차액인 '잉여쾌락'에 의해 지속된다. 인간은 결코 닿지 않는 근원적 욕망을 향한 추구를 멈추지 못한다. 그러나 막상 대상을 손에 넣는 순간 그 실체는 텅 빈 껍데기로 남아 욕망과 미끄러지면서 결핍을 낳는다. 고급 승용차 등 명품에 대한 욕구와 같이 영원히 채워지지 않는 이 결핍이 곧 '잉여쾌락'이며 인간이 살아가는 에너지다.

[78] 보드리야르, 『시뮬라시옹』, 42쪽.

'위대한 사람이 되려는 욕망'이 그것이다. 지크문트 프로이트 Sigmund Freud의 말이다. 존 듀이John Dewey는 인간 본성에 존재하는 가장 깊은 충동은 '인정받는 인물이 되고자 하는 욕망the desire to be important'이라고 말한다. 프로이트가 말한 '위대한 사람이 되고자 하는 욕구'나 존 듀이의 '인정받는 인물이 되고자 하는 욕구'는 쉽게 충족되지 않는 욕구라고 할 수 있다. 사람들이 명품을 걸치고, 외제차를 타고, 자식 자랑을 하는 것도 바로 이런 차이에 대한 욕구에 기인한다. 차이를 통해서 다른 사람에게 인정받기를 원하고 사회적 지위를 행사하려 한다는 것이다. 차이의 욕구는 '잉여쾌락'의 논리처럼 결코 채워지지 않지만 계속해서 사회적으로 재생산된다. 주체들이 '차이의 소비'에 매달리는 것은 바로 결코 채워지지 않는 잉여쾌락을 추구하기 때문일 것이다.

2) 향유의 강제

소비행동이 사실은 욕망의 은유적 또는 우회적 표현, 차이표시기호를 통한 가치의 사회적 코드의 생산이다. 따라서 결정적인 것은 사물의 모음을 통한 이해관심의 개인적 기능이 아니라 기호의 모음을 통한 가치들의 교환, 전달, 분배라고 하는 직접적으로 사회적인

기능이다.[79]

우리는 흔히 소비는 자신의 취향이나 기호에 따라 어느 누구의 간섭도 받지 않는 자율적인 행위라고 생각한다. 그러나 보드리야르는 단호히 이를 거부한다. 소비는 개인적인 차원에서 이루어지는 것이 아니고 그 소비의 향유도 마찬가지라는 것이다. 소비는 향유가 아니라 생산의 기능이며, 따라서 물질의 생산과 마찬가지로 개인적 기능이 아니라, 집단적인 기능이라고 생각하는 것이 소비에 대한 올바른 견해라는 것이다.

따라서 개인이 아닌 집단 차원의 기능을 갖는 소비는 기호의 배열과 집단의 통합을 보증하는 체계라고 한다. 소비는 도덕(이데올로기적 가치들의 체계)인 동시에 의사소통의 체계, 즉 교환의 체계이기도 하다. 바로 이러한 사실 위에 하나의 이론적인 소비가설이 성립할 수 있다. 그리고 이 가설은 사회적 기능과 구조적 조직이 무의식적인 강제에 따라서 사회의 개인들을 압도하고 있다는 사실을 전제한다.

보드리야르는 "이 가설에 따르면 소비는 향유를 배제하는 것으

---

[79] 보드리야르, 『소비의 사회』, 101쪽.

로 정의된다"고 강조한다. 사회 논리로서의 소비의 체계는 향유의 부인이라고 하는 기반 위에 확립된다는 것이다. 사람들은 자기 자신을 위해서 즐기지만, 소비할 때는 결코 혼자서 소비하는 것이 아니다. "그러한 견해는 소비에 대한 모든 이데올로기적 논의에 의해 교묘하게 유지되어 온 소비자의 환상일 따름이다. 사람들은 모든 소비자들이 자기들도 모르는 사이에 서로 연루되는, 코드화된 가치들의 생산 및 교환의 보편화된 체계 속에 들어가기 때문이다."[80]

보드리야르는 "소비의 체계는 최종적으로 욕구와 향유에 근거하는 것이 아니라 기호(기호로서의 사물) 및 차이의 코드에 근거하고 있다"고 단언한다. 보드리야르는 사회학적으로 의미를 갖고 또 우리의 시대를 소비라고 하는 기호로 특징짓는 것은 바로 이 소비라고 하는 일차적 수준을 기호체계로 전반적으로 재조직한 것이라고 말한다.

보드리야르에 따르면, 소비인간l'homme-consommateur은 향유를 의무로 삼는 존재이자 향유와 만족을 꾀하는 존재로 간주한다. 달리 말하면 행복해야 하고, 사랑해야 하고, 귀여워하거나 귀여

---

80 보드리야르, 『소비의 사회』, 102쪽.

움을 받아야 되고, 유혹하거나 유혹받아야 하며, 또 활력에 가득 차야 하는 존재로 간주한다. 그것은 접촉과 관계를 늘리는 것, 기호와 사물을 집중적으로 사용하는 것, 향유의 모든 잠재력을 체계적으로 개발하는 것 등을 통해 생존을 극대화하는 원리이다.[81]

그러나 보르리야르는 소비자, 즉 현대사회의 시민은 향유의 강제로부터 도피할 수 없다면서, 향유의 강제는 소비사회의 새로운 윤리라고 말한다. 새로운 윤리로서 향유의 강제는 노동과 생산으로 대표되는 전통적인 강제와 똑같은 것이다. 현대인은 노동을 통해 생산에 바치는 시간은 점차 줄어들지만, 자기 자신의 욕구와 안락의 끊임없는 '생산' 및 '혁신'에 바치는 시간은 점점 많아지고 있다. "그는 자신의 모든 잠재력, 모든 소비능력을 부단히 동원하는 데 신경을 써야 한다. 이것을 잊어버리면 사람들은 그에게 행복해지지 않을 권리가 없다는 것을 친절하고도 간곡하게 상기시켜 줄 것이다."[82] 그렇지 않으면 그는 자신의 현재 상황에 만족하면서 반사회적인 존재가 될 위험을 무릅쓰게 될 것이라고 보드리야르는 강조한다.

소비사회는 모든 구성원에게 미디어와 광고를 통해 친절하게

---

81 보드리야르, 『소비의 사회』, 104쪽.

82 보드리야르, 『소비의 사회』, 104-105쪽.

여가를 소비할 것을 상기시킨다. 백화점의 전단지, 여행상품을 알리는 광고, 골프나 헬스클럽 광고 등이 불쑥불쑥 일상을 파고 든다. 차이의 욕구와 그 충족을 위한 '배려'인 것이다. 소비자들은 미디어가 지시하는 소비의 코드에 지배당한다. 요리, 문화, 종교, 섹스 등에 대한 소비는 미디어의 친절한 환기, 즉 향유의 강제에서 나온다. "이제 소비는 불확정적인 주변적 영역이 아니고 적극적이고 집단적인 행동이며, 강제이고, 도덕이며 제도"[83]라는 것이 보드리야르의 소비에 대한 분석이다. 이렇게 되면 소비는 '순수한 향유'가 아니라 '향유의 강제'가 된다. 보드리야르는 향유의 강제는 일종의 '배려의 테러리즘'이라고 말한다.

보드리야르에 따르면 요리, 문화, 과학, 종교, 섹스 등에 관한 '보편적 호기심'의 재생력이 여기에서 나온다. "트라이 지저스Try Jesus!"는 미국의 어느 선전문구인데, "예수에(와 함께) 도전하세요!"라는 의미이다. 여기에는 모든 것을 시도해야 한다는 의미가 함축되어 있다. 왜냐하면 소비인간은 그 어떠한 향유든, 무언가를 '놓치는 것'에 대한 공포에 사로잡혀 있기 때문이다. 그곳에서는 즐기는 것, 자신을 감동시키고 즐겁게 하거나 만족시키게 하는

---

83 보드리야르, 『소비의 사회』, 105-106쪽.

모든 가능성을 철저하게 개발하는 것이 강요된다."[84] 요즘 이른바 '먹방'[85]을 보면 그 요리를 먹어야 행복해질 수 있다는 향유를 강제한다. 그 요리를 먹지 못하면 불행해질 것 같은, 오래 살 수 없을 것 같은 불안감을 주기 때문이다.

보드리야르에 따르면 소비의 목적은 가치가 있는 사회적 코드를 생산하는 것이다. 소비의 체계는 욕구와 향유에 근거하는 것이 아니라 언어처럼 인위적인 기호와 차이의 코드에 근거하고 있다.[86] 따라서 보드리야르는 소비사회에서 '욕구충족적 배려'의 거대한 과정이 '억압적 배려'이자 '이중의 배려'[87]가 된다고 말한다. 날씬함에 대한 강박관념은 몸의 선에 대한 숭배를 불러오는데 여기에는 아름다움과 억압이 굳게 결합되어 있다는 것이다. 보드리야르는 "몸의 선에의 신앙과 호리호리한 몸에 대한 매혹이 이만큼 큰 힘을 발휘하는 이유는 그것들이 폭력의 표현양식이며, 육체가 그곳에서는 문자 그대로 희생의 제물이 되고 있기 때문"[88]이라고 말한다.

---

84 보드리야르, 『소비의 사회』, 105쪽.
85 다양한 먹거리를 맛있게 먹는 모습을 보여 주는 방송 프로그램.
86 박정자, 『로빈슨 크루소의 사치』, 기파랑, 2006, 83쪽.
87 보드리야르, 『소비의 사회』, 212-213쪽.
88 보드리야르, 『소비의 사회』, 215쪽.

날씬함과 젊음, 남성다움 등은 남녀 모두가 겪는 욕구충족적 배려이자 억압적 배려라는 이중의 배려에 시달리게 한다. 자기 자신을 지속적으로 긴장시키며 명품, 건강, 휴가, 레저, 유행 등에서 차이의 소비를 쫓아가야 한다는 강박관념에 시달리게 되는 것이다. 사르트르에 따르면 인간은 '세상에 내던져진 존재'이지만 소비사회에서는 '미디어에 의해 내던져진 존재'가 되는 것이다. 미디어가 주체가 되고 렌즈를 통해 수많은 객체를 만들어냄으로써 인간은 렌즈에 의해 만들어진 객체를 모방하는 존재로 전락하고 마는 것이다. 르네 지라르René Girard의 '욕망의 삼각형'[89]에 비유하면 중개자는 주체와 대상을 매개한다. 그런데 매개를 통한 욕망은 언뜻 보기에 개인적 만족과 향유를 위해 물건을 소비하는 것 같지만 타인의 욕망일 뿐 우리 자신의 주체적 욕망이 아니다.

소비사회, 그것은 배려의 사회인 동시에 억압의 사회이며, 평화로운 사회인 동시에 폭력사회이다.[90]

---

[89] 지라르는 '인간의 욕망과 폭력'을 평생의 연구 주제로 삼았다. 첫 책인 『낭만적 거짓과 소설적 진실』(1961)에서 욕망의 삼각형 이론으로 소설 속 인물을 분석하였다. 여기서 인간은 타자의 욕망을 모방한 모방 욕망을 갖게 된다고 보았으며, 주체와 타자, 욕망의 대상 등 세 요소의 영향관계를 가리켜 '욕망의 삼각형'이라고 명명했다.

보드리야르는 현대 소비의 사회를 이렇게 규정한다. 이 한 문장에 소비사회에 대한 보드리야르의 관점이 압축적으로 묘사되고 있다고 해도 과언이 아니다. 즉 소비사회에 만연한 경쟁주의는 전 사회적으로 전체주의를 부르고, 이것이 잠재적 폭력이 된다.

보드리야르에 따르면, 경쟁원리가 관철되는 소비사회에서 개인들은 사회적 상승과 개인적 쾌락의 극대화를 위해 더욱 경쟁상태로 내몰리게 되고, 이로써 만성적인 피로를 초래한다. 만성적으로 관리할 수 없는 개인들의 피로는 관리할 수 없는 폭력과 함께 잠재적 폭력이 된다.[91] 극도로 내면화된 욕구와 갈망의 지상명령에 강제를 받은 개인들은 자신의 통일성을 잃어버린다. 욕구충족의 사회적 불균형과 불평등이 심화되면 이 사회는 점점 적대관계로 가득차고 해체된 '살기 불편한' 상태의 사회가 된다. 따라서 개인들은 욕구 충족과 사회적 지위상승을 위해 끊임없이 자신을 채찍질하게 되거나 만성적인 피로로 인해 배제되는 것이다. 보드리야르는 TWA항공을 예로 들면서 이를 '제도화된 미소'의 뒤에 있는, 이른바 '배려 사회'의 이면에 깃든 테러리즘라고 말한다.

---

90 보드리야르, 『소비의 사회』, 268쪽.
91 보드리야르, 『소비의 사회』, 283쪽.

TWA항공: 손님에게 서비스를 제일 잘하는 승무원에게 총액 백만 달러의 특별수당을 줍니다! 누가 이 행운을 차지할지는 손님 여러분에게 달려 있습니다. 친절한 서비스를 한 TWA의 승무원에게 투표해 주시기 바랍니다![92]

'미소의 파토스', 즉 승객에 대한 친절한 배려는 승무원에게 세 끼의 식사보다 더 중요하다. 경쟁에서 배제되지 않으려면 승무원들은 스스로 자기 자신의 테러리스트가 되어 '제도화된 미소'를 생산해 내야 한다. 이게 르페브르가 말한 '테러리스트 사회'[93]라고 할 수 있다. 승객들은 자연스러운 감정에서 우러나오는 미소가 아닌, 조직이 강제하는 제도화된 미소를 소비하는 것이다.

보드리야르가 예를 든 '미소의 파토스'는 초과실재의 현실을 살

---

[92] 보드리야르, 『소비의 사회』, 247쪽.

[93] 마르크스주의적 관점에서 현대 자본주의사회의 도시화를 연구한 앙리 르페브르는 『현대세계의 일상성(La Vie Quotidienne dans le Monde Moderne)』(1968)에서 현대 자본주의를 관료제에 의해 소비가 조작되는 이른바 '소비조작의 관료사회'로 분석하고, 이 사회의 특징은 상품 영역뿐만 아니라 사적인 일상생활에 억압과 강제의 기제가 작동하는 과잉억압의 사회라고 분석한다. 르페브르는 "과잉억압의 사회에서는 이른바 '테러리스트 사회(la société terroriste)'에서 자신의 논리적·구조적 귀결을 발견한다"고 강조한다. '테러리스트 사회'는 미시 물리적인 테러리즘이 일상적으로 작동되는 그런 사회라고 할 수 있다. '테러리스트 사회' 개념을 넓게 해석하면, '전유'보다 '강제'가 우세한 사회로, 예컨대 자신의 잉여가치를 자신이 소유하지 못하고 자본가에 착취당하는 상태와 같다.

아가는 노동자들의 단적인 모습이다. 상품화한 노동을 팔기 위해서는 스스로 가장假裝의 미소를 만들어 내야 한다. 가장의 미소는 원본이 아니지만 그것이 바로 원본 없는 원본의 미소가 되는 것이다. 더 부드럽게 미소 지을수록 그 미소는 원본에 가까워지는 것이다. 하지만 원본은 없다. 최고의 미소를 지은 승무원의 미소 역시 원본이 아니지만, 항공사는 그 미소를 원본이라며 다른 승무원들에게 본받을 것을 강요하게 된다.

시뮬라크르가 원본을 대체하면서 원본보다 더 원본으로 환원되는 것을 '배려의 테러리즘'이라고 할 수 있다. 다른 사람을 위한 배려는 타인을 위해 자기 자신의 희생을 요구하기 때문에 자기 자신에 대한 테러리즘과 다름없다. 종업원은 승객들을 위해 미소를 짓고 있지만 그 미소는 만성피로에 시달린 미소인 것이다. 더욱이 미디어가 유포하는 이미지는 모든 것을 삼키면서 실재를 사라지게 하고, 초과실재만 남게 한다. 보드리야르는 이를 미디어에 의한 '이미지의 폭력'이라고 주장한다.

3) 여가는 자유시간이 아니다

보드리야르는 여가를 소비의 입장에서 접근한다. 이때 여가의 시간을 생산적인 활동의 일부라고 본다. 여가시간도 노동시간처럼 생산력으로 간주한다. 시간은 노동시간과 여가시간으로 분할되지만 소비사회에서는 여가시간이 결코 자유의 초월적 공간에 놓여 있지 않다는 것이다.

소비라고 하는 것은 하나의 가치체계이며, 체계라고 하는 용어가 집단통합 및 사회통제의 기능으로서 포함하는 모든 요소를 지니고 있다. 달리 말하면 새로운 생산력의 출현과 고도의 생산성을 갖는 경제체계의 독점적 재편성에 어울리는 사회화의 새롭고 특수한 양식이다.[94]

보드리야르는 여가도 생산의 시간에 해당한다고 주장한다. 그는 생산시대에서 소비시대로의 이행에 대해, "지출, 향유, 무無계산적인 구매(사는 것은 지금, 지불은 나중에)라고 하는 주제가 절약, 노동, 유산遺産이라고 하는 '청교도 주제'를 교대하였다"[95]고 말한다. 이러한 교대를 '인간혁명'에 비유한다. 소비자의 욕구와 그 충족은, 오늘날에는 다른 생산력(노동력 등)처럼 강요되고 합리화된 생산력이라고 보드리야르는 강조한다.

94 보드리야르, 『소비의 사회』, 106쪽.
95 보드리야르, 『소비의 사회』, 106쪽.

보드리야르는 오늘날 자유시장은 실질적으로 사라지고 독점적, 국가적 및 관료제적 통제에 자리를 양보했다고 말한다. 이는 그의 스승인 앙리 르페브르의 '소비조작의 관료사회'를 계승한 것이다. 따라서 "소비는 사회통제의 강력한 요소이지만, 바로 그러한 사실 때문에 소비과정에 대한 항상 더욱 강력한 '관료제적 강제'를 필연적으로 수반한다"[96]고 보드리야르는 강조한다.

소비자는 결코 보편적인 존재가 아니라 정치적, 사회적 존재이며 하나의 생산력이라는 것이다. 새로운 생산력으로서의 소비는 여가에 대해서도 적용된다고 보드리야르는 논의를 진전시킨다.

여가에 대해서도 이렇게 말할 수 있다: "시간을 소유하고 있다면 그것은 이미 더 이상 자유롭지 않기 때문이다."[97] 보드리야르는 이것이야말로 '소비의 비극적 역설'이라고 말한다.

여가에는 자유롭게 시간을 보내고 싶어하는 강력한 갈망이 내포되어 있다. 그런데 여가에의 요구 속에 포함되어 있는 자유에의 강력한 갈망은 강제와 구속의 체계가 강력하다는 것의 증거이기도 하다고 보드리야르는 강조한다.

시간은 교환가치의 법칙에 따르는 희소하고 귀중한 상품이다.

---

[96] 보드리야르, 『소비의 사회』, 111쪽.
[97] 보드리야르, 『소비의 사회』, 230쪽.

그런데 자유시간마저도 '소비되기' 위해서는 구매의 대상이 될 수밖에 없다고 보드리야르는 강조한다. "바캉스라고 하는 자유시간은 여전히 휴가를 얻은 자의 사유재산이며, 1년간 땀을 흘려서 얻은 하나의 재財이다. 프로메테우스가 바위산에 묶여 있는 것처럼 그는 자신의 시간에, 생산력으로서의 시간이라고 하는 프로메테우스적 신화에 묶여 있는 것이다."[98]

따라서 여가와 바캉스에서, 노동의 영역에서 나타나는 것과 동일하게 목적달성을 향한 도덕적·이상주의적 집념, 즉 강제의 윤리를 볼 수 있다고 보드리야르는 강조한다.

여가는 완전히 소비의 일부이지만, 소비와 똑같이 충족을 위한 행위가 아니다. 적어도 겉으로는 충족을 위한 행위처럼 보일지 모르지만, 실제로는 햇볕에 살을 그을리는 것에 대한 강박관념, 이탈리아나 에스파냐로의 관광여행 및 각지의 미술관 순례, 의무적이 된 해변에서의 일광욕 및 체조, 특히 피곤할 줄 모르는 '미소'와 '사는 즐거움' 등은 모두 사람들이 의무와 희생 그리고 금욕의 원칙에 맹종하고 있다는 것을 증명한다.[99]

98 보드리야르, 『소비의 사회』, 234-235쪽.
99 보드리야르, 『소비의 사회』, 236-237쪽.

이것이 리스먼David Riesman이 말하는 '오락 도덕fun-morality'에 해당된다고 보드리야르는 말한다. 보드리야르는 "여가는 사회적 사명이다"라는 이 표현이야말로 자유시간과 그 소비가 하나의 제도, 내재화된 사회규범의 성격을 지니게 되었다는 것을 완전하게 요약하고 있다고 말한다.

여가는 자유시간의 향유, 충족 및 기능적 휴식이라고 하기보다는 오히려 비생산적인 시간소비로 정의된다. 여기서 '시간의 낭비'라는 문제로 되돌아가게 되는데, 이것은 소비된 자유시간이 사실은 생산의 시간이라는 것을 보여 주기 위해서이다. 경제적으로는 비생산적인 이 시간은 차이표시적·지위표시적 가치, 위세가치를 만들어 내는 생산적 시간이다.[100]

예컨대 대학생들이 대기업에 들어가려는 이유 중에는 여가를 누릴 수 있는 복지시설의 존재도 한몫 한다. 대기업이 복지시설로 운영하는 리조트와 골프장 등은 차이와 지위, 위세표시적 가치가 담겨 있기 때문이다. 그래서 대기업에서 운영하는 리조트

---

[100] 보드리야르, 『소비의 사회』, 239쪽.

시설을 이용하는 사람들은 위세표시가치를 소비하는 여가시간을 가지는 셈이다.

보드리야르는 "사실 여가시간은 '자유'시간이 아니라 '지출된' 시간이며, 완전히 낭비되는 것은 아니다. 왜냐하면 이 시간은 사회적 의미에서의 개인에게 있어서 지위를 생산하는 시간이기 때문이다"[101]라고 강조한다. 따라서 한가한 시간을 다 써 버리는 것은 재물을 낭비하고 소비함으로써 권력의 지위를 누리는 일종의 포틀래치에 해당한다고 보드리야르는 말한다.

오늘날에도 평균적인 인간이 바캉스와 자유시간을 통해서 요구하는 것은 '자기실현의 자유'가 아니다. 보드리야르는 "여가의 시간은 소비의 시간과 마찬가지로 일반적으로 가치를 생산하는 극히 중요한 사회적 시간이 된다"고 강조한다.

소비과정은 기회를 균등히 하거나 사회적·경제적 지위를 둘러싼 경쟁을 완화시키기는커녕, 오히려 모든 형태의 경쟁을 격화시킨다. 소비행위에 의해 우리들은 마침내 경쟁상태가 보편화된 사회에 살게 되었다. 이 사회에서는 경제, 지식, 욕망, 육체, 기호, 충동 등 모든 수준에서 경쟁원리가 관철되며, 모든 것이 차

---

[101] 보드리야르, 『소비의 사회』, 239쪽.

이와 초차이화의 끊임없는 과정 속에서 교환가치로 생산되는 것이다.[102]

여가도 이와 같은 경쟁원리와 차이의 체계가 작동한다. 미디어를 통해 보도되지 않는다면 여행을 소비하고 싶은 사람들의 욕구가 잠재상태에 있을 수 있다. 하지만 미디어를 통해 보도되는 순간, 여행을 가야겠다는 생각을 한다. 미디어가 허위욕구를 조장하는 것이다.

여가를 소비의 입장에서 보면 여가시간의 만족은 돈으로 환원된다. 이때 경제력이 뒷받침되지 않는다면 여행을 갈 수 없게 되고 상대적인 박탈감을 가지게 된다. 즉 소비자는 자기 자신의 자유시간마저 돈을 주고 사지 않으면 안 되는 것이다. 미디어에 중독된 소비사회에서 사람들은 여가에서조차 소비를 강박당하며 이른바 '여가로부터의 소외'를 경험하게 된다. 예를 들면 미디어가 해외로 떠나는 여행객들이 급증하고 있다는 뉴스를 내보내면서 산호초 바다에서 낭만적인 휴가를 '소비'하는 장면을 보여 줄 때조차 사람들은 즐겁지 않다. 이를 소비하지 못하는 사람들은 억압[103]과 소외를 경험하는 것이다.

---

102 보드리야르, 『소비의 사회』, 283쪽.
103 여기서는 미디어에 의한 일상의 억압을 분석하기 위해 임상적 의미나 좁은 개념의 개인적 억

소비사회가 이전의 사회와는 달리 더 이상 신화를 만들어 내지 못하게 되었다면, 그 이유는 소비사회 그 자체가 소비사회에 대한 신화이기 때문이다. 보드리야르는 혼을 대가로 돈과 부를 가져다준 악마는 순수하고 단순한 풍부함으로 대체되었으며, 악마와의 계약은 풍부함에 대한 약속으로 대체되었다고 강조한다.

악마의 가장 악마다운 점은 악마가 실제로 존재하는 것이 아니라 실제로 존재한다고 믿게 하는 것인 바와 마찬가지로 풍부함은 현실에는 존재하지 않지만, 이 풍부함이 유효한 신화가 되기 위해서는 그 존재를 믿게 하는 것으로 충분하다.[104]

보드리야르는 "중세사회가 신과 악마 위에 균형을 이루었다면, 우리들의 사회는 소비와 그 고발 위에서 균형을 취하고 있다"고 비유한다. 악마의 주위에는 다양한 이단과 흑黑주술(악마의 힘을 빌어서 하는 주술)의 종파가 조직될 수 있었다. 하지만 우리들의 주술은 백白주술이고, 풍부함 속에는 더 이상 이단이 존재할 수 없다

압이 아니라, 넓은 의미의 사회적 억압에 초점을 두고 있다. 억압에 의한 승화를 강조한 프로이트의 정신분석학은 여기서 논외로 한다.
[104] 보드리야르, 『소비의 사회』, 300쪽.

고 음울하게 현대 소비사회를 진단한다. 그것은 포화상태에 달한 사회, 현기증도 역사도 없는 사회, 자기 이외에는 어떤 다른 신화를 가지지 않는 사회라고 한다. 여가시간마저도 생산적 시간으로 본 보드리야르에게, 소비사회는 풍부함의 올가미에 걸려 사물의 배후에는 텅 빈 인간관계만을 남기는 곳일 뿐이다.

4) 메시지의 전체주의

마셜 매클루언이 『미디어의 이해』에서 '미디어는 메시지다'라는 유명한 명제를 통해 미디어가 인간의 감각을 확장한다고 분석한다. 이는 미디어가 메시지인 '내용'을 전달하는 도구라는 기존의 개념과는 전혀 다르게 정의한 것으로, 인간의 감각기관이 미디어에 따라 달리 확장된다는 것이다. 즉 문자와 인쇄술이 시각중심적인 인간을 형성했다면, 현대의 전기전파 미디어들은 인간 감각의 배치와 강도를 변화시켜서 촉각적인 인간형을 만들어내고 있다는 것이 그의 주장이다.[105]

우리는 흔히 미디어의 보도를 통해 세상을 바라보는 창을 만든다. 사람들과 미디어에 보도된 내용을 소재로 이야기를 나눈다.

---

105 박기현, 『문화콘텐츠를 위한 미디어미학』, 만남, 2006, 15쪽.

이때 같은 뉴스를 보도할 때 미디이기 달라도 내용은 달라지지 않는다고 생각한다. 신문으로 보도하든 TV로 보도하든 사람들은 같은 내용으로 받아들인다. 그런데 매클루언은 그렇지 않다고 주장했다.

예를 들어 소설 텍스트인 『춘향전』의 경우, 영화로 〈춘향전〉을 만들면 시청각적 효과를 중시하는 영화 매체의 특성상 춘향이와 이 도령의 관계를 매우 '육감적'으로 접근하게 된다. 춘향이의 절개에 성적 도취infatuation와 같은 에로적 색깔이 부각된다. 반면 뮤지컬로 〈춘향전〉을 만들면 커다란 무대와 극적인 사건을 강조하는 매체의 특성상 이 도령과 춘향이의 사랑보다는 변학도와 춘향이의 관계에 주목하게 된다. 이로써 사랑이나 의리보다는 남녀 간의 삼각관계, 권력자의 일탈을 주요 테마로 부각시킬 수 있다. 춘향전은 영화나 TV, 라디오, 마당극 등 어떤 매체로 연출되는가에 따라 같은 내용을 전달하더라도 수용자의 감각을 달리 확장하게 되는 것이다.

매클루언은 미디어가 다른 것을 전달하는 단순한 매체가 아니라, 미디어 자체의 특성을 전파하는 하나의 메시지가 된다고 생각했다. 문자와 인쇄술이 시각중심적인 인간을 형성했다면, 현대의 전기전파 미디어들은 인간 감각의 배치와 강도를 변화시켜서 촉각적인 인간형을 만들어 내고 있다는 것이 그의 주장이다.[106] 이는 생활문화뿐만 아니라 의식의 변화까지 가져오게 한다. 미디어에 의해 확장된 감각들이 개인들의 의식과 경험을 형성한다.

인간의 감각을 확장한다는 매클루언의 매체이론은 보드리야르의 대중매체론으로 연결되고 있다. 보드리야르에 의하면, 현대 소비사회는 미디어를 통해 소비를 조작하고 통제하며 무의식의 차원까지도 지배하기에 이르렀다고 본다. 소비뿐만 아니라 의사소통과 여론의 형성도 미디어를 통해 표현되고 있다. 심지어 일상의 화제도 텔레비전이나 영화 등 매체가 지배하고 있다. 즉 미디어가 말하지 않은 것은 말해지지 않고 미디어가 말해야만 비로소 말해지는 것이다.

보드리야르는 매클루언의 '미디어는 메시지이다'를 소비분석의 기본적 특징으로 받아들일 필요가 있다고 말한다. "텔레비전의 '메시지'는 단순히 전달되는 이미지가 아니라 텔레비전에 의해 강요되는 관계와 지각의 새로운 양상이며 가족과 집단이 가진 전통적 구조의 변화이다."[107] 말하자면 매클루언의 설명처럼

---

106 박기현, 앞의 책, 15쪽.
107 보드리야르, 『소비의 사회』, 179쪽.

미디어의 의미작용이 인간의 감각을 확장해 소비적 인간으로 내모는 것이다. 예를 들면 철도라는 미디어는 여가와 여행문화의 변화를 초래하고 휴양도시를 만들어 여가시간을 소비하게 한다. 또한 역세권에는 부동산 투기꾼들이 몰려든다.

텔레비전의 뉴스와 광고는 자본의 욕망에 따라 서로 연결되는 기호체계 안에 사람들을 빠져들게 한다. 기의는 사라지고 기표만이 존재한다. 현실세계의 진실은 더 이상 문제가 되지 않고 미디어가 실어 나르는 가공된 현실만이 진실이 된다. 요컨대 대중매체는 현실세계의 독해체계를 결정하며, 그 체계의 기술적 모델로서 현실세계의 '메타언어'가 된다고 보드리야르는 주장한다.

텔레비전의 영상은 존재하지 않는 세계의 메타언어활동이고자 한다. 이미지/기호는 세계의 철저한 허구화, 즉 현실의 세계를 전면적으로 이미지화하는 것의 오만함을 보여 주는 것이다. '이미지의 소비'의 배후에는 독해체계의 제국주의가 모습을 나타내고 있는 것이다.[108]

---

[108] 보드리야르, 『소비의 사회』, 179-180쪽.

즉 보드리야르는 "텔레비전은 기호체계가 된 세계에 대해 독해체계의 전능성이라고 하는 이데올로기를 전달한다"[109]고 강조한다. 따라서 기의가 상실된 채 기표에 의해 전체적인 기호교환 관계가 주도됨에 따라 기표의 원천이자 지시대상인 현실 자체는 이제 상징적인 것의 모사물에 지나지 않게 되는 것이다. 이로써 지시대상의 '재현representation' 대신에 현실세계는 기호가 끌고 다니는 그림자의 허깨비만 난무하게 된다.[110] 즉 텔레비전에 의해 세계의 독해체계가 독점당하게 되는 것이다. 이 경우 인간의 커뮤니케이션 교환은 마치 화폐가 독점적으로 상품의 교환을 매개하는 것과 같다. "매스 커뮤니케이션이 우리에게 제공하는 것은 현실 그 자체가 아니라 현실의 현기증vertige de la réalité 또는, 말장난은 아니지만, 현기증 없는 현실이라고 해도 좋다."[111]

결국 사람들은 현실에 존재하는 사물보다 영화나 드라마, 뉴스 등 영상매체가 전하는 이미지를 더 사실처럼 여긴다. 사람들은 실재하는 대상이 아니라 미디어가 만들어 낸 이미지를 소비하고 여기에 프로그래밍되어 살아가고 있다는 것이다.

109 보드리야르, 『소비의 사회』, 179쪽.
110 김성재 외, 「매체미학을 통한 탈 시뮬레이션 전략」, 『매체미학』, 나남, 1998.
111 보드리야르, 『소비의 사회』, 26쪽.

디지털 매체로 연결되는 정보사회는 디지털 미디어가 수동적 수용자를 능동적 정보탐색자로 바꿔 놓고 있다고 말한다. 즉 대중매체의 수용자(독자나 시청자)는 대중매체가 전해 주는 메시지를 수동적으로 받아들이는 청중으로 간주되었지만 오히려 그 반대가 되었다는 것이다. 그 이유로 디지털 미디어의 가장 중요한 특징인 상호작용성을 든다. 즉 상호작용성에 의해서 '내가 원하는 것을, 내가 선택해서, 내가 원하는 때에 볼 수 있다'는 것이다. 이는 미디어에 대한 낙관적인 시각이다.

그러나 정보사회의 디스토피아 측면이 강조되는 현대에 이르러서는 미디어에 대한 부정적 시각이 더 우세한 편이다. 보드리야르의 미디어에 대한 극단적인 비관주의에서 알 수 있듯이 미디어가 전체주의적 메시지를 생산해 내고 있는 실정이다. 보드리야르의 표현을 빌리면, TV가 바로 진실이다. "진실인 것은 TV이며, 진실을 만든 것은 TV이다. 시선의, 원근법적인 진실도 아니라 조작적인 진실이다."[112]

---

112 보드리야르, 『시뮬라시옹』, 68쪽. 정보사회에 대한 낙관론적 입장은 산업사회와 자본주의의 문제점들이 정보사회에 이르러 대부분 해소된다는 것이다. 그 근저에는 정보사회가 산업사회나 자본주의사회와는 질적으로 다른 새로운 사회라는 입장이 깔려 있다. 이에 반해 비관론은 정보사회가 결코 새로운 사회가 아니라는 인식에서 출발한다. 정보사회는 정보기술의 발달에 힘입어 후기 자본주의의 구조적 모순을 봉합하기 위해 등장한 사회이므로 자본주의사회와 다를

TV는 사람들을 개별화시키고, 그들의 시선을 오직 TV만을 향하게 한다. 그리고 TV에서 나오는 정보가 세계에 대한 나의 지식을 구성하고, 대화는 그것을 소재로 하며, 거기서 나온 사건과 영웅을 모르면 무시하거나 바보로 만들고, 매체에 나온 것을 기준으로 어떤 말이 참인가 거짓인가를 판단하게 된다.

보드리야르는 급기야 '미디어가 전체주의적 메시지를 생산해 낸다'[113]고 말한다.

매스미디어의 기능은 세계의 실제 현실에서 일어난 단 한 번의 사건으로서의 성격을 약화시키고, 서로 의미를 보완하고 서로 참조하게 하는 동질적인 각종의 매스미디어로 된 다원적 세계로 현실의 세계를 대체시켜 버리는 것이다. 결국 각종의 매스미디어는 서로 똑같은 내용이 된다. 이것이야말로 소비사회의 전체주의적 메시지이다.[114]

것이 없으며, 자본주의적 사회구성이 안고 있는 구조적 특성을 그대로 배태하고 있다는 것이다(김호기 외, 「정보사회, 유토피아인가 디스토피아인가」, 『자식의 최전선』, 한길사, 2002, 602~603쪽).

113 보드리야르, 『소비의 사회』, 179쪽.

114 보드리야르, 『소비의 사회』, 179쪽. 마르쿠제는 『일차원적 인간』(1964)에서 생산, 분배, 상품 소비욕구를 통제 관리할 수 있는 독점 자본주의에 기초한 자본주의 패권을 '일차원적 사회'라고 규정했다. 그리고 이런 일차원적 사회에 사는 인간은 상품 시장에 얽매이며 매스미디어의 광고에서 조장하는 욕구충동에 따라 소비하는 존재로 전락한다고 묘사한다. 마르쿠제에게 있어

즉 미디어는 소비사회의 전체주의적 '메시지'를 생산해 내며 '독해체계의 제국주의'를 드러내는 것이다.

우리가 사는 현실이 미디어의 재현에 의한 현실이 되면 그 현실은 언제든지 미디어의 필요에 따라 절취될 수 있다. 그 절취된 만큼 현실은 미디어 통제의 영역에 있다고 할 수 있다. 텔레비전에 의해 세계에 대한 독해체계가 독점당하게 된 것이다.

보드리야르는 소비사회와 시각문화에 대한 대표적인 비관론자다. 그의 대중매체론에 따르면 근대 이전에는 문맹으로 인해 문자로부터 인간이 억압을 당했다면, 근대 이후에는 시각매체의 영상미디어로부터 억압을 당하고 있다. 더욱이 영상미디어와 새로운 신종 기술매체가 등장하고 융합하는 지금에는 다시 시각적 '합성영상' 미디어로부터 억압당하고 있는 것이다. 이제 사람들은 일상을 매개가 아니라 세상을 정의하고 형성하는 도구인 미디어가 지시하는 기호(기의가 배제된 기표)만을 소비하고, 미디어에

일차원성이란 구성원들 자신이 속한 사회와 인간에 대하여 내면적인 모순을 느끼지 못하고 현재의 상태를 비판 없이 수용하는 태도다. 그에 의하면 일차원적 사회의 소비자들은 비민주적으로 통제, 관리되는 전체 속에서 조작당하는 대상에 불과하다. 특히 정치제조자와 정보의 조달업자에 의해 '일차원적 사유'가 체계적으로 조장된다. 아도르노가 '계몽'을 전체주의적이라고 규정한 것과 같은 맥락에서 마르쿠제는 '일차원적 사회'를 전체주의적이라고 규정한다(H. Marcuse, 『일차원적 인간』, 박병진 역, 한마음사, 1993).

의해 노출되지 않는 소비는 소비의 욕망조차 일지 않는다. 극단적으로 말하자면, 미디어를 통해 뉴스로 보도되지 않는 사건은 실제 발생한 사건이 아니다. 뉴스로 보도되는 사건만이 실제로 일어난 사건이다. 근대에는 이성에 의해 억압을 받았지만 탈근대를 표방하는 현대에서는 기술매체에 의해 시각적 감응이나 이미지 또는 감성에 의해 새로운 억압을 경험하고 있다. 해방과 억압의 측면에서 볼 때 포스트모더니즘은 '위장'이며 여전히 우리는 억압적인 근대에 살고 있다고 보드리야르는 주장한다.

보드리야르는 이 새로운 형식의 억압을 '분위기'라고 불렀다, 그 속에서 사회는 소비의 스펙터클에 포섭됨으로써 통제된다. 현대 소비 질서가 주도하는 "풍요로운 사회는 인간을 변모시킨다. 우리는 더 이상 사람이 아니라 사물들에 둘러싸여 있다. 이것이 바로 새로운 소비 분위기, 즉 현대의 생활을 전면적으로 구조화하는 새로운 도덕이며, 그 속에서 사물과 장소와 기능 사이의 독특한 관계들은 사라진다."[115]

사물의 체계가 가진 질과 문화적 가치에서 나오는 관계적 차이가 소비자를 분류한다. 사회적 신분 상승의 꿈을 실현하기 위해

---

115 크리스 호룩스 글·조란 저브틱 그림, 『보드리야르』, 권순만 역, 김영사, 2008, 18쪽.

추사 김정희나 피카소와 같은 유명 화가의 모조품을 구입한 사람은 진품이 시장에 있다는 것을 알고 있다. 그럼에도 돈이 부족하기 때문에 모조품을 구매한다. 이를 구입한 사람은 기호들의 차이적 관계에서 생성된 의미작용, 의미의 억압적 구조에 사로잡혀 있다고 보드리야르는 강조한다. 즉 우리의 욕구선택은 사물의 특정한 기능이 아니라 이러한 기호들의 '무제한적 호환성'을 히스테리적 방식으로 추종하는 것이다. 그러한 매개는 대부분 미디어의 매개를 통해 이루어진다.

보드리야르에 의하면 탈근대의 세계에서 삶은 미디어에 의해 재현[116]되고 있다. 즉 포스트모던 세계에서는 삶이 미디어의 재현에 의해 완전히 매개되어 있다는 것이다. 더욱이 요즘의 스마트폰은 실시간으로 소비를 유혹한다. 특히 미디어는 오늘날 주체가 배제된 세계를 만들면서 인간의 감각을 확장하고 주형한다. 보드리야르는 『시뮬라크르와 시뮬라시옹』에서 이를 '시뮬라크르에 의해 하이퍼리얼로 이어지는 시뮬라시옹의 과정'으로 설명한다. "글자 그대로의 의미로 매체는 더 이상 존재하지 않는다. 즉

---

[116] 일반적으로 재현은 그 재현 대상과의 관계를 전제로 하여 실재를 다시 드러내는 행위를 의미한다. 보드리야르의 재현 개념은 소비사회가 도래함에 따라 정립된 것으로, 지시대상 없는 순수한 가상, 심지어 원본을 지워 버리는 시뮬라시옹으로서의 개념으로 사용한다.

한 현실에서 다른 현실로, 실재의 하나의 상태에서 다른 것으로의 매개적 운반체가 더 이상 없다. 내용물에서도 그렇고 형태에서도 그렇다. 이것은 엄밀히 말하여 함열implosion(내파)이다."[117]

보드리야르는 매체 속에서 의미의 함열을 이렇게 정의한다.

내용물들의 함열, 의미의 흡수, 매체 자체의 증발, 모델의 전적인 순환성 속에서 의사소통의 모든 변증법의 흡수, 대중 덩어리 속으로 사회적인 것의 함열 등 이러한 것의 확인은 대재난적이고 절망적으로 보일 수 있다. 그러나 사실 이것은 우리가 정보에 대해 가지고 있는 모든 시각을 지배하고 있는 이상주의의 시선에서나 그렇다.[118]

보드리야르는 매체가 의미를 전달하는 순수한 기능을 극도로 회의적인 시선으로 바라본다. 매체가 실어 나르는 가상의 이미지로 소비되는 시뮬라크르의 시대에는 더 이상 엄밀한 의미의 매체란 존재하지 않는다는 것이다. 보드리야르는 "정보는 더욱 많고 의미는 더욱 적은 세계에 우리는 살고 있다"면서 "'미디어는

117 보드리야르, 『시뮬라시옹』, 149쪽.
118 보드리야르, 『시뮬라시옹』, 149쪽.

메시지이다'는 단지 메시지의 종말을 의미하는 것이 아니라, 매체의 종말을 의미한다"고 결론 맺는다. 그래서 보드리야르는 "우리 모두는 의미와, 의사소통과, 의미에 의한 의사소통의 이상주의라는 일종의 광적인 이상주의를 가지고 산다"[119]면서 시뮬라크르 시대에는 매체에 대한 이상주의를 거둬야 한다고 강조한다.

매체의 재현으로 메시지의 전체주의로 인해 보드리야르는 "우리는 시뮬레이션에 들어가기 위해 역사를 탈출했다"고 단언한다. 우리는 미디어와 실재가 하나로 함몰된 세상에 살고 있다는 것이다. 보드리야르의 이런 입장은 '테크놀로지 허무주의 technological nihilism'라 부를 만하다.

보드리야르는 정보의 '폭발explosion'과 의미의 '내파implosion'가 새로운 커뮤니케이션 질서의 핵심으로 등장했다고 주장한다. 그는 대중매체가 사회화 작용을 하는 것이 아니라 사회적인 것을 '내파'한다고 본다. 정보는 의사소통을 위한 것도 아니다. 보드리야르에 따르면, 정보는 의미를 생산하는 것이 아니라 의사소통을 위하는 척 연출만 하면서 소진된다. '내파'는 더 나아가 모든 사회 제도들이 내부에서 폭발하고 무너진다는 것을 의미한다. 경계는

---

[119] 보드리야르, 『시뮬라시옹』, 149쪽.

붕괴된다. 오락과 뉴스가 구분되지 않는다. 제도적 경계는 흐려진다. 보드리야르의 세계에서 '확실성'은 전혀 존재하지 않으며 저항은 '신기루'요, 사회변혁은 '환상'에 지나지 않는다.[120]

보드리야르는 대중매체에 의한 메시지의 전체주의로 인해 대립극들이 서로 흡수되거나 대립극들을 구별짓는 용어들이 뭉개진다고 본다. 그리고 이에 따라 모든 변증법적 간섭이나 모든 중개 작용이 불가능해진다고 강조한다. 말하자면 의미의 함열은 의미의 대재난을 초래한다는 것이다. 따라서 내용에 의해 혁명을 꿈꾸는 것은 소용없는 일이고, 형태에 의한 혁명을 꿈꾸는 것도 소용없는 일이라고 말한다. 매체 속에서의 의미의 함열 혹은 내파[121]는 '역대급' TV 드라마나 영화에서 찾아볼 수 있다. 이 경

---

120 강준만, "보드리야르: '시뮬라시옹'이란 무엇인가", 대자보, 2006.07.07.

121 소비사회에서 사물의 배후에는 텅 빈 인간관계가 있고, 엄청난 규모로 동원된 생산력과 사회적 힘이 물상화되고 돋보인다. 하지만 어느 날 갑자기 난폭한 폭발과 붕괴가 시작될 수도 있다. 이것이 보드리야르가 말하는 자본주의의 '내파'이다. 내파란 자본주의가 내부에서 동시다발적으로 붕괴된다는 것이다. 이때 혁명이 일어나 자본주의 자체가 전복될 수도 있지만 보드리야르는 이런 가설에 비관적이다. 보드리야르는 미디어를 통해서도 이미지의 과잉증식 단계에서 내파가 일어난다고 본다. 매체의 공간 속에서 이미지와 기호, 정보가 과도한 상태에 이르면, 메시지가 증발되어 버린다는 것이다. 예를 들면 드라마 〈SKY 캐슬〉 등에서 보듯이 시청자들이 이 드라마에 몰입하면 할수록 상호 간의 의사소통은 실종된다. 드라마의 내용이 아니면 일상의 대화에 오를 수 없다. 오직 하나의 메시지만 유통되고 나머지는 대화의 소재에서 증발해 버리고 만다. 이는 의사소통의 왜곡뿐만 아니라 실종상태를 초래한다. 예컨대 일부 신문의 지배력이 무한히 확장되어 오직 하나의 목소리를 만들어 전달하게 되면, 메시지의 종말뿐만 아니라 급기야 해당 신문매체의 종말, 나아가 신문미디어 자체의 종말이 일어날 수도 있다. 이

우 드라마나 영화의 이야기들이 다른 모든 이슈들을 삼켜 버리는 현상이 벌어지곤 한다. 개인들의 사소한 대화에서도, 사회적인 이슈에서도 그 드라마나 영화의 내용만이 회자되고 다른 모든 이슈들을 증발시켜 버린다. 이게 말하자면 의미의 대재난이요, 매체 속에서 의미의 함열이라고 할 수 있다.

5) 시뮬라시옹 질서

매체미학의 선구자인 발터 벤야민은 기술복제시대에 예술작품은 아우라를 상실[122]하고 이는 모방품으로 하여금 진품을 대신하게 한다고 보았다. 그러나 당초 벤야민의 예측과 달리, 아우라의 상실이 낳은 복제품 또는 시뮬라크르는 해방의 잠재력을 증대시키기보다 대중매체를 통한 자기재현으로 이어졌다. 보드리야르는 이것이 근대적 주체들을 분열시키고 억압하는 기제로 작동한다고 주장한다. 보드리야르는 기술매체의 시대를 실체가 없

러한 상황에 이르면 의사소통뿐만 아니라 대중매체 자체가 내파되는 셈이다.

[122] 벤야민은 기술적 복제에 의한 예술품의 아우라 상실이 이중성을 지닌다고 본다. 이 같은 복제가 다른 한편으로 대중문화에 긍정적인 영향을 끼쳤기 때문이다. 즉 예술작품의 기술적 복제 가능성은 세계 역사상 처음으로 예술작품으로 하여금 지금까지 종교적 의식 속에서 살아온 기생적 삶의 방식으로부터 벗어나도록 한 측면이 있다(발터 벤야민, 「기술복제시대의 예술작품(*Das Kunstwerk im Zeitalter seiner technischen Reproduzierbarkeit*)」, 『발터 벤야민의 문예이론』, 반성완 편역, 민음사, 206쪽).

는 이미지가 실재를 갈취하는 시뮬라크르 시대로 규정하면서 극
단적인 비관주의를 드러내고 있다.

현대 자본주의 사회는 사물이 기호로 대체되고 현실의 모사
나 원본 없는 이미지, 즉 시뮬라크르들이 실재를 지배하고 대체
한다. 우리가 흉내, 모방이라고 말할 때는 그 흉내의 행위를 가
능하게 하는 실체가 반드시 전제되는 데 반해 더 이상 흉내 낼 대
상이 없어진 시뮬라크르들은 더욱 실재 같은 초과실재hyperreal/
hyperreality[123]를 생산해 낸다. 더 이상 원본은 없고, 어떤 의미에서
는 원본과 모사물의 구별도 없다는 것이다. 이러한 시뮬라시옹
의 질서를 이끌고 나아가는 것은 매체에 의한 정보와 이미지의
자기증식이다.

시뮬라시옹은 더 이상 영토 그리고 이미지나 기호가 지시하는 대
상 또는 어떤 실체의 시뮬라시옹이 아니다. 오늘날의 시뮬라시옹
은 원본도 사실성도 없는 실재, 즉 초과실재를 모델들을 가지고 산
출하는 작업이다.[124]

---

[123] 보드리야르는 Hyperreal 또는 Hyperreality를 구분하지 않고 사용한다. 초과실재는 시뮬라시옹
에 의해 새로이 만들어진 실재로서 전통적인 실재와는 그 성격이 판이하다. 초과실재는 예전
의 실재 이상으로 우리의 곁에 있으며 과거 실재가 담당하였던 역할을 갈취하고 있기에 실재
로서, 실재가 아닌 다른 실재로서 취급해야 한다(보드리야르, 『시뮬라시옹』, 12쪽 역주).

시뮬라시옹은 기호의 지시대상 자체를 부정하고 기호로부터 출발한다. 즉 전통적 미학에서는 이미지는 현실을 반영하거나 감추는 데 반해, 시뮬라시옹에서 이미지는 사실성과 무관하게 이미지 스스로가 순수한 시뮬라크르가 되는 단계이다.

시뮬라크르는 원래 플라톤Platon에 의해 정의된 개념이다. 그에 따르면, 사람이 살고 있는 이 세계는 원형인 이데아, 복제물인 현실, 그리고 현실의 복제물인 시뮬라크르로 이루어져 있다. 플라톤은 엄밀한 의미에서의 완전한 복제란 있을 수 없다고 주장했는데, 이는 원본이 복제되면 될수록 원본과는 거리가 멀어지기 때문이다. 이 때문에 플라톤은 시뮬라크르를 한순간도 자기동일로 있을 수 없는 존재, 곧 지금 여기에 실재하지 않는 것이라 하여 전혀 가치가 없는 것으로 보았다. 시뮬라크르를 정의할 때, 최초의 한 모델에서 시작된 복제가 자꾸 거듭되어 나중에는 최초의 모델과 구분할 수 없을 정도로 뒤바뀐 복사물을 의미한다.

한편, 질 들뢰즈Gilles Deleuze에 따르면, 시뮬라크르는 단순한 복제의 복제품이 아니라고 한다. 그는 복제물은 이전의 복제물과는 전혀 다른 독립성을 가지고 있다고 하였으며, 복제가 될수록 원본과 멀어져 그 가치가 떨어진다는 플라톤과는 달리, 복제품에도 나름의 의미가 있다고 한다.

그러나 보드리야르에 따르면, 현대사회에서는 이미지 자체의 압도적 확산으로 인해 실제로는 존재하지 않는 대상을 실존하는 것처럼 만드는 과정이 넘쳐나게 된다. 시뮬라크르란 존재하지는 않지만 존재하는 것처럼, 때로는 존재하는 것보다 더 생생하게 인식되는 것이다. 보드리야르는 "'시뮬라크르하기'는 '갖지 않은 것을 가진 체하기'이다"라고 정의한다.

감추기는 가졌으면서도 갖지 않은 체하는 것이다. 시뮬라크르하기는 갖지 않은 것을 가진 체하기이다. 전자는 있음에 속하고 후자는 없음에 관계된다. 그러나 시뮬라크르하기는 더 복잡하다. 왜냐하면 시뮬라크르하기는 사실은 체하기와는 다르기 때문이다.[125]

예를 들어 병든 체하는 사람은 단순히 침대에 누워 다른 사람들에게 자기가 병에 걸렸다고 믿도록 하면 된다. 그러므로 체하거나 감추기는 실재의 원칙을 손상시키지 않는다. 반면에 병의

125 보드리야르, 『시뮬라시옹』, 19쪽.

시뮬라크르를 만드는 사람은 정말로 어떤 병의 징후들을 새롭게 만들어 내야 한다. 시뮬과시옹은 〈참〉과 〈거짓〉, 〈실재〉와 〈상상 세계〉 사이의 다름 자체를 위협한다. 시뮬라크르 제작자는 〈진짜〉 혹은 〈진짜 같은〉 징후들을 생산한다고 보드리야르는 강조한다. 대표적인 사례로 예수와 부처와 같은 성화상聖畵像을 든다. 신성은 성화상을 통해 드러나고, 신은 성화상이라는 시뮬라크르를 통해 존재한다. 보드리야르는 "본질적으로 신이란 없고, 오직 시뮬라크르만이 존재하고 있으며, 더군다나 신 자체도 시뮬라크르였다"라고 분석한다. 말하자면 종교란 시뮬라시옹 과정을 거쳐 시뮬라크르가 만들어 낸 거대한 하이퍼리얼인 것이다.

보드리야르는 『상징적 교환과 죽음』에서 시뮬라크르의 질서[126]를 세 단계로 구분한다. 푸코Michel Foucault가 『말과 사물』에서 재현의 세 가지 인식을 구별하는 것처럼 시뮬라크르의 세 가지 질서를 밝혀낸다. 그는 시뮬라크르의 질서를 재현의 형태라고 부른다. 시뮬라크르의 각 질서는 재현의 수단이나 기능에 근거한다.

시뮬라크르의 첫 번째 질서는 가치의 '자연적' 법칙이라고 부르

---

126 배영달, 『보드리야르의 시뮬라시옹』, 86-91쪽 참고.

는 것에 근거를 둔 '모사의 질서'다. 이 형태는 르네상스부터 산업혁명에 이르기까지 지배적이었다. 가치의 자연적 법칙은 예술에서부터 정치적 재현에 이르기까지 시뮬라크르가 자연을 재현하거나 자연적 법칙을 구체화하는 초기 근대성의 단계를 지배했다. 이때 인간들은 가능한 한 실재와 똑같은 복제물을 만들려 했다.

두 번째 질서는 산업혁명과 더불어 시작한다. 산업적 생산은 실재를 생산하되 분업화, 합리화, 기계화 등을 통해 자연적 노동과 별로 닮지 않은 방식으로 스테레오 타입들을 찍어 낸다. 두 번째 질서는 산업시대를 지배해 왔던 가치의 '상업적' 법칙에 근거를 둔 생산의 질서이다. 그는 발터 벤야민의 '기술복제시대의 예술작품'에서 그 이론적 근거를 찾는다. 벤야민에 따르면 복제된 예술작품에서 상실된 것은 예술작품 자체의 아우라다. 게다가 예술작품은 피할 수 없는 재생산의 운명 속에서 원본의 지위를 잃게 된다. 말하자면 영화나 사진 속에서 묘사된 형태는 원본의 가치와 지위를 약화시킨다. 원본과 복제, 기호와 실재의 차이가 사라지는 것이다. 원본과 복제의 차이가 사라지는 명확한 예는 산업시대 조립라인의 재생산 능력이다. 이 경우 원본과 복제품은 차이가 없고 등가의 관계가 성립한다. 예를 들어 모델의 사진을 찍어 이를 복제하면 최초의 원본 사진과 복제된 사진은 동일한 대상들의 등가요소로 간주된다.

시뮬라크르의 세 번째 질서는 '구조적' 법칙에 근거를 둔 질서로 정보화 시대와 더불어 시작되었다. 이 시뮬라시옹의 단계에서 대상들은 기계 기술을 통해 단지 재생산되는 것이 아니다. 그것들은 디지털의 이원적 코드를 사용하는 자체의 재생산 능력에 의해 파악된다. 여기서 생산과정은 실재적인 것과 아무 관계도 없다. '클릭' 한 번으로 엄청난 액수의 돈이 국경을 넘나드는 주식시장을 생각해 보면 이해할 수 있다. 이제 더 이상 실재와 실재의 재현 사이, 대상과 기호 사이에는 지각할 수 있는 차이가 없다. 영화나 드라마, 게임, 웹툰 등 기술매체가 만들어 내는 영상 이미지는 역사의 제방을 무너뜨리고 역사 그 자체로 둔갑한다. 광고의 모델이 만들어 내는 이미지는 제품 그 자체와 등가적으로 작동하고, 이러한 시뮬라시옹 과정을 거치면서 새로운 유행과 명품이 탄생한다. 초과실재는 원본으로부터 분리되어 객관적인 의미에서 존재하는 대신에 모델에 따라 완전히 시뮬라시옹화되고, 재현되며, 재생산된다.

여기서 첫 번째 질서는 현실의 복제라는 사실이 확연한 경우이며, 두 번째 질서는 현실과 재현의 경계를 구분하기 어려울 만큼 복제가 잘 이루어진 경우이다. 세 번째 질서는 조금도 현실세계에 기초하지 않은 채 스스로 현실을 생산하는 경우이다. 흉내나 모방은 시뮬라크르의 첫 번째와 두 번째 질서에 해당하는데, 이 때는 흉내나 모방의 대상, 즉 원본이 존재한다는 것을 전제한다. 이들은 전통적인 재현체계에 속한다. 보드리야르의 핵심적인 이론인 시뮬라크르는 바로 세 번째 질서로, 흉내나 모방의 대상이 없다. 시뮬라크르는 원본 없는 이미지로서 그 자체가 현실을 대체하고 지배한다.

세 번째 질서를 설명하는 가장 탁월한 사례는 아마도 가상세계 virtual reality일 텐데, 그것은 컴퓨터의 언어와 코드로 발생한 세계이다. 가상세계는 따라서 추상적 실재인 수학적 모델로 발생한 세계이다. 바로 이러한 세 번째 층위에서 보드리야르가 하이퍼리얼이라고 부르는 모델이 세계에 앞서 존재하게 되는 것이다.[127]

보드리야르의 시뮬라크르 질서이론은 대상을 재현하는 형태의 변화에 근거를 둔 사회발전을 나타낸다. 보드리야르의 지속적인 관심사는 원본 없는 이미지가 이미지에 의해 새로운 실재를 산출해 내는 시뮬라크르의 세 번째 질서이며 그 힘이 현대 소

127 리처드 레인, 앞의 책, 61쪽 각주.

비사회를 움직이고 있다고 진단한다.

보드리야르는 시뮬라시옹이 지배하는 현대사회에서는 "실재가 이미지와 기호의 안개 속으로 사라진다"고 주장한다. 실재가 아닌 이미지와 기호인 시뮬라크르는 기술매체에 의한 시뮬라시옹 과정을 거치면서 원본 없이 만들어져 실재의 자리를 갈취한다.

보드리야르는 이미지의 연속적인 단계를 다음과 같이 구분한다.

- 이미지는 깊은 사실성의 반영이다.
- 이미지는 깊은 사실성을 감추고 변질시킨다.
- 이미지는 깊은 사실성의 부재를 감춘다.
- 이미지는 그것이 무엇이든 간에 어떠한 사실성과 무관하다: 이미지는 자기 자신의 순수한 시뮬라크르이다.[128]

이미지의 단계에서 알 수 있듯이 이러한 4단계는 이미지의 역사라고 할 수 있다. 이미지는 그 내상이 되는 원본을 전제하는 경

---

128 보드리야르, 『시뮬라시옹』, 27쪽.

우와 원본을 전제하지 않는 경우로 구분된다. 보드리야르는 원본이 있는 이미지에서 원본 없는 이미지의 단계로 나아가는 것으로 분석한다. 이때 원본 있는 경우는 재현의 이미지이다. 원본 없는 이미지는 바로 보드리야르가 말하는 시뮬라시옹의 과정을 거치면서 만들어진 시뮬라크르이다. 이미지의 단계에서는 마지막 네 번째 단계가 바로 시뮬라시옹의 계열에 해당한다. 이미지가 그 자체로 자율적인 독립성을 띠면서 실재로 둔갑하는 것이다.

따라서 사물은 더 이상 사용가치나 교환가치로 존재하지 않는다. 오로지 이미지들의 상호작용이 현실의 의미망을 형성할 뿐이다. 화려하고 현란한 영상들과 유명 연예인을 앞세운 광고, 인스타그램과 같은 SNS의 정보와 영상미, 기호와 상징 그리고 속도와 순간 등을 속성으로 하는 이미지들만이 난무한다. 이제 이미지는 욕망과 쾌락을 환상 속에서 가능하게 한다. 이른바 욕망의 판타지, 판타지의 욕망이다. 시뮬라크르가 욕망의 환상을 불러일으키면 환상 또한 새로운 욕망을 자극하게 되면서 욕망의 수레바퀴는 그칠 줄 모른다. 보드리야르가 지젝의 잉여쾌락 개념을 받아들여 소비사회가 유지되는 메커니즘을 설명한 것은 욕망을 유혹하는 이미지의 속성 때문이다. 사물은 오로지 근거 없는 이미지들의 상호작용이 현실의 의미망을 형성할 뿐이다. 이러한 이미지는 대상의 본질과는 아무런 관련도 없는 상징적 의미를 산출하고 그 의미가 기호학적 가치로 소비된다. 보드리야르는 이 기호학적 가치가 현대사회의 지배적인 가치라고 주장한다.

예를 들면, 원래 산타클로스Santa Claus[129]의 모습은 현재 우리가 아는 모습과는 달랐다. 그런데 1931년도에 코카콜라사에서 광고의 디자인을 담당했던 화가인 해던 선더블룸Haddon Sundblom에게 빨간색 옷을 입은 산타의 그림을 주문했다. 코카콜라를 더운 여름뿐 아니라 겨울에도 마실 수 있다는 이미지를 주기 위해서였다. 그리고 몇 십년간 빨간 옷 산타의 이미지를 광고에 사용해 왔다. 그 결과 현재 수많은 사람들이 산타클로스의 이미지로 하얀 털이 달린 빨간 옷을 입고, 인자한 표정을 한 거구의 흰 수염 할아버지를 떠올린다.

실제 성 니콜라스가 어떤 모습인지는 중요하지 않다. 코카콜라사에 의해 만들어진 가상의 산타 이미지는 수십 년간 광고를 통해 전 세계인들에게 인식되었고 지속적인 광고 노출 끝에 사람들은 코카콜라의 산타클로스를 진짜 산타클로스의 이미지로 믿게

---

[129] 어린이들의 수호 성인인 성 니콜라스의 별칭. Santa Klaus라고도 쓴다. 4세기 소아시아 뮐러의 주교였던 니콜라스에서 유래하여, 성 니콜라스를 의미하는 네덜란드어인 Sint Klaes 또는 Sinterklaas가 영어 발음으로 산타클로스가 되었다. 니콜라스의 축일(성 니콜라스의 날)은 12월 6일로, 유럽, 특히 독일, 스위스, 네덜란드에서는 그 전날 밤에 어린이가 좋아하는 선물을 준다.

되었다. 그리고 이제 코카콜라 산타는 지배적인 현실이 되어 많은 사람들이 크리스마스가 되면 코카콜라사의 산타클로스 분장을 한다. 산타클로스라는 시뮬라크르가 새로운 실재로 대체되어 하이퍼리얼을 구성하게 된 것이다.

우리나라에서는 '키 큰 남자'가 대세라고 한다. 그런데 '남자 키 185cm 이하는 루저'라는 한 여대생의 발언[130]이 사회적 문제가 된 적이 있다. '남자다움의 매력이 있다는 키 185cm 정도의 남자'는 어떤 실체적 기준이 존재하지 않는 것으로 가짜의 이상형, 즉 일종의 시뮬라크르이다. 여성들은 이 시뮬라크르를 이상적이고 멋진 남자의 모델로 간주하는데, 이게 시뮬라시옹에 해당한다. 그리고 미디어가 이를 보도함으로써 하나의 사회적 문화이자 새로운 현실로 둔갑하게 되면 그게 초과실재라고 할 수 있다. 초과실재로 변모하는 과정에서 가장 큰 역할을 수행하는 것은 그 이미지를 확산하는 미디어이다.

그런데 여성들 사이에서는 이미 '남자 키 185cm 이하는 루저'라는 인식이 확산되어 하나의 문화로 자리 잡고 있다고 한다. 원

---

[130] 2009년 11월 9일 KBS 2TV '미녀들의 수다'에서 '미녀, 여대생을 만나다' 편에 출연한 홍익대생 이 모씨가 출연진과 이상형에 관한 대화를 나누던 중 "키 작은 남자는 루저라고 생각한다. 내가 170cm이다보니 남자 키는 최소 180cm는 돼야 한다"고 말했다. 이후 이 발언은 큰 사회적 파장을 낳았다.

본 없는, 실재하지 않는 가짜 현실인데도 지배적인 진짜 현실이 되는데, 이게 바로 초과실재다. 즉 여성들의 멋진 남자 선택은 '키 185cm'라는 모델에 따르는 것이다.

시뮬라시옹 시대에는 가공의 이미지인 시뮬라크르가 새로운 질서를 지배한다. 이미지는 사물의 실재 혹은 본질이 아니라 모델에 의해 가공으로 만들어진다. 예를 들면 '조폭'의 이미지가 그렇다. 우리나라에서 영화 〈친구〉의 흥행을 시작으로 〈조폭마누라〉 등의 조폭 관련 영화, 드라마들이 크게 흥행하기 시작했다. 조폭영화에서 흔히 그려지는 '남자다움', '의리'는 사람들의 감성을 자극하였고 사람들로 하여금 그 영화 속 인물들을 선망하게 하였다. 영화 속 대사를 따라한 것이 유행어가 된 경우도 많다. 하지만 실제의 조직폭력배는 어떠할까. 현직에 있는 검사와 경찰은 영화 속의 조폭이 지나치게 미화되었다고 한다. 영화와 드라마 속 조폭들은 의리도 있고 잘못된 것을 타파하는 존재로 그려지지만 현실은 그렇지 않다는 것이다. 조직폭력배들은 폭력 사건뿐 아니라 마약, 사기 사건에까지 연루되어 있다. 그리고 돈으로 움직이는 경제깡패들이 늘어나면서 조폭들은 예전보다 더 지능화된 범죄를 저지르고 있다.[131]

이렇게 사회에 부정적인 영향을 미치고 폭력, 인신매매 등 비인간적인 일을 저지르고 있는 조폭들이 영화를 통해 미화된다. 영화 속 조폭들은 아는 것 없고 힘세지만 속은 여린, 우정과 사랑밖에 모르는 사람들로 비쳐지는 것이다. 조폭영화의 사례에서 우리는 영상을 통해 실제의 존재가 얼마나 다른 모습으로 그려질 수 있는지, 실재하지 않는 존재가 어떻게 만들어질 수 있는지를 확인할 수 있다.

우리는 영화가 가상의 현실이라는 사실을 알면서도, 영화 속의 조폭들을 실제 조폭들로 인식한다. 뉴스에 방영되는 조폭들의 모습에 분노하지만, 영화를 보면서 그러한 분노는 눈 녹듯이 사라진다. 오히려 그들의 순수한 사랑, 변치 않는 우정에 넋을 놓고

---

131 범죄조직을 본격적으로 다룬 최초의 영화는 〈대부〉 3부작으로, 이 시리즈는 범죄영화의 전설이 되었다. 동명의 마리오 푸조의 소설을 원작으로 프란시스 포드 코폴라 감독한 이 시리즈는 이탈리아 이민자 가족이자, 거대 범죄조직의 핵심인 코를레오네 가문의 3대에 걸친 행보를 그리고 있다. 실제 이탈리아계 조직폭력배의 모습을 참고했는데 마피아를 귀족적인 모습으로 그려 폭력을 미화한다는 비판도 있었다. 이 영화 이후로 등장한 많은 조직폭력물이 조폭을 기품 있게 미화하는 것도 이 영화의 영향이라고 할 수 있겠다(신용관, "당신의 인생을 바꿀 영화 〈19〉 〈대부2〉", Topclass, 2019.6); 배우 정우성은 영화 〈비트〉 출연 이후 조폭영화가 조폭세계를 미화하기도 한다면서 이후 조폭영화 출연을 지양하고 있다고 스포츠조선과의 인터뷰에서 털어 놓았다. "과거 나는 〈비트〉라는 출세작을 얻었다. 당시 나에게 정말 많은 인기, 영향을 줬지만 동시에 영화가 가지는 영향력, 한 배우가 사회에 미칠 수 있는 영향을 크게 의식하는 작품이 되기도 했다. 그 작품 이후 많은 사회문제를 낳기도 했는데, 그때 '영화를 함부로 하는 게 아니구나'를 깨달았다. 조폭미화, 폭력의 희화 등 그 작품 이후로 이런 소재의 영화가 많이 나왔는데 개인적으로는 이런 장르 영화를 한동안 지양한 적도 있었다"(조지영, "'〈비트〉 이후 조폭영화 지양' … 정우성이 밝힌 책임감의 무게", 스포츠조선, 2019.01.22).

만다. 이미 영상 속의 조폭은 현실보다 우리에게 더 현실처럼 다가온다. 실제로 조폭영화들이 대거 흥행한 후에, 중고등학생들의 패싸움 사건, 폭력 사건이 급증하여 사회가 조폭미화의 문제점을 실감하기도 했다. 영화적 이미지가 오히려 현실을 구속하게 되는 것이다. 시뮬라시옹의 질서에서 이미지는 사실과 무관한 이미지 자신이 순수한 시뮬라크르가 된다. 모방의 결과, 참조의 결과로서의 이미지나 영상이 아니라 그 자체가 독립적인 원본으로 태어나게 되는 것이다. 그리고 이러한 원본의 모습을 한 가상의 영상들은 우리 일상생활을 조직하는 새로운 코드가 되어 우리에게 직접적인 영향을 미친다.

이와 같이 드라마나 영화를 통해 조폭의 시뮬라크르가 우리에게 전달되는데, 이 시뮬라크르가 생성되고 소비되면서 새로운 가공의 이미지가 만들어지는 시뮬라시옹 과정을 거친다. 결국 관객들은 시뮬라크르에 의해 만들어진 새로운 조폭의 이미지를 소비하게 된다. 시뮬라크르들이 생산하는 이러한 이미지들은 스스로 활동하고 연쇄하면서 거대한 유행의 물결을 이룬다. 바로 보드리야르가 말하는 '시뮬라크르의 자전'이며 '이미지-유행'의 시뮬라시옹 과정에 비유할 수 있다.

한때 영화는 변혁의 원동력으로 작용할 수 있다고 보았다. 발터 벤야민의 경우 영화가 대중운동의 강력한 매개체가 된다고 본 것이 대표적이다. 벤야민은 영화에서 그 변혁의 원동력을 읽고 있다. "즉 복제품의 대량생산과 복제품의 현재화는 결과적으로 전통적인 것을 마구 뒤흔들어 놓았다. 이러한 전통의 동요는 현재의 인류가 처하고 있는 위기와 변혁의 또 다른 면이기도 하다. 그리고 이러한 위기와 변혁은 오늘날의 대중운동과 밀접한 관련을 맺고 있다."[132] 벤야민은 영화가 이러한 대중운동의 가장 강력한 매개체라고 강조한다.

이와 달리 보드리야르는 영화에서 아무런 희망도 발견할 수 없다고 주장한다. 보드리야르에 의하면, "역사의 격렬함에 의하여 현실로부터 쫓겨난 신화가 그 피난처를 발견한 것"이 영화다. "느리거나 과격하게 응결되는 사회에 의하여 쫓겨난 역사는, 옛날에 영화에서 상실된 신화를 다시 살아나게 하였던 것과 똑같은 과정에 따라 은막 위에서 대거 그의 부활을 축제한다."[133]

이제는 영화가 역사적 실재를 표현하는 게 아니고, 영화 속에서 역사가 부활하고 살아나는 것이다. 즉 영화가 역사적 사건을 얼마나 유사하게 재현하고 있는가가 문제가 아니라, 이미 실재하

132 발터 벤야민, 앞의 책, 202쪽.
133 보드리야르, 『시뮬라시옹』, 91쪽.

지 않는 역사를 얼마나 영상이미지로 시뮬라시옹하는가가 관건이다. 보드리야르는 이제 영상이 더 이상 역사적 실재와 관계가 없다고 보고 있다. 이와 같이 보드리야르는 "영화는 환영들만을 부활시킬 따름이고, 거기서 영화 자신이 상실된다"[134]면서 영화에 대한 부정적인 시각을 드러낸다.

시뮬라시옹의 문제는 종교와 신성 가장假裝의 영역으로 거슬러 올라간다. 신과 성상은 사실성의 반영이 아니라 시뮬라시옹 과정을 통해 만들어진 시뮬라크르라고 보드리야르는 말한다.

성상 파괴주의자들은 8-9세기 비잔틴 기독교인들로서 예수, 성모, 성인들을 형상화한 모든 재현을 우상숭배라 하여 반대하였다. 그들은 "자연에 생기를 불어넣는 신성이란 재현되어질 수 없기 때문에 사원 안에 어떠한 시뮬라크르라도 있는 것을 금하였다."[135] 성상 이미지에 대한 논쟁은 726-786년, 815-843년의 두 번의 긴 기간에 걸쳐 행해졌으며 많은 인명이 희생되었고 결국 성상 파괴주의자들이 이단으로 규정되는 것으로 막을 내렸다. "신성이 성화상을 통해 드러날 수 있을까"라는 논쟁은 천년이 넘어 지금까지 이어져 오고 있다. "결국 본질적으로 신이란 없었기

---

134 보드리야르, 『시뮬라시옹』, 45쪽.
135 보드리야르, 『시뮬라시옹』, 22쪽.

때문이고, 오직 시뮬라크르만이 존재하고 있었으며, 더군다나 신 자체도 시뮬라크르였기 때문이다."[136] 보드리야르는 "신은 단지 하나의 거대한 시뮬라크르가 될 따름이다"라고 강조한다.

그렇다고 해서 비현실은 아니고 시뮬라크르이다. 즉 더 이상 실재와 교환되어지지 않으며, 어느 곳에 지시도 테두리도 없는 끝없는 순환 속에서 그 자체로 교환되어지는 시뮬라크르이다. 이것이 바로 시뮬라시옹인데, 시뮬라시옹은 재현과는 정반대이다.[137]

보드리야르는 미디어에 의해 창조된 기호와 이미지가 시뮬라시옹 질서를 만들어 내는 현대사회 현상을 비판적으로 분석하면서 근대철학이 지향하는 이성과 합리주의에 반기를 든다. 나아가 보드리야르는, 일반적으로 정보가 시뮬라시옹 과정을 거치면서 만들어진 시뮬라크르와 하이퍼리얼을 통해 구성되고 전달되는 한, 유토피아적 공간은 존재할 수 없다고 현대사회를 비관적으로 전망한다.

136 보드리야르, 『시뮬라시옹』, 24쪽.
137 보드리야르, 『시뮬라시옹』, 25-26쪽.

6) 하이퍼리얼 저지기계

흔히 "세상은 감옥이다"라고들 말한다. 모든 사람들이 세상을 감옥같이 생각한다면, 사람들은 저마다 억압을 느끼고 삶의 활력을 잃어버리게 된다. 이때 진짜 감옥을 만들어 세상이 감옥이라는 사실을 은폐할 필요가 있다. 흔히 "사람들이 모두 제정신이 아니다"라고 말한다. 이때 정신병원을 만들어 '미친 사람들'을 격리함으로써 다른 사람들은 제정신이 아니라는 사실을 은폐하게 된다. 보드리야르는 실은 세상이 모두 감옥과 같고, 사람들이 모두 제정신이 아니라면서 우리 모두는 하이퍼리얼 현실에 살고 있다고 한다. 이때 사회가 작동하기 위해서는 하이퍼리얼을 은폐하고 저지할 필요가 있다면서 그의 주저인 『시뮬라크르와 시뮬라시옹』에서 하이퍼리얼의 '저지기계deterrence machine'에 대해 논하고 있다. 저지기계(혹은 저지전략)란 "초과실재의 전략으로, 모든 것이 시뮬라크르로 대체되어 버린 상황에서 모든 것이 시뮬라크르가 아니라 실제인 척 보이도록 하기 위하여 자신의 부정적인 요소를 조작하는 작업"[138]을 의미한다. 보드리야르는 "실재의, 네오

---

138 보드리야르, 『시뮬라시옹』, 28쪽 역주. 또는 초과실재의 전략으로 실재를 시뮬라크르로 대체해 버린 이후에 혹시라도 시뮬라크르가 아닌 고전적 의미의 실제상황이, 프로그램화하지 않은 우발적 상황이 발생하는 것을 저지하는 전략이다.

실재의, 초과실재의 전략, 이 전략은 어디서나 어떤 저지전략과 겹쳐지는 것이다"[139]라고 말한다.

보드리야르에 따르면 현실의 억압성과 유치함, 부도덕성을 은폐하기 위해 하이퍼리얼의 '저지기계'를 필요로 한다. 보드리야르는『시뮬라크르와 시뮬라시옹』에서 하이퍼리얼 저지기계의 대표적인 사례로 감옥과 미국의 '워터게이트 사건', 놀이동산 '디즈니랜드'를 든다. 즉 현실의 억압성을 감추는 저지기계의 예로는 감옥제도를, 현실의 유치함을 감추기 위한 저지기계의 예로는 디즈니랜드를, 현실의 부도덕성을 감추기 위한 저지기계의 예로는 워터게이트 사건을 든다.

보드리야르는 초과실재의 전략인 저지기계로 먼저 '감옥'을 비유한다. 그에 따르면 감옥은 우리가 사회 내에 감금되어 있다는 사실을 은폐한다. 다시 말해서 우리는 범죄자들을 가두어 두기 때문에, 그리고 그 두 사회 영역 사이의 구조적 유사성을 보지 못하기 때문에, 우리 스스로 자유롭다고 느낀다는 것이다. 이러한 내용이 푸코의『감시와 처벌』(1975)의 핵심을 이룬다.[140] 달리 말하면 감옥제도가 있기 때문에 우리는 우리가 사는 사회를 감옥이

139 보드리야르, 『시뮬라시옹』, 28쪽.
140 리처드 레인, 앞의 책, 162-163쪽.

라고 생각하지 않는다는 것이다.

푸코는 사회 내에서 파놉티콘처럼 작동하는 미시권력이라는 개념을 제시한다. 파놉티콘은 제러미 벤담이 고안한 유명한 원형감옥의 감금계획으로, 지속적 감시의 효과를 활용한 규율 체제를 토대로 한다. 권력이 위에서 아래로, 직·간접적이고 물리적으로 가해지는 것이 기존의 지배적·전통적 권력 개념이다. 푸코가 벤담의 파놉티콘을 통해 주장하는 바는 이 같은 권력 개념이 더 이상 사회를 움직이는 주된 동력으로 작동하지 않는 것이다. 대신에 권력은 규율에 따라 모든 주체들 사이를 횡단한다.[141] 푸코는 감옥제도를 규율권력이 행사되는 전형적인 예로 보면서 이런 권력이 사회 전체에 침투해서 현대사회를 규율권력이 편재하는 사회로 만들어 나간다고 본다. 즉 규율권력은 개인을 억압하고 권력에 복종시키는 것이 아니라 신체의 유순함과 유용성을 증가시키기 위한 다양한 기술, 가령 세부적 규제, 연습, 훈련, 시간사용, 평가, 시험, 기록 등을 사용하여 신체를 길들이고, 특정 목적에 맞도록 만들어 낸다.[142] 즉 푸코는 사회 전체가 규율권력이 행사되는 거대한 원형감옥이라는 것이다. 그런데 감옥이라는 제도

---

141 리처드 레인, 앞의 책, 163-164쪽.
142 양윤덕, 「푸코의 권력계보학」, 경제와 사회 35, 1997, 116쪽.

를 만들어 범죄자들을 수용함으로써 감옥 바깥의 세상은 감옥이 아닌 것으로 인식하도록 만든다. 따라서 세상이 모두 감옥(하이퍼리얼)이라는 사실을 은폐하고 저지하기 위한 것이 감옥제도(저지기계)라고 보드리야르는 말한다.

『시뮬라시옹』에 제시된 보드리야르 주장의 핵심은, 합리성이 지배된다는 사실을, 그리고 규율, 유아적 어리석음, 광기 등등은 우리의 구체적 현실과 무관한 장소에서만 발견된다는 사실을 주체가 신뢰할 때에만 사회가 기능할 수 있다는 것이다. 혹은 이를 다른 식으로 표현하자면, 사회는 합리적인 통치 권력이 지배하고 있다는 신뢰를 필요로 한다.[143] 즉 보드리야르에 따르면 '저지기계'가 필요한 것은 현실의 허구성이나 부도덕성, 유치성, 억압성 등을 반대로 재생하기 위해서다.

다른 한편으로 저지기계를 섹스 스캔들에 대입하면, 미디어로 보도된 섹스 스캔들은 미디어에 보도되지 않은, 즉 사적 영역에 숨어 있는 수많은 섹스 스캔들을 감추기 위한 저지기계로 작동한다. 왜냐하면 사회적으로 스캔들의 '희생양scapegoats'이 됨으로써 그 외의 사람들은 성적으로 외설적이거나 음란하지 않다는,

[143] 리처드 레인, 앞의 책, 164쪽.

일종의 면죄부를 주는 '스캔들 효과'를 낳기 때문이다. 사회가 도덕적이고 음란하지 않다는 것을 드러내기 위해서는 오히려 섹스 스캔들이 필요하다는 게 보드리야르의 시각이다.

현대사회를 시뮬라시옹 질서로 분석한 보드리야르에 따르면 시뮬라시옹의 질서에 결정적인 영향력을 행사하는 게 미디어다. 이러한 '스캔들 효과'는 미디어에 의해 현실에서 재구성됨으로써 위력을 발휘한다는 것이다. 결국 현대사회는 하이퍼리얼의 저지 전략에 의해 '세계는 여전히 도덕적이고 유치하지 않으며, 신뢰할 만하다'고 믿게 된다고 주장한다(디즈니랜드와 워터게이트에 관해서는 3장에서 분석한다).

보드리야르는 "핵 공포, 그런데 공포에 의한 균형은 우리 삶의 모든 틈새들 내부 구석구석에 주입된 저지체계의 한 극단적인 단면일 따름이다. 우리 삶을 마비시키는 것은 원자폭탄에 의한 파괴의 직접적인 위협이 아니라, 우리 삶을 백혈병 걸리게 하는 저지이다."[144]

핵은 그 자체만으로 공포의 균형을 이루어 핵전쟁을 저지한다는 것이다. 핵에 의한 초토화의 위험은, 무기를 첨단화함으로써

---

144 보드리야르, 『시뮬라시옹』, 79-80쪽.

안전, 차단, 통제의 보편적 시스템을 설치하기 위한 핑계로 사용될 뿐이다. 보드리야르는 "모든 사람들은 핵의 위협의 사실성을 믿는 척한다. 군인들을 보면 이것을 이해할 수 있다. 그들의 훈련과 그들의 전략적 담론은 아주 심각하다"[145]면서 핵전쟁은 트로이 전쟁과는 달리 절대로 일어나지 않을 것이라고 강조한다.

첨단화된 핵 보유 시스템이 노리는 저지효과란 핵 충돌이 절대 아니다. 보드리야르는 "훨씬 광범위하게, 저지하고자 하는 것은 시스템 속에서 사건을 만들어 시스템의 균형을 깨뜨릴 모든 가능성, 모든 실제 사건의 가능성이다. 공포의 균형이란 균형의 공포이다"[146]라고 강조한다. 핵의 첨단 시스템은 핵전쟁의 발발을 억제하는 공포의 균형의 중심축 역할을 한다는 것이다. "핵은 그 주위에 있는 모든 것을 얼리고 모든 살아 있는 힘을 흡수한다. 핵은 사용 가능한 에너지의 절정이면서 동시에 모든 에너지 통제 시스템의 극대화이다."[147]

거대한 핵 보유국인 미국과 중국, 러시아 사이에 대립이 첨예하지만 전쟁과 같은 파국을 저지하는 것은 바로 핵의 공포이다.

145 보드리야르, 『시뮬라시옹』, 80쪽.
146 보드리야르, 『시뮬라시옹』, 81쪽.
147 보드리야르, 『시뮬라시옹』, 90쪽.

핵 보유국은 핵을 실제로 사용함으로써가 아니라, 핵 보유 자체로 군사 강국의 지위를 유지한다. 그리고 이러한 핵이 가져다주는 공포가 강대국 간에 균형이 이루어지록 만드는 것이다.

"군사 훈련은 전형적인 시뮬라시옹의 질서에 따라 이루어진다. 그리고 전쟁 또한 훈련에 의해 고도화된 시뮬라시옹 질서에 따른다"[148]고 보드리야르는 강조한다. 우리는 북핵 위기 속에서 살고 있다. 북핵 위기의 본질은 바로 핵 공포에 기반하고 있다. 미국과 중국, 러시아 사이에 대립이 첨예하지만 전쟁과 같은 파국을 저지하는 것은 바로 핵의 공포이다. 보드리야르는 이러한 핵 공포가 핵전쟁을 막아 주는 역할을 한다고 강조한다.

7) 차가운 유혹의 유혹

우리가 살고 있는 소비시대는 스타들에게 유혹당한다. 보드리야르는 대중매체와 대중우상에 의한 유혹을 '차가운 유혹'이라고 부른다. 이미지로 만들어진 시뮬라크르, 즉 복제와 모사의 사회는 사회적 경험의 모든 영역을 통해 유희적이고 차가운 유혹을 한다고 주장한다. 그 차가운 유혹의 한가운데에는 미디어를 통

---

148 보드리야르, 『시뮬라시옹』, 79-80쪽.

해 보이는 대중 스타가 자리하고 있다.

그런데 보드리야르는 '차가운 유혹'이라는 말의 의미가 과거의 유혹과 비교했을 때 드러나는 차이점에서 비롯된 것이라고 강조한다. 대중의 시대에 '클레브 공작부인'의 유혹이나 '위험한 관계'나, '유혹자의 일기'에 나오는 유혹은 '뜨거운 유혹séduction chaude'에 속한다. 반면에 우리 현대의 우상들의 유혹은 '차가운 유혹 séduction froide'이다. "역사적으로 숭배와 종교적인 정열, 희생과 폭동의 열렬한 대중이 있었다면, 이제는 유혹과 매혹의 차가운 대중이 있다. 그들의 초상은 영화적인 것이다."[149] 즉 현대의 대중을 유혹하는 것은 영상매체를 통해 욕망에 매혹당하는 경우뿐이라는 것이다. 마셜 매클루언에 따르면 의례적인 것은 차가운 것이라며 "스타의 얼굴은 화장과 의례적인 엄숙함이 지니는 자신의 차가움 때문에 빛난다"[150]고 보드리야르는 강조한다. 그리고 우리의 감각세계는 화장과 성형으로 꾸며진 스타들의 기호와 이미지로 반짝이는 망에 걸려들고 환호하며 매혹당하는 것이다. 보드리야르는 스타와 스타의 이미지, 그 스타를 모방하려는 욕망 같은 것이 바로 대중매체의 차가운 유혹이라고 말한다.

---

[149] 보드리야르, 『유혹에 대하여』, 124쪽.
[150] 보드리야르, 『유혹에 대하여』, 123쪽.

보드리야르는 유혹이라는 개념으로 내중매체와 스타가 지배하는 현대사회를 해부한다. "스타는 이상적이거나 뛰어난 데가 전혀 없다. 즉 스타는 인위적인 존재이다. 스타의 얼굴은 그의 영혼이나 감수성의 반영이 아니다. 스타는 그의 영혼이나 감수성을 지니지 않는다."[151]

보드리야르의 이 표현에는 스타라는 허깨비, 껍데기에 유혹당하는 현대인들의 슬픈 초상이 담겨 있는 것 같다. 우리 시대의 스타는 어쩌면 자본에 의해 인위적으로 만들어진 '상품'과 같은 존재들이다. 스타들이 바로 현대성의 시뮬라크르를 만들어 낸다. 또한 스타 그 자체가 시뮬라크르이기도 하다.

"스타는 의례적인 매혹 가운데, 그리고 그의 넋을 잃는 듯한 눈길과 의미 없는 미소 가운데, 모든 감수성과 모든 표정을 제거한다. 그리고 바로 이때 스타는 신화에 도달하고 제의적인 찬양의 집단적 의례에 도달한다."[152]

대중은 오히려 감수성과 영혼이 들어 있지 않은 의미 없는 미소를 찬양하고 마침내 집단적으로 숭배하면서, 마치 전통시대의 종교적 의례를 이것으로 대신하는 느낌을 준다. 따지고 보면 영

---

151 보드리야르, 『유혹에 대하여』, 122쪽.
152 보드리야르, 『유혹에 대하여』, 122-123쪽.

혼의 교감이 없는 허무적인 유희인 셈이다.

그럼에도 미디어로 비춰지는 스타는 대중이 모방해야 할 차가운 유혹의 존재다. 대중은 차가운 유혹에 도취되는 대상으로 머물게 된다. "현대 우상들의 유혹은 차가운 유혹이다. 그들은 사람들을 열광케 하는 동시에 실망시킨다. 그리고 그들은 갑작스러운 출현과 절박한 사라짐으로 사람들을 매혹시킨다. 유혹하는 위대한 여자나 위대한 여자 스타는 자신의 재능이나 지성 때문에 빛나는 것이 아니라, 자신의 부재 때문에 빛난다."[153]

더욱이 보드리야르는 스타의 '부재'[154]가 오히려 우상으로 인기를 얻을 수 있는 유혹적인 마케팅 전략이라고 말한다.

보드리야르는 풍부함을 예찬하는 소비사회의 신화에서는 스타 또한 죽음 이외에는 소외를 피할 방법이 없다는 것을 보여 주고 있다. 미국의 스타 엘비스 프레슬리나 마이클 잭슨처럼 스타들은 때로 극적인 죽음으로 사라지기도 하는데 그 사라짐 뒤에 오히려 우상으로 영원히 군림하기도 하는 것이다. 우리나라에

---

153 보드리야르, 『유혹에 대하여』, 123쪽.
154 가수 서태지는 은퇴와 컴백을 반복하며 어느 순간 팬들 앞에 나타났다 사라졌다. 심지어 서태지는 결혼 사실마저도 숨겼다. 서태지 자신이 실재하지 않는 순수 이미지를 생산하며 시뮬라크르로 살아온 셈이다. 팬들이나 대중은 그의 실재가 아닌 시뮬라크르를 소비하며 우상으로 삼은 것이다.

서도 스타들이 자살이라는 극적인 사라짐으로 세상을 놀라게 한 일들이 있었다. 곧 죽음의 상징적 교환인 것이다. 보드리야르는 현대의 대중들은 차례차례로 두 가지 커다란 사건, 즉 스타들의 흰빛과 테러리즘의 검은빛에 의해서만 유혹된다고 말한다.

보드리야르는 "차가운 유혹은 개인의 존재를 기호의 조작과 계산 속에서 소멸하게 한다"면서 차가운 유혹 또한 개인을 죽음에 이르게 한다고 말한다. "소비과정은 기호를 흡수하고 기호에 의해 흡수되는 과정이다. 기호의 발신과 수신만이 있을 뿐이다. 그리고 개인의 존재는 기호의 조작과 계산 속에서 소멸한다."[155] 결국 차가운 유혹으로 미디어에 의해 소비되지 않는 모든 것은 사라지게 된다.

보드리야르에 따르면, 유혹은 순전히 가상의 세계에서 상징적인 방식으로 현대인의 삶에 영향을 미치는 어떤 것이다. 그는 "유혹은 성욕보다 더 강하다"고 말한다. "유혹은 성욕의 내적인 과정이 아니다. 유혹은 도전, 격화, 죽음으로 이루어진 순환적이고 가역적인 과정이다. 이와 반대로 유혹이 욕망이라는 에너지의 항목으로 축소되고 제한된 형태가 성적인 것이다."[156]

---

155 보드리야르, 『소비의 사회』, 297쪽.
156 보드리야르, 『유혹에 대하여』, 배영달 역, 백의, 2002, 65쪽.

그러나 보드리야르는 "유혹은 매우 숙명적이고 매우 위험한 유희"라며 성적 쾌락과는 다른 의미라고 말한다. "그것은 쾌락을 전혀 사용하지 않는 것은 아니지만 성적 쾌락과는 다른 것이다. 유혹은 도전이며, 자기동일성에 비추어, 그리고 자기 자신으로 간주할 수 있는 존재 이유에 비추어 누군가를 늘 타락시키려는 형태이다."[157] 또한 보드리야르는 "유혹은 욕망을 이용하기보다는 욕망을 작용하게 한다"고 강조한다.

보드리야르는 "내가 말한 바 있는 유혹은 정말 형태들을 상징적으로 지배하는 것"이라고 말한다.

보드리야르는 『유혹[158]에 대하여De la seduction』(1979)의 서문에서 "유혹은 늘 악의 유혹이다. 아니 사람들의 유혹이다. 그것은 사람들의 '술책'이다. 유혹에 대한 이러한 저주는 오늘날의 정신분석과 '욕망의 해방'을 통해서도 변하지 않았다"고 주장한다. 유혹은 결코 본능의 차원에 속하는 것이 아니라 술책의 차원에 속하

---

157 보드리야르, 『암호』, 배영달 역, 동문선, 2006, 30-31쪽.

158 이 책에서 보드리야르는 현대사회를 형성하는 중요한 원리로서 '유혹(seduction)'이라는 개념을 제시하고 있다. 그러나 그가 말하는 유혹은 우리가 흔히 알고 있는 개념, 즉 '남의 정신을 꾀어내 정신을 어지럽게 한다'거나 '나쁜 길로 빠지게 한다'는 의미는 아니다. 또한 그것은 구체적인 형체를 지니고 있는 사물이 아니다. 기본적으로 보드리야르의 유혹은 마르크스주의의 '생산의 거울'과 프로이트류의 '욕망의 거울'을 대체하는 형이상학적 원리를 표현하고 있다.

는 것이라고 보드리야르는 강조한다. 유혹은 본질적으로 주체와 대상 사이에 벌어지는 외양의 게임이고 대상은 외양으로 유혹한다. 그리고 유혹은 결코 진리나 의미를 따르지 않는다고 갈파한다. 유혹은 에너지의 차원에 속하는 것이 아니라 기호와 의례의 차원에 속한다는 것이다. 보드리야르는 "유혹은 생산보다 강하다"고 강조한다.

보드리야르는 "성은 오늘날 기호의 과잉생산 속에서 길을 잃었다"면서 성의 해방 혹은 페미니즘에 대해 부정적이다. 성의 해방의 단계는 또한 성의 불확정성의 단계로 이어져 더 이상 결핍도, 금기도, 한계도 없다는 것이다. 경제적 논리는 결핍에 의해서만 지탱되며 욕망 역시 결핍에 의해서만 지속된다. 그러나 욕망은 도처에 있지만 일반화된 모사simulation 속에 있다고 보드리야르는 강조한다. 따라서 시뮬라크르들이 과잉증식되는 현재의 치명적인 상황에서는, 성의 초과실재에 따라 격정을 불러일으키는 것이 바로 여성성이라고 보드리야르는 말한다. 이제 여성성은 예전과는 달리 유혹 속에서 이루어진다는 것이다. 광고는 대부분 매끈한 육체에서 나오는 여성성을 앞세운다. 이런 관점에서 보드리야르는 리비도를 주창한 프로이트의 견해를 받아들이고 여성 해방, 성 해방, 페미니즘에 대해 비판적인 입장을 취했다. 보드리야르는 페미니스트들이 다이어트, 성형수술 등으로 여자를 성적 대상으로 만드는 걸 비판하는 것도 비판한다. 그는 "여성의 힘은 유혹의 힘"이라고 주장한다. 여성은 전투적인 자세를 버리고 남성을 유혹해야 한다는 것이다. 그는 "다른 모든 힘에 대등하거나 그보다 탁월한 이 유일한 힘(유혹)을 부인하는 것은 있을 수 없는 무분별한 행위"라고 질타한다.[159]

보드리야르는 심지어 "여성성은 쾌락 속에 있다"[160]면서 "여자들에게 즐기려는 욕구가 결핍되어 있다는 가정은 명백히 부당하다"고 강조한다. 성은 유혹의 긴 과정이다. 그리고 그 과정에서 나오는 여러 서비스들 중 하나인 섹슈얼리티는 다시 선물과 보답의 긴 과정이다. 사랑의 행위는 이 상호성에서 나오는 궁극적 산물일 뿐이라고 보드리야르는 말한다. 특히 보드리야르는 "쾌락은 강한 욕구와 기본권과 같은 것이다. 인간의 권리들 가운데서 마지막으로 탄생된 이 쾌락은 정언적 명령의 위엄에 도달하였다"[161]라고 강조한다. 전통적인 여성은 억압당하지 않았고 쾌락이 금지되지도 않았다. 여성은 정복당하지도, 정복하지도 않은

---

159 강준만, "보드리야르: '시뮬라시옹'이란 무엇인가", 대자보(2006.07.07).
160 보드리야르, 『유혹에 대하여』, 33쪽.
161 보드리야르, 『유혹에 대하여』, 33쪽.

자신의 지위 속에 온전히 있었으며, 또한 장래에 자신의 '해방'을 꿈꾸지도 않았다. 봉건사회나 농촌, 원시사회에서 섹슈얼리티에 관해 이야기하는 것은 어리석은 것이다. 섹슈얼리티는 존재하지도 않았다. 그것은 시뮬라크르일 뿐이라는 것이다.

오늘날 여성혁명과 정신분석의 도움으로 여성들에게 욕망의 문을 열어 주는 일이 쉬워졌다고 보드리야르는 말한다. 그러나 이 모든 것은 그 단순함 속에서 너무나도 간단하고 너무나도 외설적이라고 그는 지적한다.

이것은 모든 것을 생산하고 모든 것을 말하게 하고 모든 것을 즐기게 하고 모든 것을 떠벌리게 하는, 문화 속에서의 여성의 현재의 역사이다. 완전한 권리를 가진 성으로서의 여성의 지위 향상(동등한 권리, 동등한 쾌락)이 이루어진 것이다.[162]

보드리야르는 "성의 모든 해방은 권리와 지위와 여성의 쾌락의 부과라는 이 전략 속에 있다. 성으로서의 여성, 그리고 무수히 증대한 성의 증거로서의 쾌락이 지나치게 노출되고 상연되고 있

---

[162] 보드리야르, 『유혹에 대하여』, 36쪽.

는 것이다"[163]라고 말한다. 심지어 "포르노는 쾌락을 추구하는 여성의 신장된 지위 향상을 나타낸다. 여자는 쾌락의 상징이 되고, 쾌락은 성욕의 상징이 될 것이다. 더 이상 불확실성도, 비밀도 없다. 철저하게 외설스러운 짓이 시작되는 것이다"[164]라고 보드리야르는 말한다. 성의 해방을 꿈꾸는 페미니즘은 쾌락과 성욕의 분출을 통해 외설스러움으로 가득한 세상을 만든다고 보드리야르는 개탄한다.

페미니즘은 남근적 가치가 지배하는 성적 질서의 함정에 빠졌다. 여성들은 대항적 기호를 공급하기 위해 해방과 자유화와 투쟁을 채용함으로써 본질적으로 남성성을 받아들인 것이다.[165]

따라서 보드리야르는 우리에게 1960년대를 지나면서 이루어진 성적 방탕의 탐닉, 즉 억압된 욕망의 탈승화 이후에 무엇을 해야 하는지 묻는다. 페미니즘이 이 같은 욕망의 연출에 사로잡혔다는 게 여성 해방을 바라보는 보드리야르의 시선이다.

---

163 보드리야르, 『유혹에 대하여』, 36쪽.
164 보드리야르, 『유혹에 대하여』, 37쪽.
165 크리스 호록스 글·조란 저브틱 그림, 앞의 책, 95쪽.

8) 걸프전은 일어나지 않았다

흔히 '시뮬레이션(프랑스어로 시뮐라시옹)'은 실제의 상황을 간단하게 축소한 모형을 통해서 실험을 하고 그 실험결과에 따라 행동이나 의사결정을 하는 기법을 의미한다. 예를 들면 화재나 홍수, 지진 등 재난에 대비한 모의대피 프로그램이나 매뉴얼이 대표적이다. 그러나 실제 상황에 들이닥치면 사람들은 이미 프로그래밍된 매뉴얼대로 대응하면서 실재 현실을 반영하지 못한다. 모의대피 프로그램이나 매뉴얼은 실재를 선행해 현재 상황을 구속하기 때문이다. 시뮐라시옹을 통해 생성된 매뉴얼(시뮐라크르)이 더 큰 영향력을 발휘하면서 실재에 선행하는 것이다. 내비게이션의 경우 미리 입력된 자료를 바탕으로 안내하기 때문에 프로그래밍된 자료가 실재에 선행한다. 예컨대 어떤 도로의 최저속도가 시속 50km로 최근 변경된 경우, 기존에 최저속도가 시속 60km로 입력되어 있다면, 그 도로를 주행해도 최저속도가 시속 50km라는 안내를 하지 못한다. 또 최근에 신설된 고속도로의 정보가 업데이트가 되지 않은 내비게이션일 경우, 도로 신설 이전의 구(舊)도로를 안내하게 된다. 구도로는 이미 존재하지 않지만 내비게이션에서는 실재한다.

실재를 구속하는 시뮐라크르의 사례로는 2008년 2월 10일 일어난 남대문 화재 당시 매뉴얼(시뮬라크르)을 들 수 있다. 남대문에 화재가 발생할 경우를 예상해서 어떻게 대처할 것인가 하는 방안을 정리하여, 화재 시 조치사항을 예상해서 가상 프로그램으로 만든 것이 바로 '매뉴얼'이다. 매뉴얼은 컴퓨터의 모의대응 프로그램에 따라 만들어진 시뮬라시옹된 현실에 해당한다. 화재가 발생하면 화재 현장의 실제 상황에 따라 대처하는 것이 아니라 화재를 예상하고 만든 가상의 매뉴얼에 따라 화재진압에 나선다. 실제 남대문 화제에서 화재에 대비해 만든 가상의 매뉴얼에 집착하다 불이 번져 가는데도 제대로 대처하지 못했다. 결국에는 화재가 발생한지 5시간 20분만에 남대문은 전소되고 말았다. 이게 모델이 실재를 선행하는 경우다. 그야말로 본말이 전도된 것인데, 이게 바로 매뉴얼의 함정이다. 매뉴얼은 말 그대로 어떤 일이 발생할 것을 가정해 임의로 만든 프로그램이다. 이 프로그램이 현실을 선행해 남대문이 불에 타고 있는데도 실제 상황에 따라 '현실대로' 대처하지 않고 '매뉴얼대로' 대처한 것이다.[166]

---

166 1분에 350ℓ가 넘는 물을 20분 이상 뿌릴 수 있는 옥외 소화전의 경우, 지정문화재에도 설치하도록 돼 있다. 그러나 이는 연면적이 1,000m²가 넘는 문화재에만 국한된 설치 규정에 따라 남대문에는 설치되지 않았다. 건물 면적 전체가 350m²쯤에 불과한 남대문은 법적으로 옥외 소화전을 설치하지 않아도 되는 건물이기 때문이다. 당시 법으로 보면 남대문에는 간이 소화기만 비치해 둬도 문제가 없었다. 국보급 문화재의 경우, 문화재청과 협의하에 진화작업을 진행

"이라크전은 일어나지 않았다." 미국의 이라크전쟁을 두고 보드리야르가 한 말이다. 세계인들이 본 것은 CNN이 중계하는 전폭기 조종사의 모니터에 비친 영상뿐이다. 미리 프로그래밍된 시나리오에 따라 폭격기의 모니터를 통해 이라크 지상에 폭탄이 투하된다. 거기서 컴퓨터게임 이상의 실재성을 느끼기란 어렵다. 과거에 이미지가 전쟁의 참혹한 현실을 그대로 재현했다면, 오늘날 이미지는 현실을 감추고 나아가 사라지게 만든다. 미디어를 통해 보도되는 전쟁에서는 참혹함이 없는, 이른바 화면상의 '깨끗한 전쟁'인 것이다. CNN을 통해 생중계 되는 제1차 이라크전쟁을 보면서 사람들은 전쟁의 참혹함과 잔인함에 경악한 것이 아니라, 영화와 같은 장엄한 광경을 목격했을 뿐이었다. 전쟁은 점차 미디어에 의해 영화화되고 있다. 진실과 사회적 통찰력이 사라지고 잔영만이 존재하게 되었다.

이에 앞서 보드리야르는 1995년 『걸프전은 일어나지 않았다』

하도록 되어 있다. 또한, 문화재 도면은 문화재를 관리하는 지자체에서 가지고 있다. 문화재청 본부는 대전에 있었고, 도면을 따로 받아야 했다. 결국 문화재청 관계자가 남대문의 도면을 갖고 현장에 도착한 것은 화재가 발생한 지 2시간가량 지난 이후였고, 지붕 철거 문제로 소방 방재청과 협의를 마친 것은 이보다 50분 정도 더 지난 시점이었다. 즉 화재발생 후 약 3시간 동안 매뉴얼대로 협의만 하다 시간을 허비한 것이다. 현장에서는 불이 계속 번지고 있는데도 '협의'에 묶여 화재를 진압하지 못했던 것이다.

는 책을 출간해 논란을 일으키기도 했다. 이 책의 서문에서, 폴 패턴Paul Patton은 전쟁 보도와 관련하여 벌어진 역설적 상황을 서술한다. "무슨 일이 일어나고 있는지 자세히 알아보기 위해 뉴스 채널 CNN의 앵커가 걸프만에 특파된 리포터들에게 마이크를 넘겼을 때, 우리가 발견한 것은 단지 그들도 자신들이 처한 상황을 알아보려고 CNN을 시청하고 있다는 사실뿐이었다."[167] 이러한 역설적 상황은 시뮬라시옹(세 번째 질서)을 통해 생산되는 '리얼리티'가 실제의 현실과는 얼마나 동떨어져 있는 것인지를 생생하게 보여 준다.

보드리야르의 『걸프전은 일어나지 않았다』에 실린 세 편의 에세이는 모두 하나의 목표를 갖고 있다. 즉, 걸프전은 하이퍼리얼이었으며 우리가 염두에 두고 있는 상징적 의미의 전쟁은 결코 실제로 일어난 적이 없다는 사실을 보여 주는 것이다. 이 책의 핵심 구절 중 하나는 걸프전이 자본의 흐름처럼 기능한다는 주장을 담고 있다.

"이곳의 계좌에서 저곳의 계좌로 순간 이동하며 보이지 않게 전 세계를 순환하는 부기book-keeping 자본처럼 물리적으로 돈을

---

167 리처드 레인, 앞의 책, 174쪽.

확인하지 않고도 거래할 수 있듯이 전쟁 또한 이와 동일한 추상적이고 전자적인 정보 공간 내에서의 가상적 수행만으로도 실제 수행만큼 충분히 효과적인 결과를 얻을 수 있는 것이다."[168]

보드리야르는 『시뮬라크르와 시뮬라시옹』에서 컴퓨터 소프트웨어 혹은 그와 유사한 체계들이 하이퍼리얼을 효과적으로 만들어 낸다고 주장한다. 걸프전과 관련하여 보드리야르는 이 전쟁은 미국인들에 의해 미리 프로그램 되어 있었으며, 그 전쟁을 둘러싼 '사건들' 역시 예정된 프로그램에 따라 전개되었다고 주장했다. 말하자면 모의전쟁 프로그램이라는 시뮬라시옹을 만들어 놓고 그에 따라 대응했다는 것이다. 현실에 선행하는 가상의 프로그램이라는 전쟁 준비를 완벽하게 해 두고 그 프로그램에 따라 전쟁이 이루어졌다는 것이다. 이는 9·11 테러 때 세계무역센터 빌딩에 자살 비행기 테러를 가한 테러리스트 또한 사전에 완벽하게 프로그래밍한 시뮬라시옹에 따라 공격을 감행했다는 사실을 연상하면 이해하기 쉬울 것이다.

걸프전의 하이퍼리얼리티를 증명하는 것 중 하나는 이러한 '현실적 전쟁'이 결코 일어나지 않으며, 전쟁은 계속해서 정보 공간

---

[168] 리처드 레인, 앞의 책, 173쪽.

내에 머물러 있게 된다는 사실이다. 걸프전은 1990년 8월 2일 이라크의 쿠웨이트 침공으로 시작돼 1991년 2월 28일 다국적군의 승리로 종결되었다. "우리는 더 이상 가상에서 현실로 넘어가는 관문의 논리에 머물러 있는 것이 아니라 가상에 의해 현실이 억제당하는 하이퍼리얼리즘의 논리 안에 있게 된다."[169]

보드리야르가 보기에, 이러한 가상전쟁은 일종의 질병의 징후이다. 서구의 전체 문화가 이제 시뮬라크르들을 생산하는 가상현실에 살고 있고, 전쟁 또한 그 징후라는 것이다. 걸프전은 전통적인 군사적 의미에서 볼 때 실제적인 전쟁이 아니고 가상현실인 하이퍼리얼 세상에서 일어나는 전쟁놀이일 뿐이다. 나아가 보드리야르는 그 전쟁은 그 자신에 대한 전쟁, 포스트모더니즘적 세계에서도 전쟁이 가능한지를 알아보려는 자기반성적 행위 혹은 시험이라고 주장한다.

걸프전은 유혈과 고통이 거의 없는 '깨끗한 전쟁'이라는 기만적 외관을 유지한다. 정부의 통제로 TV매체의 선동선전에 따라 보이는 전쟁의 화면은 참혹한 전쟁의 흔적을 보여 주지 않는다. 다만 전투기의 조종 공간에서 레이더로 보이는 화면과 폭격 지점

---

169 리처드 레인, 앞의 책, 175쪽 재인용.

상공의 거대한 폭발 장면만이 전송될 뿐이다.

『걸프전은 일어나지 않았다』는 하이퍼리얼리티의 논리를 극단적으로 적용한 포스트모더니즘적 사유에 해당한다. 따라서 걸프전은 가상의 화면에서 전쟁을 수행한 시뮬레이션에 불과한 것이기 때문에 실제로 일어난 적이 없다. 그러나 그것은 현기증이 없는 현실이라고 말한 보드리야르의 말처럼, 실재가 사라진 현대사회의 하이퍼리얼리티에 대한 비판이기도 하다. 이러한 한계적 글쓰기를 통해 보드리야르는 사고를 극한까지 밀어붙이는 프랑스적인 지적 전통에 토대한 급진적 사상가로 스스로 자리매김한다.

하이퍼리얼의 형성에서 중요한 것은, 진실이나 정보(사실)를 대중이 얼마나 가지고 있느냐보다 미디어가 이를 어떻게 보도하느냐는 것이다. 미디어가 시나리오에 따라 가상의 이미지, 즉 시뮬라크르를 만들어 내고 하이퍼리얼을 생성하는 데 큰 역할을 한다. 바로 미디어가 실재를 만드는 시뮬라시옹 작업을 하기 때문이다. 그리고 대중은 미디어가 만들어 내는 하이퍼리얼을 소비하면서 이를 모방하고 흉내 낸다. 인터넷게임은 시뮬라시옹을 거친 극단의 하이퍼리얼로, 가상과 실재의 경계가 모호하게 된다. 유행의 메커니즘이 그러하듯이 하나의 모델이 있으면 나머지는 이상하게도 그 모델처럼 되어 간다. 영화나 드라마의 어떤 가공적인 시나리오를 보면, 실제에서 그와 같은 일이 발생하곤 한다. 게임 또한 현실을 '게임화'로 이끌게 된다. 하지만 '걸프전은 일어나지 않았다'는 명제를 대입해 보드리야르식의 극단적인 사유를 한다면 이렇게 표현할 수 있을 것이다: 모델화는 일어나지 않았다. 게임화는 일어나지 않았다!

9) 시뮬라크르의 상징적 죽음

이 거대한 건축물들(세계무역센터 쌍둥이 빌딩)은 언제나 모호한 매혹을 불러일으켰고, 매력과 혐오가 뒤섞인 모순적인 형태를 야기했으며, 어디에선가 그것들이 사라지는 것을 보고 싶은 은밀한 욕망을 부추겼다.[170]

보드리야르는 프랑스 건축가 장 누벨Jean Nouvel과 대담을 하고 이를 『건축과 철학』(2000)으로 펴냈는데 2001년 9·11 테러가 일어나기 전이었다. 그런데 마치 보드리야르는 9·11 테러가 일어날

---

170 보드리야르, 『지옥의 힘』, 배영달 역, 동문선, 2003, 9쪽.

것을 예언이라도 하는 것처럼 말하고 있다. 말하자면 그가 대담에서 한 말처럼 예상된 환상이 실제로 일어난 것이다.

보드리야르는 "세계무역센터 빌딩들의 무너짐은 중대한 상징적 사건"이라면서 "세계적인 힘의 상징이었던 세계무역센터 빌딩들은 자살과 유사한 비극적 종말을 통해서 여전히 이 취약함의 구조를 구체화하고 있다. 마치 내파에 의한 것처럼 빌딩들이 스스로 무너져 버리는 것을 보면서 사람들은 빌딩들이 카미카제 특공대의 자살에 대응하여 자살한다는 느낌을 받았을 것"이라고 분석한다. "만약 내가 어떤 건물의 진리를 세계무역센터의 쌍둥이 건물로 간주한다면, 바로 그 점에서 건축은 일종의 완전한 건축 형태 속에서 하이퍼리얼한 시대가 실제로 그리는 사회의 상황을 표현하고 나타낸다."[171]

보드리야르는 "보부르센터,[172] 세계무역센터, 비오스페르2[173] 같은 건물들은 나를 열광시키는 대상들이긴 하지만 경이로운 건축물은 아니다"면서 "나를 매혹하는 것은 이러한 건축들의 건축적

---

171 보드리야르, 『건축과 철학』, 배영달 역, 동문선, 2003, 15쪽.
172 흔히 퐁피두센터로 알려져 있는 프랑스 현대문화 예술센터 건물. 국제 설계 콩쿠르에 의해 이탈리아인 렌조 피아노와 영국인 리처드 로저스의 공동 설계안이 당선되었고 1977년 파리의 역사적인 도심 내에 전위적이고 첨단의 형태로 세워졌다(보드리야르, 『건축과 철학』, 14쪽).
173 1991년 9월 미국 애리조나주 투손 근교의 사막에 폐쇄적 실험 공간으로 지어진 소우주 시설.

풍피두(보부르)센터(Musée national d'Art moderne-Centre Georges Pompidou)

의미가 아니라 그것들이 표현하는 세계였다"고 말한다. 부부르 건축의 혁신성은 크게 두 가지로 나누어질 수 있다. 하나는 공간 가변성의 극대화와 다양한 활동 및 사건의 수용가능성이다. 보부르센터는 일반 건축물처럼 고정된 벽과 기둥으로 공간을 규정하는 것이 아니라, 자유로운 칸막이와 지지대 시스템으로 공간의 확장과 분할이 가능하도록 설계되었다. 다른 하나는 구조와 설비들의 대담한 노출이다. 이 같은 특징은 건물 내부에 있어야 할 것들이 모두 바깥으로 나와 있는 특이한 구조에 있다. 예컨대 에스컬레이터. 엘리베이터 수도관, 가스관까지 모두 건물 밖으로 노출되어 있다. 상상할 수 없을 만큼 많은 파이프로 인해 이 건물은 마치 거대한 정유 시설처럼 보인다. 구조와 설비는 인체에 비유하면 뼈와 내장으로 볼 수 있는데, 보부르센터에서는 이것이 외관의 구성 요소로 사용되었다. 이는 내부 기능의 노출이라는 점에서 모더니즘의 전통을 극단화한 것이지만, 한편으로 보면 서구 건축 전통의 전복이라는 측면도 있다.[174] 보드리야르는 예술작품 자체가 근본적으로 사회 사상이라는 것을 보여 주려고 한다. 그에게는 사회의 모습 그대로인 것이 예술이 아니라 예술의 모

---

174 보드리야르, 『건축과 철학』, 68쪽 각주.

습 그대로인 것이 사회이다.[175] 보드리야르는 말하자면 포스트모더니즘을 닮은 건물로 보부르센터, 즉 퐁피두센터를 분석한다. 보드리야르가 이 분석에서 의도한 것은 아이러니컬하게도 초과실재의 효과를 산출해 내듯 건물 밖으로 노출된 파이프와 송수관, 회로 같은 하이테크 모더니즘을 구체화하는 모순된 예술문화 공간으로서의 보부르센터를 보여 주기 위해서이다.

보드리야르에 따르면, 현대사회는 보부르 작품을 그대로 닮은 모습이다. 그는 보부르가 그에게 불러일으키는 것과 그에게 말하는 것으로부터 현대사회의 상태를 다시 점검하고 재규정한다. 보부르센터는 초과실재의 기념물, 문화적 내파의 기념물을 구성한다는 것이다. 다시 말하면 현대 소비사회 내파의 증거를 예술작품과 같은 이 건물에서 찾을 수 있다는 것이다. 보드리야르의 분석에 따르면, 보부르는 짓이겨지고, 비틀리고, 잘려지고, 간단한 최소의 요소들로 압축된다. 이 압축의 모습을 띤 보부르문화는 생산과 의미의 문화가 아니라, 현대 소비사회를 규정짓는 시뮬라시옹과 미혹의 문화이다. 현대문화와 사회는 일종의 내적이고 내파적인 붕괴를 겪게 되는데, 어떤 메시지나 의미, 실재도 이러한

---

175 배영달, 『보드리야르의 시뮬라시옹』, 121-122쪽.

붕괴의 과정으로부터 벗어날 수 없는 것이다. 따라서 보드리야르는 "보부르는 이미 통제된 사회화의 모든 미래 형태의 모델이다"라고 말한다. 그래서 대중은 보부르문화센터로 몰려든다. 그 이유는 극도의 문화적 예찬에 불과한 모든 반문화까지 포함하여 마침내 청산되는 문화의 조작적 행위를 즐기기 위해서이다. 모든 것을 보고, 해독하고, 이해하는 것은 대중에게 별로 의미가 없다. 대중은 모든 것을 게걸스럽게 삼켜 버리고 조작하고자 한다. 따라서 보부르는 소비할 대상, 삼켜 버릴 문화, 조작해야 할 건물이다. 보부르센터는 사회생활의 모든 조작적인 시뮬라시옹으로 된 공간-시간이다. 이러한 보부르문화 속에서, 대중은 문화적 의미를 이해하기보다는 문화의 초과실재를 느끼는 것이다. 결국 대중은 보부르문화의 시뮬라시옹 속에 갇힌다.[176]

보드리야르는 "보부르는 기호들의 우연한 질서 속에서 그 유명한 전통적 의미의 질서를 변환해 버리는 거대한 작업일 따름"이라면서 "이 기호문화적인 신질서에 대중을 길들이기 위해서 그들을 여기 초대한다"고 말한다. 보부르는 문화의 저지적 기념물로 대중들이 즐겁게 초대받았던 곳은 다름 아닌 '문화장례식'이

---

176 배영달, 『보드리야르의 시뮬라시옹』, 124-125쪽 참고.

라고 강조한다.

대중들이 이곳으로 몰려드는 이유는 그들이 근본적으로 항상 경멸하고 싫어하였던 이 문화의 거대한 장례에 대중적으로 참여할 수 있는 기회가 처음으로 주어졌기 때문이다.[177]

결국 보부르는 "붕괴의 작품들을 수용하는, 붕괴의 사회일 수밖에 없는 붕괴의 장소 안에 들어있는 붕괴의 요인"을 내포하고 있는 것이다.[178] 결국 보부르가 상징하는 것은 함열 혹은 저지로, 보이지 않는 응축된 것의 해체와 드러냄이고, 기존의 공고한 문화의 대붕괴이며, 의미의 대재난이다. 보부르는 문화의 상징적 붕괴와 해체, 죽음을 보여 주는 문화장례식장인 것이다.

따라서 보부르는 근대성이 지향한 생산과 의미의 문화가 아니라 시뮬라시옹과 매혹의 문화로서 초과실재를 상징하는 기념물이자 건축문화의 내파를 보여 주는 기념물이라는 게 보드리야르의 분석이다. 보부르에서는 현대사회의 모순이 형이상학적으로 폭로된다. 즉 보부르가 함축하는 문화적 또는 미적인 모든 메

---

177 보드리야르, 『시뮬라시옹』, 124-125쪽.
178 배영달, 『보드리야르의 시뮬라시옹』, 126쪽.

시지와 의미와 실재는 실제로 현대사회 속에서 내파되어 사라진다는 것이다. 어떻게 보면 보부르의 형태는 현대성이라기보다는 오히려 현대를 넘어서 존재하는 것을 상징적으로 요약한 것이다.[179]

한편으로 보부르가 초과실재의 기념물이고 다른 한편으로는 건축물의 초과실재의 저지기계인 것이다. 달리 말하자면 마치 육체의 내부를 드러내듯이 밖으로 돌출시킨 보부르센터는 다른 건축물들의 '보부르화'를 저지하는 역할을 하고 있다는 것이다. 세상의 건축물들이 모두 붕괴와 해체, 죽음의 징후를 보여 주는 보부르센터와 같이 지어진다면 그 사회는 건축물로 인해 붕괴되고 해체되고 죽음을 맞을 수 있기 때문이다. 보드리야르가 '보부르효과: 함열(내파)과 저지'라고 명명한 이유이다.

세계무역센터[180]는 '절대적 욕망'으로서 건축한 사례에 속한다

---

[179] 배영달, 『보드리야르의 시뮬라시옹』, 124쪽.

[180] 1930년대 후반부터 자동차 및 항공 교통의 발달에 따른 물류 운송체계의 변화로 인하여 급격히 쇠퇴하기 시작한 맨해튼 남부의 항구 지역을 되살리기 위한 사업이 추진되었고, 세계무역센터는 그 일환으로 계획되었다. 1959년 허드슨강의 배터리파크시티(Battery Park City) 사업과 연계하여 국제무역의 진흥과 확대를 목표로 세계무역센터 및 세계금융센터 등 초고층 업무단지를 건설하는 계획이 수립되었고 1966년 공사를 시작해 1973년 4월 4일 1, 2동 개장식이 열렸다. 완공된 세계무역센터는 국제무역의 중추 역할을 하는 뉴욕의 랜드마크이자 미국 경제를 상징하는 대표적인 건물로 관광객들이 찾아오는 명소였는데, 2001년 9월 11일 자살비행기테러로 붕괴되었다. 재건립이 추진되어 주건물인 원월드트레이드센터(One World Trade Center)가

고 볼 수 있다. 보드리야르는 예를 들어 국가의 중요한 계획을 통해서 건축에 활기를 불어넣으려는 것을 절대적인 욕망으로서의 건축이라고 말한다. 따라서 보드리야르는 "뉴욕은 세계의 종말의 진앙이다. 세계의 종말로부터 이 유토피아를 구해 내야 한다"고 말했다. "뉴욕에 대해 세계의 종말의 진앙, 다시 말해서 세상의 종말의 진앙이라고 말하는 것은 동시에 뉴욕을 실현된 유토피아로 보는 것이다. 모든 힘은 그것이 실현될 수 없다는 사실에서 생겨난다. 그런데 뉴욕은 이미 완성된 세계 —완전히 소름끼치지만 자체의 수직성 속에서 충만한 세계— 의 경악의 일종을 보여 준다."[181]

보드리야르는 "그리하여 마침내 뉴욕은 환멸의 형태를 야기한다"고 말한다. 그는 "우리를 둘러싸고 있는 상황적 세계와 관련하여, 도처에서 우리를 사로잡는 이미지들과 관련하여 나는 환멸을 느끼고 있다"[182]면서 시선의 환멸에 대해 말한다.

보드리야르는 9·11 테러를 시각문화로서 '건축'과 연관 지어 분석하기도 한다. 현대 도시공간의 위압적인 건축물은 이에 대

2014년 11월에 준공되었다.
181 보드리야르, 『건축과 철학』, 15쪽.
182 보드리야르, 『건축과 철학』, 52쪽.

한 폭력적 저항을 낳았는데, 세계무역센터 빌딩은 서구의 가치체계 전체를 상징하는 건축물로서 세계화에 대한 격렬한 항의로, 미국에 의한 이슬람세계의 억압이 한계에 이르러 마침내 쌍둥이빌딩의 테러로 이어졌다는 것이다.

보드리야르에 따르면, 세계무역센터 쌍둥이빌딩은 건축적 대상인 동시에 금융의 힘과 세계 자유주의를 상징하는 상징적 대상이다. 그래서 쌍둥이빌딩 그 자체가 빌딩들의 상징적 붕괴를 초래했다고 주장한다. 테러리스트들이 파괴하고자 했던 것은 단순한 물리적 파괴에 머물지 않고 상징적 대상의 붕괴였던 것이다.

탁월한 작품들을 자발적으로 파괴하는 테러 행위의 유명한 선례가 있다. 사실 이 탁월한 작품들이 지닌 아름다움이나 힘은 일종의 도발을 유발한다. 에페수스·로마·헬리오가발루스 신전의 범죄적 파괴, 미시마 유키오의 소설로 유명해진 긴카쿠사 화재 등이 그러하다.[183] 남대문 방화도 이런 상징적 대상의 파괴에 해당할 것이다.

보르헤스의 우화 『거울의 사람들』에서 패배한 사람들은 거울 뒤로 추방되는데, 이때 그들은 정복자들의 이미지를 반영할 수밖

---

183 보드리야르, 『지옥의 힘』, 16쪽.

에 없게 된다. 그러던 어느 날 그들은 거울을 부수고 제국 공격에 나선다. 이 같은 반발심은 '친애하는 성전주의자들'에게 보낸 필립 뮈레Philippe Muray의 편지에서 엿볼 수 있다.

우리는 성전주의자들이자 테러리스트들인 당신들을 만들어 내었다. 당신들은 결국 유사함에 사로잡히게 될 것이다. … 당신들은 우리를 죽일 수 없다. 왜냐하면 우리는 이미 죽었기 때문이다. 당신들은 우리와 싸운다고 생각하지만, 당신들은 무의식적으로는 우리의 친구들이다. 당신들은 이미 동화되어 있다.[184]

보드리야르는 필립 뮈레의 글을 인용하며 "당신들은 당신들의 행위 자체에 의해 당신들이 증오하는 세계적 게임 속으로 들어갔다"고 갈파한다. 말하자면 서구 사회가 이슬람 사회의 증오를 키웠는데 그 증오는 주요대상인 서구뿐만 아니라 그 자신들에게로 향하고 있다는 말이다. 결국 모두가 패자가 되는 셈이고 서구 사회를 증오하는 이슬람 사회도 서구사회의 악마성을 갖게 된다는 말이다.

---

[184] 보드리야르, 『지옥의 힘』, 33쪽.

필립 뮈레의 책 『친애하는 성전주의자들은…』은 9·11 테러 사건 이후 최후의 인간, 즉 니체적인 의미에서 탈역사적인 현대 서구인이 자신의 죽음을 바라는 이슬람 적에게 보내는 편지 형식을 띠고 있다. 요컨대 이 책은 서구의 문명이 실제로 무엇인지, 서구의 문명이 과도한 테크놀로지에 결부된 자체적인 취약성에도 불구하고 어째서 세계를 지배하는지를 다루고 있다. 뮈레는 "우리(서구)가 당신들(이슬람)보다 더 많이 죽기 때문에 우리는 당신들을 이기는 것이다"라고 탄식한다.

"이는 상징적 내기가 아니다. 바로 거기에 우리의 불행이 있다. 특수한 개체가 자신의 죽음을 걸게 되면 … 이는 생사를 걸고 해보는 엄청난 게임이다. 특수한 개체는 자살하면서 동시에 타자를 살해한다."[185] 세계무역센터는 '자살비행기테러'였다. 그 테러 행위는 글자 그대로 서방을 살해했다고 말할 수 있다. 따라서 이러한 테러는 '상징적 내기'가 된다. "우리는 우리의 세계를 이미 황폐하게 했다. 당신들은 무엇을 더 원하는가?"라고 뮈레는 말한다.

---

[185] 보드리야르, 『지옥의 힘』, 34쪽.

그러 정확히 말해서 이 세계를 우리(서구)는 계속해서 황폐하게 했으며, 여전히 이 세계를 파괴해야 한다. 상징적으로 이 세계를 파괴해야 한다. 만약 우리가 맨 먼저 그렇게 했다면, 오직 타자들만이 그렇게 할 수 있을 것이다.[186]

보드리야르는 "서구 사회가 이슬람을 악의 화신으로 삼는 것은 여전히 이슬람을 명예롭게 하고 이는 서구에 의해 모욕당한 희생자로 느끼게 하기 때문에 이슬람이 새로운 세계 질서 속에 기꺼이 편입되는 대신 자신의 원한을 품기 때문에 폭력적이 된다는 것을 암시하게 된다"고 강조한다. 결국 이슬람은 서구의 폭력에 대한 상징적 대응으로 세계무역센터에 대한 '자살비행기테러'를 감행했다는 게 보드리야르의 분석이다. "간단히 말하여 거기서 납치들은 전혀 '실제적'인 목적이 아니라 오직 기호로서 발생되는 것을 목적으로 한 기호들의 총체로서 작용한다."[187] 보드리야르는 세계무역센터에 가해진 '자살비행기테러'를 단순히 건물을 붕괴시키는 물리적 테러가 아니라, 세계 금융시장을 주도하는 미국에 대한 상징적인 테러라는 기호가 작용한다고 보는 것이다.

186 보드리야르, 『지옥의 힘』, 34-35쪽.
187 보드리야르, 『시뮬라시옹』, 56쪽.

따라서 보드리야르는 9·11 테러가 문명이니 종교 간의 충돌이 아니라 승승장구하던 세계화의 덫에 걸린 결과라고 주장한다. 사실 세계화는 세계적인 폭력으로 지평을 확장한다. 말하자면 세계화는 지배적인 완전한 시스템, 완전한 순환, 동등한 모든 교환으로 지평을 확장한다. 문제는 개별적인 세계가 지닌 모든 형태를 몰아내면서 세계화를 이끌어 가는 시스템의 폭력이다. 보드리야르는 이에 저항하고 증오심을 품은 특수한 개체들이 '자살비행기테러'와 같은 자신들의 '사라짐'으로, 이 유일하고 세계적인 힘을 만들어 낸 모든 문화들에 복수한다고 강조한다.

　서방의 번영과 평화는 세계의 다른 곳에서 지금도 진행 중인 파국의 대가로 얻어진 것이다. 그 결과 서방의 번영과 평화를 유지해 온 세계적인 힘이나 지배적인 시스템의 확립은 오히려 힘과 시스템을 파괴하려는 충동을 불러일으킨다. "논리적으로 생각해 보면, 힘의 잠재적 상승은 힘을 파괴하려는 의지를 더욱 북돋운다. 즉 어디에선가 이러한 상승은 자신의 파괴와 공모관계에 있다. 이 내적인 부정은 시스템이 완벽과 전능에 가까이 다가가는 만큼 더욱더 강해진다."[188]

---

[188] 보드리야르, 『지옥의 힘』, 11쪽.

달리 말한다면, 세계적인 힘의 지배나 세계적인 시스템의 확립은 역설적으로 자신의 파괴를 스스로 부추기는 차원에서 공모관계에 있게 된다는 것이다. 이 내적인 부정은 세계적인 시스템이 완벽에 가까이 다가가는 만큼 더욱더 강해지는 법이다. 보드리야르는 따라서 "모든 것은 일종의 예측할 수 없는 공모에 의해 이루어졌다. 마치 시스템 전체가 자체의 내적 취약성에 의해 자체의 붕괴에 말려들고 테러리즘을 유발하듯이 말이다"[189]라고 말한다. 말하자면 세계무역센터가 상징하는 바와 같이 세계화의 절정에 이른 시스템은 그 완벽함으로 말미암아 세계적인 폭력을 불러오는 공모관계에 있다는 것이다.

이와 달리 보드리야르는 "케네디와 같은 대통령들은 그들이 뭔가 정치, 정치적 실체를 구현하였기 때문에 죽었다"[190]라면서 위와 같은 죽음을 시뮬라크르의 상징적 죽음이 아닌, 실제의 상징적 죽음으로 본다. 영화배우 제임스 딘과 메릴린 먼로, 존 F. 케네디 등은 실제 권력이 있거나 권력을 대표한다고 믿어졌던 사람들이다. 말하자면 그들은 시뮬라크르가 아니다. "그렇기에 그들이 죽고 나면 그들의 권력에 대한 회고적인 신격화와 우상화

---

189 보드리야르, 『지옥의 힘』, 11쪽.
190 보드리야르, 『시뮬라시옹』, 60쪽.

가 이루어졌다. 이들은 권력과 우상의 상징으로써 다시 부활할 행운을 누린다. 그러나 시뮬라크르 시대의 죽음과 죽음 연출은 이미 존재하지도 않는 권력에 대한 타격을 가하는, 권력부재에 대한 부정치료법에 해당한다. 즉 일종의 저지전략일 따름이다. 전자에 있어서 부활이 긍정에 대한 부정을 재부정함으로써 긍정을 겨냥한 것이라면, 후자의 연출은 부정을 부정함으로써 긍정을 겨냥하는 것이다."[191] 보드리야르는 후자의 경우 "자기 자신의 죽음에서 신성한 피를 찾고, 위기의, 부정의, 반反권력의 거울에 의해 사이클에 활기를 주려고 한다"[192]고 말한다.

9·11 테러는 '세계적인 폭력 시스템에 대한 물리적 죽음과 죽음 연출을 통한 거대 자본 권력의 장례 작업'이었다는 게 보드리야르의 분석이다. 보드리야르는 "차후에는 시뮬라시옹에 의한 살해의 시대, 시뮬라시옹의 일반화한 미학의 시대, 살해-알리바이의 시대이다"[193]라고 주장한다. 이는 이른바 우리나라를 비롯해 세계적 정치 현상인 '프레임 정치'의 부작용으로도 설명할 수 있다. 정적에게 '부정적인 이미지의 낙인찍기'는 주로 시뮬라시옹

191 보드리야르, 『시뮬라시옹』, 60-61쪽 각주.
192 보드리야르, 『시뮬라시옹』, 53쪽. 이러한 죽음의 연출은 부정부패나 스캔들에 연루되어 자살을 선택하는 정치인이나 기업인 등의 사례가 해당될 수 있을 것이다.
193 보드리야르, 『시뮬라시옹』, 61쪽.

의 과정을 거치면서 가공의 부정적인 이미지를 만들어 내고, 급기야 정적이 '나쁜/부도덕한 정치가'라는 시뮬라크르를 만들어 내며, '상징적(정치적) 죽음'으로 내몬다. 이는 시뮬라시옹에 의한 살해라고 할 수 있을 것이다. 시뮬라시옹의 미학은 시뮬라시옹 살해의 시대를 연다. 그 살해 알리바이는 어떤 환상 혹은 환각에 의한 것이기 때문에 시뮬라시옹의 과정에 묻혀 있어 대중이 인지하기 쉽지 않다. 따라서 시뮬라시옹은 그 자체가 폭력의 시스템을 내포하고 있다고 할 수 있다.

10) 인공지능 혹은 불가능한 교환

인공지능이 점점 인간을 대신하고 있다. 미국 비영리 연구기업인 '오픈 AI'가 공개한 AI(GPT-2)는 인터넷 페이지 80만 쪽에 담긴 단어 15억 개를 학습해 한두 문장만 입력받으면 나머지 글을 스스로 완성할 수 있게 개발됐다고 한다. 그러나 연구진은 AI의 작문 실력에 마냥 기뻐할 수 없었다. 그동안 인류에 기여하겠다는 취지로 모든 연구 결과를 공개했지만, 이번엔 가짜뉴스 작성 등에 악용될 우려가 있어 핵심기술을 예외적으로 비공개했다고 한다. 또한 미국 비영리 언론재단인 나이트재단은 최근 발간한 '민주주의의 위기'라는 보고서에서 뉴미디어 신기술이 진실과 거짓의 구분을 더 어렵게 할 수 있다고 지적했다. 진실보다 감정이 여론을 주도하는 탈진실post-truth을 넘어서, 진실과 거짓의 경계가 희미해지며 진실의 종말the end of truth 시대가 올 것이라는 암울한 전망도 나온다.[194]

인공지능 개발이 인류를 구원해 줄 것인지, 인류를 절망으로 빠뜨릴 것인지 예측할 수 없지만 어두운 전망이 주류를 이루고 있다. 보드리야르는 인공지능으로 인해 인간이 '쓸모없는 기능'으로 전락할 것을 우려한다. 보드리야르는 "세계나 현실이 가상 속에서 자체의 인위적인 등가물을 발견할 때. 그것들은 쓸모없는 것이 된다"고 강조한다.

생물 복제로 종의 번식이 가능할 때, 성은 쓸모없는 기능이 된다. 모든 것이 디지털 코드 속에서 계산될 때, 언어는 쓸모없는 기능이 된다. 모든 것이 뇌와 신경세포망 속에서 요약될 수 있을 때, 신체는 쓸모없는 기능이 된다. 정보 과학과 기계 자동 제어 장치만으로 생산이 충분할 때, 노동은 쓸모없는 기능이 된다.[195]

194 김유영, "진짜보다 진짜 같은 뉴스 '진실의 종말' 시대 오나", 동아일보, 2019.03.01.
195 보드리야르, 『불가능한 교환』, 52쪽.

보드리야르는 "성, 노동, 시간, 타자성의 모든 형태들이 기술적인 종합에 의해 지배될 때, 그것들은 어떻게 될까"라며 회의하는데, 기술적인 종합의 중심에는 인공지능과 실체 없는 시뮬라크르의 이미지를 확대재생산하는 대중매체가 있다. 보드리야르는 "사건과 역사가 대중매체 속에서 끝없이 프로그램화되고 확산되고 약화된다면, 고화질의 매체, 실체의 강한 소멸만이 존재한다"[196]고 비판한다.

기술의 진보로 인공지능이 현실화된 이 세상에, 이제 현실에 대한 문제 제기는 철학적 사유에서 비롯되는 것이 아니라 가상현실과 그 기술에서 비롯된다.

사유는 사유를 위해 현실을 끝장내었지만, 새로운 기술은 현실을 위해 사유를 끝장낸다. 사유는 현실을 완성하지 않으려고 애쓰지만, 가상은 현실을 완성하고 현실의 궁극적인 해결에 힘을 기울인다.[197]

인공지능과 같은 기술이 인간을 지배하게 되면 인간이 만들어

---

196 보드리야르, 『불가능한 교환』, 51쪽.
197 보드리야르, 『불가능한 교환』, 52-53쪽.

내는 실재는 사라지고, 대신 인공지능이 만들어 내는 가상이 실재가 된다. 그렇게 되면 가상이 현실을 완성하는 셈이고 인간은 인공지능이 만들어 내는 사고에 지배당하게 되는 것이다.

보드리야르는 『암호』라는 책에서 가상과 인공지능이 만들어 내는 세계에 대한 분석을 이어 간다. "말의 일반적인 뜻에서 보자면, 가상은 현실에 대립되지만, 새로운 테크놀로지라는 수단을 통해 가상의 갑작스러운 출현은 가상이 현실의 소멸이나 종말을 나타내는 느낌을 준다. … 현실은 결국 시뮬라시옹의 한 형태에 다름 아니었다."[198] 그런데 따지고 보면 사람들의 하루하루도 시뮬라시옹의 형태로 진행된다. 하루일과가 대부분 시뮬라시옹 과정을 거친 가공의 프로그램이나 자료에 의존하기 때문이다. 뉴스의 경우도 이제는 종이신문에 의존하지 않고 대부분 인공지능에 의한 빅데이터가 산출해 내는 인터넷 뉴스에 의존한다. 그 뉴스란 결국 가공된 것이고 그 뉴스를 소비하는 인간은 가공된 현실에 따라 시뮬라시옹의 질서에 편입하게 되는 것이다. 커피 마니아라면 인공지능의 빅데이터가 제공한 유명한 카페를 찾아가 커피 맛을 음미하게 된다. 그런데 '유명 카페'라는 것은 빅데이터

---

198 보드리야르, 『암호』, 47쪽.

에 의해 만들어진 원본 없는 시뮬라크르일 따름이다. 빅데이터는 산출되고 수집된 자료만을 대상으로 하는 것이지, 전체를 대상으로 하는 것은 아니다. 즉 전수조사에 의해 산출된 데이터가 아니다. 산출된 자료 또한 조작되거나 부실한 자료가 포함되어 있을 가능성을 배제할 수 없다. 오히려 리스트에 포함되지 않은 커피 명소들 가운데 맛과 향이 더 일품인 커피를 제공하는 카페가 있을 가능성이 충분하기 때문이다. 이렇게 본다면 인공지능의 빅데이터가 산출해 제시한 유명 카페 리스트는 하나의 시뮬라크르에 불과한 셈이다. 어쩌면 유명하지도 않은 커피집이 명소로 둔갑해 실재의 영역을 갈취할 수도 있다. 우리의 일상생활은 온통 시뮬라시옹의 파도에 휩쓸리고 있는 것이다.

보드리야르는 "물론 현실 효과, 진실 효과, 객관성의 효과는 존재하지만, 현실 그 자체는 존재하지 않는다고 말해질 수 있다"면서 이러한 의미에서 보면 "가상은 하이퍼리얼이라는 개념과 일치한다"[199]고 강조한다. "완전히 등질화 되고 디지털화되고 '조작화'될 수 있을 가상현실은 다른 것을 대신한다. 왜냐하면 가상현실은 모순적인 것이 아니라 완전한 것, 통제될 수 있는 것이기 때

---

[199] 보드리야르, 『암호』, 47-48쪽.

문이다."[200]

예컨대 빅데이터를 조작할 수 있는 통제시스템은 자신이 원하는 시뮬라크르를 만들어 낼 수 있고 이것이 실재로 둔갑할 수 있게 된다. 이런 식으로 가상이 현실을 대신하는 것이다.

이러한 관계에서 보면, 더 이상 사유의 주체도 행위의 주체도 필요 없다. 모든 것은 테크놀로지의 매개로 이루어진다. 보드리야르는 "이제 가상의 관점에서 보면, 가치는 더 이상 문제가 되지 않는다. 현실 효과가 사라져 버리는 일반화된 컴퓨터화·계산화·정보화가 문제될 뿐이다"[201]라고 주장한다.

오늘날 가상과 그 모든 테크놀로지에 대한 진정한 유혹이 존재한다. 보드리야르는 만약 신체를 스스로 복제하는 선택, 즉 훨씬 더 고성능적이고 조작적인 특성을 지닌 인위적인 종種으로 영속하기 위해 복제인간이 되기를 선택한다면, 인류로서의 존재가 사라지는 선택이 될 것이라는 암울한 진단을 내린다. 말하자면 영원한 생명력을 지닌 복제인간이 등장한다면 죽음을 숙명처럼 받아들이던 인류의 시대는 종말을 고하는 것이다. 그때는 복제인간이 인류를 대신하게 되고 인류는 사라질 것이다. 보드리야

---

[200] 보드리야르, 『암호』, 48쪽.
[201] 보드리야르, 『암호』, 49쪽.

르는 "우리는 최고도의 수준에 도달한 기술이, 긍정적인 측면에서 우리를 기술 그 자체로부터 해방시킬 것인지, 아니면 우리가 파국을 겪게 될지 모를 일이다"[202]라면서 "정말 우리의 테크놀로지가 지니는 최후의 환각은 바로 이 불멸인 것이다"[203]라고 말한다. 그렇다면 불멸을 추구하는 인간의 환각이, 인간을 최후의 벼랑 끝으로 몰아가고 있는 셈이다. 인류가 불멸을 꿈꾸는 환각이야말로 최악의 꿈이고 자연의 질서를 거스르고 인류의 사라짐을 재촉하는 최악의 선택인 셈이다.

그는 "우리의 체계 속에서 완전히 쓸모없는 것이 되어 가고 있는 기능이 있다면 그것은 분명히 사유이다"[204]라고 강조한다. 그것을 촉발하고 있는 것은 다름 아닌 디지털 기술의 진보이며 그 정점에는 인공지능이 있다. 급기야 보드리야르는 "너무 늦기 전에, 인공지능은 사유와 양립되지 않는다고 말하자"고 제안한다.

이는 사유가 조작이 아니며, 그 어떤 것과도 교환할 수 없고, 특히 조작적 계산, 즉 입력, 출력, 계산 형태의 객관성과도 교환할 수 없

---

202 보드리야르, 『암호』, 52쪽.
203 보드리야르, 『암호』, 63쪽.
204 보드리야르, 『암호』, 131쪽.

기 때문이다. 즉 사유는 그 어떤 기계와도 교체할 수 없고, 기계와 등가물을 찾아낼 수도 없는 것이기 때문이다.[205]

보드리야르는 인공지능과 인간의 차이에 대해 논한다. 그런데 보드리야르가 차이로 언급한 사유는 이제 인공지능도 가능한 수준에 이르고 있다. 보드리야르가 『암호』를 쓴 2000년과 지금의 인공지능은 사유의 성능에서 큰 진전을 보이고 있다. 인공지능은 이제 기사와 같이 팩트나 데이터에 근거한 글쓰기는 물론이고 소설 창작도 할 수 있는 작가의 역할까지 해내고 있다.

다만, 보드리야르는 또한 "인간의 기능과 '지능적인' 기계의 기능을 가장 구별 짓는 것은 일하는 데 도취하고 사는 데 도취하는 것, 즉 쾌락이다"라고 강조한다. "쾌락을 지니는 기계를 만들어내는 것은 여전히 인간의 능력을 넘어서는 일이다. 모든 종류의 보철술은 인간의 쾌락을 증대시킬 수 있지만, 인간은 자신처럼 즐기거나, 자기보다 더 잘 즐길 수 있고 자기를 대신해서 즐길 수 있는 기계를 만들어 낼 수는 없다. 기계는 인간보다 더 잘 이동하고, 일하고, 계산한다. 그러나 인간의 쾌락, 인간이 되는 쾌락을

---

205 보드리야르, 『암호』, 132쪽.

기술적으로 확장하지는 못한다."[206]

그러나 언젠가 어떤 기계들은 쾌락을 표현하는 걸 배울 것이다. 기계들은 이미 어딘가에서 욕망과 쾌락의 기호를 증대시키려고 애쓰는 우리의 심리적이고 사회적인 메커니즘을 계속 흉내내고 있을 것이라는 게 보드리야르의 예측이다.

인간들이 기막히게 독창적인 기계를 열망하는 것은, 그들이 자신의 독창성에 실망하기 때문이거나 기계를 통해서 자신의 독창성 대신 기계의 독창성을 즐기고 싶어 하기 때문이다. 왜냐하면 이러한 기계들이 제공하는 것은, 우선 구경거리가 될 만한 사유이기 때문이며, 인간들이 이러한 기계를 조작하면서 사유 자체보다 더 구경거리가 될 만한 사유에 전념하기 때문이다.[207] 딥 블루Deep Blue(IBM사가 개발한 체스를 두는 컴퓨터)는 1990년 세계적 체스 선수 개리 카스파로프Garry Kasparov와 대국하여 2승 3패 2무를 기록했다. 바둑 인공지능 프로그램 알파고AlphaGo는 2016년 바둑의 최고수인 이세돌李世乭과 대결해 4승 1패로 이세돌에게 승리하였다. 인간과 '지능적' 인공물의 대결은 인간이 게임 자체보다 더 위대한 게이머가 되고자 하는 열망으로 지능을 자유자재로 발휘하

[206] 보드리야르, 『암호』, 132쪽.
[207] 보드리야르, 『암호』, 135쪽.

는 기계와 싸우는 (기술문명의) 초보 단계의 좋은 예이다.

인간은 온 힘을 다하여 자신보다 더 강력한 기계를 만들어 내기를 열망하며, 동시에 기계를 지배하고 싶어 한다. 따라서 인간은 자신보다 탁월한 인공물에 대한 유토피아에 사로잡히게 되며, 체면을 세우기 위해 그것과 싸워서 이겨야 한다고 보드리야르는 말한다.

보드리야르는 "인공지능에서 가장 중요한 것은 기계가 더 이상 기계와 흡사하지 않고 '사유하기' 시작한다는 것이다"[208]라고 강조한다. "모든 것은 영역의 선택 속에 있다. 이상적인 지능과 싸우는, 인간은 자신의 인공물에 의해, 자기 자신의 그림자에 의해 패배 당하게 된다."[209]

보드리야르는 이것이 인공지능과 인간의 미래에 대해 예측할 수 있는 가장 일반적인 모델이라면서 "사람들은 가상 속에서 실재의 사라짐을, 정보 속에서 사건의 사라짐을, 인공지능 속에서 사유의 사라짐을"[210] 숙명적 사건으로 받아들여야 할 것이라고 예언한다.

---

[208] 보드리야르, 『암호』, 139쪽.
[209] 보드리야르, 『암호』, 140쪽.
[210] 보드리야르, 『암호』, 143쪽.

보드리야르는 "모든 슬픔과 슬픈 일은 악의 필연적인 가역성 (시간이 흐르는 동안 물체의 운동이 변화했을 때 시간을 거꾸로 되돌린다면 처음의 물체 상태로 되돌아갈 수 있는 성질을 말한다)이 우리를 매혹하는 것에 따른다"[211]고 말한다. 즉 인공지능에 의해 인간이 사라지는 것은 마치 악의 필연적인 가역성과도 같다는 것이다. 그렇지만 인간은 그런 슬픔에 매혹당하고 있다는 것이 보드리야르의 진단이다. 현실은 말하자면 환각의 절정이다.

따라서 인간의 종말이 예고되어 있는 현실 속에서 역설적인 사유, 곧 급진적인 사유가 요구된다는 게 보드리야르의 주장이다. 사유의 급진성이란 사태의 근원에까지 이르는 것이며 현실을 의심하고 현실을 갈고 닦는 것이다. 사유의 급진성은 현실에 대해 더 많이 아는 것이 아니라, 현실의 다른 쪽을 뛰어넘는 것이라고 보드리야르는 강조한다. 오늘날 불확실성은 도처에 범람하고 있다. 우리의 모든 체계는 이 극단적인 불확실성에서 벗어나고 불가능한 교환의 숙명을 피하기 위해 필사적인 노력을 하고 있다. 그리하여 보드리야르는 체계나 코드가 승리를 거두었다는 것을 가정으로 제시한 후, 사유를 넘어서는 것을 생각해 내려고 한다.

211 보드리야르, 『암호』, 162쪽.

보드리야르는 "인공지능으로 환원될 수 없는 것은 무엇인가"라는 물음을 제기하면서, 그는 어떤 면에서 다른 것으로 빨리 옮겨 가기 위해서는 가상현실에 저항하지 않는 편이 낫다고 생각한다. 요컨대 우리는 그 모든 형태로 현실과 가상 지능을 창조해 내어 궁극적인 해결을 모색해야 한다는 것이다.[212] 이 말은 어쩌면 인간의 운명은 인공지능이라는 망에서 벗어날 수 없고 그 망 속에서 생존을 구하는 편이 나을지도 모른다는 암울한 진단 같다.

궁극적으로 인공지능과 인간은 불가능한 교환의 관계여야 한다. 그러나 인간은 인공지능을 개발해 인간과 교환이 가능한 관계를 꿈꾼다. 이 환상이 인류를 숙명적 사건으로 내몬다. 인공지능은 결국 인간의 종말로 귀결된다며, 보드리야르는 극단적인 비관주의를 드러낸다.

---

212 보드리야르, 『암호』, 183-184쪽.

3

보드리야르 깊이 읽기

1
하이퍼리얼 저지기계

1) 시뮬라시옹 질서와 저지기계

여기서는 하이퍼리얼의 저지기계로서 보드리야르가 분석한 미국의 '워터게이트 스캔들'과 '디즈니랜드'를 중점적으로 살펴볼 것이다. 이를 바탕으로 9·11 테러 이후 서구, 특히 미국이 미디어를 활용해 조장한 '폭력적 이슬람'의 이미지가 어떻게 '폭력적 미국'을 은폐하는 저지기계로 작동 하는지를 분석할 것이다. 이어 논의를 진전시켜 현실의 외설적 성모럴moral을 은폐하는 저지기계로서 포르노그래피와 스캔들에 대해 학제적인 분석을 시도하고자 한다. 특히 영화 등 영상매체가 어떻게 하이퍼리얼의 저지기계 역할을 하는지도 아울러 살펴볼 것이다.

(1) 유아적 현실의 저지기계로서 놀이동산: 디즈니랜드

미국의 디즈니랜드와 같은 장소를 떠올릴 때면, 우리는 흔히 현실의 환상적 재현, 현실의 극단적인 시뮬라시옹이라는 관점을 취한다. 그러나 보드리야르는 디즈니랜드를 시뮬라시옹의 '세 번째 단계[01]에 속하는 것으로 간주한다. 첫 번째 단계의 시뮬라시옹은 소설이나 그림 혹은 지도에서처럼 현실과 그 재현 사이의 경계가 명확한 것이다. 그러나 두 번째 단계의 시뮬라시옹은 현실과 재현 사이의 경계가 불분명하다. 보드리야르는 보르헤스의 우화 '과학에서의 정확성에 대하여'를 사례로 제시하는데, 이 우화에서는 "제국의 지도 제작자들이 극도로 정밀한 지도를 만들어서 결국은 지도가 제국의 전 영토를 거의 덮어 버리고 만다." 다시 말해서 그 '지도'와 현실이 더 이상 명확히 구별되지 않으며, 따라서 그 지도는 어떤 의미에서 현실만큼이나 현실 같게 된다. 세 번째 단계의 시뮬라시옹은 이마저도 초월한다. 이 시뮬라시옹은 '하이퍼리얼' 혹은 "원본이 없거나 리얼리티를 상실한 현실의 모델"을 창출한다. 이 단계의 시뮬라시옹에서는 예컨대 지도가 영토에 선행하는 것처럼 질서가 전도되어 모델이 현실을 선행하게 되는 것이다. 또한 현실과 재현 중 어떤 것이 먼저인지도 상관없게 되는 것이다.[02]

보드리야르는, 디즈니랜드는 현실이 허구적이지 않다는 것을

---

01 세 번째 단계의 시뮬레이션의 경우 내비게이션을 예로 들 수 있다. 내비게이션을 보고 운전하다 보면 내비게이션의 지시(재현) 내용이 실재를 선행한다. 때로 내비게이션이 잘못 안내를 해도 운전자는 지시 내용에 따르게 된다.

02 리처드 레인, 앞의 책, 157-158쪽.

사람들에게 재생해 주고자 설치된 것이라며 하이퍼리얼의 '저지
기계'에 해당한다고 주장한다. 디즈니랜드는 미국 전체가 디즈니
랜드처럼 유치하다는 사실을 막아 주는 저지기계 역할을 한다는
것이다. 그는 "디즈니랜드의 상상세계는 참도 거짓도 아니고, 실
재the real의 허구를 미리 역으로 재생하기 위해 설치된 저지기계
이다"라고 말한다.

> 디즈니랜드는 '실제의' 나라, '실제의' 미국 전체가 디즈니랜드라는
> 사실을 감추기 위하여 거기 있다(마치 감옥이 사회 전체가 감방이라는 사
> 실을 감추기 위하여 거기 있는 것과 약간은 유사하게). 디즈니랜드는 다른
> 세상을 사실이라고 믿게 하기 위하여 상상적 세계로 제시된다. 그
> 런데 사실은 그를 감싸고 있는 로스앤젤레스 전체와 미국도 더 이
> 상 실제가 아니고 초과실재와 시뮬라시옹 질서에 속한다.[03]

디즈니랜드는 상상의 세계를 성공적으로 구현하여 군중들을
끌어들이고, 끌어들여진 군중들은 그곳이 상상의 세계를 성공적
으로 구현했다고 믿는다. 하지만 사실 디즈니랜드는 상상의 세

---

[03] 보드리야르, 『시뮬라시옹』, 40쪽.

계를 아기자기하게 구현한 곳이라기보다는 실제 미국 사회를 모방한 축소판이라는 것이다.

디즈니랜드는 모든 종류의 얽히고설킨 시뮬라크르들의 완벽한 모델이다. 그러나 군중들을 끄는 것은 틀림없이 상상보다는 훨씬 더이곳이 사회의 축소판이라는 사실이다. 실제 미국 사회가 가하는통제 그리고 그 사회가 제공하는 기쁨을 축소시켜 경험하는 데에서 오는 근엄한 즐거움이다.[04]

달리 말하면 비이성적인 도취에 휩싸이게 하는 가짜의 장치들,이른바 시뮬라크르로 이루어진 디즈니랜드는 하이퍼리얼 저지기계로서 미국 전체가 디즈니랜드와 같은 시뮬라크르가 아니라는 것을 보여 주기 위해 존재한다고 보드리야르는 주장한다. "이세계가 어린애 티를 내려 하는 이유는, 어른들이란 다른 곳, 즉'실제의real' 세상에 있다고 믿게 하기 위함, 그리고 진정한 유치함이 도처에 있다는 사실을 숨기기 위함이며, 어른들의 유치성 그자체가 그들의 실제 유치성을 환상으로 돌리기 위하여 여기서

---

04 보드리야르, 『시뮬라시옹』, 39쪽.

어린애 흉내를 낸다."[05]

보드리야르는 따라서 "디즈니랜드의 상상세계는 참도 거짓도 아니고, 실재의 허구를 미리 역으로 재생하기 위하여 설치된 저지기계이다"[06]라고 말한다. 디즈니랜드에는 호들갑스럽고 유치하고 유아적인 어리석음이 지배한다. 괴짜와 광기, 비합리성, 유혹, 마법으로 둘러싸인 거대한 성이다. 그러나 세상은 디즈니랜드처럼 유치하고 유아적 세상이어서는 안 된다. 현실이 광기와 비합리성, 유혹과 마법이 넘쳐나고, 우스꽝스럽고, 괴기스러워서는 안 되기 때문이다.

인간은 이성적인 만물의 영장이라고 하는데 사회 또한 그에 합당하게 이성적이고 합리적이어야 한다. 이처럼 디즈니랜드가 하이퍼리얼의 저지기계로 존재함으로써 사람들은 그 영역 안에서만 비합리적인 일들이 일어나고 디즈니랜드 바깥에서는 합리적인 일들이 일어난다고 여기게 된다. 말하자면 "디즈니랜드는 그러한 유아적 어리석음의 영역 바깥에는 합리성이 존재한다는 사실을 우리에게 확신시키고자 존재한다는 것이다."[07]

---

05 보드리야르, 『시뮬라시옹』, 41쪽.
06 보드리야르, 『시뮬라시옹』, 41쪽.
07 리처드 레인, 앞의 책, 164쪽.

그런데 사실은 디즈니랜드 바깥의 영역에서도 디즈니랜드와 똑같은 일들이 도처에서 재현되고 있다는 게 보드리야르의 주장이다. 디즈니랜드는 다른 세상이 실재라고 믿게 하기 위하여 가상적으로 제시되지만 이를 둘러싸고 있는 현실의 도시, 나아가 전 미국 사회가 더 이상 실재가 아니며 우스꽝스럽고 비이성적이고 유치한 디즈니랜드와 다를 바 없다고 한다.

(2) 부패 정치세계의 저지기계로서의 스캔들: 워터게이트

흔히 유명인들과 관련한 좋지 못한 일들이 일어나면 이를 '스캔들scandal'이라고 한다. 우리 사회에서도 연중행사처럼 스캔들이 정치권력이나 미디어에 의해 혹은 두 기관의 합작품으로 '생산'되곤 한다. 이때 스캔들은 대체적으로 매우 충격적이고 부도덕한 사건, 또는 불명예스러운 평판이나 소문을 뜻한다. 그리고 정부나 정치권력과 관련된 대형 비리 의혹 사건은 이른바 '게이트gate'라고 한다. 게이트란 1972년 6월 발생한 미국의 워터게이트Watergate 사건에서 유래했다. 당시 미국의 대통령 리처드 닉슨Richard Nixon은 재선을 위해 비밀공작반을 워싱턴의 워터게이트 빌딩에 있는 민주당 전국위원회 본부에 침투시켜 도청 장치를 설치하려다 발각된 사건이다.

그런데 워터게이트 사건에 대해 보드리야르는 『시뮬라크르와 시뮬라시옹』에서 다음과 같이 흥미로운 분석을 한다. "워터게이트는 워터게이트 그 자체가 하나의 스캔들이었다는 생각을 주입하는 데 성공하였다."[08]

워터게이트 사건이 대통령을 사임하게 만든 거대 정치 스캔들이라는 사실은 이미 명백하게 밝혀졌다. 그런데 '스캔들로' 주입하는 데 성공했다는 말에는 고개가 갸우뚱해질 것이다. 여기에 더해 보드리야르는 다음과 같이 덧붙인다. "워터게이트는 스캔들이 아니다. 왜냐하면 바로 이것이 모든 사람들이 감추려고 하는 점이기 때문이다."[09] 그는 나아가 "이를테면 옛날에는 사람들이 스캔들을 감추려고 노력했다, 그러나 오늘날은 그건 스캔들이 아니라는 것을 감추려고 애를 쓴다"[10]고 말한다.

보드리야르에 따르면 스캔들을 숨기는 경우는 자본이 도덕적이라고, 즉 자본 뒤에 도덕이라는 배경이 있다고 믿는 경우다. 이때 진실이나 진리에 해당하는 도덕을 위반한 자본은 스캔들에 속한다. 그러나 스캔들이 아니다라는 사실을 숨기는 것은 자본

---

08 보드리야르, 『시뮬라시옹』, 43쪽.
09 보드리야르, 『시뮬라시옹』, 45쪽.
10 보드리야르, 『시뮬라시옹』, 44-45쪽.

의 뒤에는 도덕이라는 배경이 없다는 사실을 숨기는 것과 동일하다. 지금까지는 자본이 도덕의 이름으로 권력을 행사해 왔는데, 이 결합이 깨지면 권력의 정당성이 상실되기 때문에 이 결합의 부재를 숨겨야 한다. 그러므로 스캔들이 아니라는 사실을 숨겨야 한다.[11]

보드리야르의 이 말은 역설적으로 "세상은 거대한 모순 덩어리"라는 사실을 강조한 것이다. 정치적 부패사건은 비단 닉슨 대통령에게만 해당되는 사건이 아니었다. 닉슨이 행한 도청은 이미 미국의 정치세계에서 공공연한 비밀이었다. 존 F. 케네디John F. Kennedy 대통령도 대선기간에 공공연히 상대 진영을 도청했다. 그런데 닉슨 대통령의 도청이 비로소 정치적 사건으로 언론에 의해 공개되기 시작한 것이다. 다시 말하자면 닉슨의 도청행위는 닉슨뿐만 아니라 케네디 등 미국 정치인들이 즐겨 쓰던 '관행'[12]적인 수법이었다. 선거 캠페인에 공공연하게 활용했지만 그 이전까지는 닉슨만큼 정치적 사건으로 부각되지 않았을 뿐이었다.

---

11 보드리야르, 『시뮬라시옹』, 44쪽 역주.

12 월스트리트 저널지의 명예편집장이었던 버몬트 로이스터는 "워터게이트 사건에서 문제가 된 도청, 정적에 대한 스파이 행위, 비행의 은폐공작 등은 루스벨트와 닉슨에 이르기까지 근대 역사 속에서 얼마든지 전례가 있다"고 말했다(빅터 라스키, "대통령의 범죄", 신동아, 1980년 6월호, 444-493쪽; 최효찬, 「한국 신문의 논제구축에 관한 연구」, 연세대 석사논문, 1996, 39쪽 참고).

하지만 워터게이트는 닉슨만 도청을 했다는 식으로 스캔들이 됨으로써 다른 정치세계는 도청을 하지 않았다는 것을 드러내는 저지기계의 역할을 했다는 것이다. 그래서 보드리야르는 "워터게이트는 워터게이트 그 자체가 하나의 스캔들이었다는 생각을 주입하는 데 성공하였다"고 주장한다. 워터게이트 사건의 전모가 폭로되고 닉슨이 부도덕한 정치인의 표상이 되는 상상적 효과를 낳아 닉슨 이외의 부패한 정치인이나 정치세력의 스캔들을 감추고 은폐시켜 버린다는 것이다. 따라서 그는 "(워터케이트의) 스캔들을 통해서 도덕적, 정신적 원칙을 재생하려고 하는 것이나 (디즈니랜드의) 상상을 통해서 잃어버린 사실성의 원칙을 재생하고자 하는 것은 동일한 작전"[13]이라고 주장한다. 워터게이트 사건은 부패와 부도덕성이, 권력과 자본의 항구적 본질이라는 사실로 드러나는 것을 막는다. 그리고 그것을 우연한 일탈로, 즉 '스캔들'로 비쳐지게 하는 데 성공했다는 말이다.

이와 같이 정치집단이 모두 부패집단으로 낙인찍힐 경우 사회적 신뢰를 상실하고 심한 경우 사회붕괴로 이어질 수 있다. 따라서 이러한 저지전략으로 워터게이트와 같은 정치 스캔들이 필요

---

13 보드리야르, 『시뮬라시옹』, 43쪽.

하다고 보드리야르는 주장한다. 그래야만 정치세계가 도덕적이라는 인식을 사람들이 갖게 되고 사회질서를 유지할 수 있기 때문이다.

워터게이트 이야기는 다음과 같이 요약될 수 있다. 불법침입사건으로 인해 자본주의적 민주주의를 담당하는 정부가 준법적이라는 기대가 무너졌다. '선로를 이탈한' 정부의 스캔들과 은폐 시도가 점차 공개되고, 부패한 사람들이 해임되거나 쫓겨났으며, 그 자리를 합법적 과정에 따른 정통성 있는 인사들이 대체했다. 그리하여 민주주의는 다시 회복되었다.[14]

그러나 보드리야르는 이와 다른 관점을 취한다. 그는 우리가 부끄러워해야 할 것은 부패한 정부가 아니라고 주장한다. 정말로 부끄러운 것은 워터게이트가 폭로한 정부의 '진실'에 가까운 모습이다. 이러한 사건이 구조적으로 필연적인 '사실'이 아니라 탈선에 불과하다는 주장 때문에 그 '진실'은 은폐되었다. '워터게이트'에서 폭로된 것은 "정부는 괴물 같고 무원칙한 집단, 그 이

<hr>

14 리처드 레인, 앞의 책, 154쪽.

상도 이하도 아니다"라는 사실이다. 따라서 정말로 스캔들이 발생하는 순간은 워터게이트 건물 불법 침입이나 그 이후의 은폐 기도가 폭로된 순간이 아니라, 닉슨 정권의 몰락 및 포드 대통령의 취임과 함께 소위 '질서'가 회복되어 정부는 구조적으로 무원칙한 집단이라는 폭로 그 자체가 은폐되었을 때이다.[15] 다시 말하자면《워싱턴포스트》등 언론에 의해 폭로된 워터게이트는 정부가 무원칙한 집단이라는 사실을 숨기고(광범위한 행정부의 탈선과 만연한 부패 등) 닉슨 행정부의 불법도청만 폭로하고 있다는 것이다.

결국 워터게이트는 "도덕과 정치적 원칙"을 되살리려는, 필요에 따라 만들어진 스캔들이라고 보드리야르는 비판한다. 워터게이트 사건이 스캔들로 만들어짐으로써 실재하는 현실의 정치적 부도덕성과 부패는 은폐되고, 정치도덕의 질서가 새롭게 회복되었다고는 착각을 만든다. 이에 대해 보드리야르는 "세계적 차원에서 적당량의 정치도덕의 주입이 그것이다"[16]라고 말한다. 마치 환자에게 주사를 놓듯이 워터게이트 사건이 부패한 정치사회에 도덕성 회복의 주사를 준 것과 같다는 것이다.

보드리야르의 분석은 여기서 그치지 않는다. 심지어 보드리야

---

15 리처드 레인, 앞의 책, 155쪽.
16 보드리야르, 『시뮬라시옹』, 43쪽.

르는 워터게이트를 파헤쳐 하나의 부도덕한 정치 스캔들로 만든 《워싱턴포스트》의 기자 밥 우드워드Bob Woodward와 칼 번스타인 Carl Bernstein을 비판한다. 보드리야르는 이들을 "부도덕한 자본에 자발적으로 봉사하고 있다"고 표현하기까지 한다. "대중의 도덕 성을 회복하려는 누구건 (분개, 고발에 의해서) 이 부도덕한 자본을 위해서 자발적으로 봉사하고 있다. '《워싱턴포스트》의 기자들'이 그렇다."[17]

보드리야르는 "자본의 순간적인 잔인성, 그의 이해할 수 없는 잔혹함, 그의 근본적인 부도덕성, 이게 바로 스캔들적인 것"[18]이 라고 말한다. 말하자면 정치적 게이트든 스캔들이든 중요한 것 은 자본의 근본적인 부도덕성을 간과해서는 안 되며 이게 스캔 들적인 것의 핵심이라고 보드리야르는 말한다.

이는 언론 자유에 대한 아이러니가 아닐 수 없다. 부조리를 고 발하여 미국의 현직 대통령을 하야시키는 데 결정적인 공헌을 한 언론의 자유에 또 다른 이면이 존재함을 역설한 것이다. 즉 보 드리야르는 언론의 자유와 스캔들 보도의 이면에는 실제로 이런 측면이 존재한다고 본다. 워터게이트의 경우에서 두 기자의 폭

---

17 보드리야르, 『시뮬라시옹』, 43쪽.
18 보드리야르, 『시뮬라시옹』, 100쪽.

로로 오히려 정치세력과 그 배후의 자본가들이라는 거대한 악이 은폐되었다는 것이다. 하나의 악에 상징적인 제재와 벌을 가한 것은 분명 사실이지만 그렇게 함으로써 또 다른 광범위한 악의 세력에게 면죄부를 주었다는 비판이 바로 그것이다.

2008년 4월 미국산 쇠고기의 광우병 위험을 파헤친 〈PD수첩〉[19] 제작진에게 보드리야르의 이러한 관점을 적용할 경우 유사한 비판이 가해질 수 있다. 즉 미국산 쇠고기의 광우병을 파헤친 〈PD수첩〉의 제작자들은 결국 미국산 쇠고기에 광우병을 낙인찍음으로써 이명박 정권[20]과 미국의 자본을 하나의 거대한 스캔들로 만들어 부도덕성을 주입하는 데 성공했다. 하지만 호주나 뉴질랜드의 수입산 쇠고기에 대해서는 상대적으로 광우병에 걸리지 않는다는 이미지를 심어줌으로써 '안전한 쇠고기'라는 시뮬라크르

19 MBC는 2008년 4월 29일 〈PD수첩〉에서 방영한 '긴급취재 미국산 쇠고기, 과연 광우병에서 안전한가?'라는 제목으로 방송했다. 여기서 진행자가 다우너 소(주저앉는 소)를 광우병에 걸린 소라고 지칭했는데 이게 광우병에 대한 위험을 증가시키는 결정적인 계기가 되었다. 이후 왜곡방송 시비가 붙자 MBC는 생방송 도중 다우너 소를 '광우병 소'라고 지칭한 것은 실수였다고 해명했다.

20 한·미 FTA는 노무현 전 대통령 집권 시기인 2006년 6월 5일 협상을 시작해 2007년 4월 2일 정부 간 협상이 타결됐고, 2008년 4월 18일 당시 이명박 정부는 광우병 위험 부위의 수입을 허용하는 내용이 포함된 한미 쇠고기 협상 결과를 발표했다. 이어 2010년 12월 3일 재협상이 타결됐다. 2011년 10월 21일 버락 오바마 전 미국 대통령이 한·미 이행법안에 서명했고, 이후 한 달 만인 2011년 11월 22일 대한민국 국회에서 여당 단독으로 한·미 FTA 비준안을 통과시킴으로써 한·미 양국은 발효 준비작업을 거쳐 발효되었다. 따라서 한·미 FTA의 협상 결과는 이명박 정권만의 문제는 아니었다고 볼 수 있다.

를 낳았다. 결과적으로 〈PD수첩〉의 광우병 보도는 호주나 뉴질랜드 쇠고기를 파는 자본에게 이득을 안겨 준 것이다. 보드리야르의 논법으로 말하자면, 호주나 뉴질랜드산 쇠고기라고 해서 모두 광우병으로부터 안전하다고 할 수 없고, 이들 자본가들 또한 모두 도덕적이라고 말할 수 없다. 하지만 미국의 쇠고기와 관련한 자본을 악으로 규정함으로써 이명박 정권 이외의 다른 정치세력과 호주나 뉴질랜드의 자본들은 일종의 면죄부를 받았다. 보드리야르가 《워싱턴포스트》 기자들이 워터게이트를 폭로함으로써 닉슨과 닉슨 행정부를 부도덕한 정치 집단으로 만들었고 그 외의 정치세력에 대해서는 상대적으로 도덕적이라는 면죄부를 주었던 것처럼 말이다. 〈PD수첩〉 제작진 또한 《워싱턴포스트》의 두 기자에게 가해진 비판을 동일하게 적용할 수 있을 것이다.

보드리야르는 현대 소비사회에서의 하이퍼리얼 현상에 대해 극도로 회의적인 시각을 드러내고 있다. 권력의 도청관행을 폭로한 워터게이트 사건에 대해서도 오히려 전반적인 정치인과 정치권력의 부도덕성을 은폐해 주는 결과를 초래했다고 주장한다. 그러나 '광우병 보도'에서 보듯이 미디어의 과잉이미지 보도로 인한 하이퍼리얼을 초래했지만, 다른 한편으로는 오만한 지배 권력을 견제하는 사회적 기능을 수행했다고 볼 수 있다. 광우병의 하이퍼리얼 생성은 정치권력의 독단적인 정책 추진에 대한 국민적 저항으로 전개되면서 권력을 견제하는 등 민주주의의 회복에 기여했다고 분석할 수 있다. 그러나 워터게이트에서 고찰했듯이 정치적 질서 등 민주주의의 회복은 일시적인 착각이라고 보드리야르는 강조한다. 〈PD수첩〉이 광우병을 보도한 지 11년이 지났지만 광우병은 우리 사회에서 발생하지 않고 있다. 그런 점에서 광우병 보도는 사실보다 시뮬라크르화된 정보의 과잉보도로 인한 언론자유의 역기능[21]이 함께 드러난 보도였다고 분석할 수 있다. 광우병 파동은 미디어에 의한 시뮬라시옹 과정을 통해 구성된 시뮬라크르가 실재를 갈취하면서 거대한 하이퍼리얼의 현실로 구성한 대표적인 사례라고 해도 지나친 말은 아닐 것이다.

보드리야르는 워터게이트와 디즈니랜드 두 가지 사례의 실질적 기능은 세계에서 무슨 일이 일어나고 있는지를 "은폐"하는 것이라고 주장했다. 그때 은폐된 실제 세계는 유아적 퇴행성이 지배하는 세계이거나 위선적이고 이중적인 특질을 본질로 하는 세계이다.[22] 이와 같이 보드리야르가 제기한 하이퍼리얼 현상은 일

---

21 〈PD수첩〉의 광우병 보도는 광우병 문제를 촉발시키는 기폭제가 되었지만 정부 비난을 목적으로 일부 증거가 조작됐다는 주장이 제기됐다. 해당 문제는 법정으로 가게 됐고 공방 끝에 2011년 9월 2일 대법원에서 제작진 전원 무죄 판결을 받았다. 그러나 일부 보도 부분(다우너 소, 아레사 빈슨의 사인, 한국인 MM형 유전자가 광우병 발병률이 높음)이 허위사실에 해당한다고 판결받았다.

종의 가상현실이 만들어져서 현실의 모델 자리를 갈취하고 이를
실재라고 믿게 한다.

2) 하이퍼리얼의 저지기계 사례

(1) 폭력적 미국을 은폐하는 폭력적 이슬람 영화들:
영화 〈킹덤〉, 〈내 이름은 칸〉, 〈뮌헨〉

보드리야르는 『시뮬라크르와 시뮬라시옹』에서 계몽의 영향
력이 상실되는 현실에 대해 대단히 냉소적이고 비판적인 입장
을 견지하고 있다. 그는 모델들이 지식을 생산할 뿐만 아니라 정
부와 거대 미디어가 그러한 모델들을 정확하게 통제한다고 말한
다.[23] 컴퓨터 소프트웨어 혹은 그와 유사한 체계들이 하이퍼리얼
을 효과적으로 만들어 낸다고 보드리야르는 주장한다.[24]

전쟁보도의 경우, 뉴스는 시청자뿐만 아니라 전쟁과 관련된 사
람들을 위해서 전쟁의 '리얼리티'를 생산한다. 따라서 선전 선동
은 새로운 층위에서 행해진다. 선전 선동은 실제로 벌어지는 일

22 리처드 레인, 앞의 책, 184쪽.
23 리처드 레인, 앞의 책, 172쪽.
24 리처드 레인, 앞의 책, 175쪽.

을 다소 왜곡된 방식으로 재현하는 것이 아니라, 앞으로 일어날 일들, 즉 그 투쟁의 다른 편에 있는 군대에서 무슨 일이 일어날 것인지 미리 구상하는 것이다. 그리하여 결국 예견된 일이 발생하게 된다. 따라서 하이퍼리얼의 선전 선동은 마치 냉전처럼 물리적 전투 없이 행해지는 또 다른 전쟁이다. 그것은 영상에 비추는 시뮬라시옹을 통해 예견된 결과가 실제로 발생하리라는 것을 확신시키고자 하는 싸움이다.[25]

이러한 보드리야르의 관점에서 영화 〈킹덤〉과 〈내 이름은 칸〉 그리고 〈뮌헨〉의 시뮬라크르들이 어떻게 하이퍼리얼을 생성하고, 그 모델들이 어떻게 이슬람 세계에 대한 과격성과 폭력성을 증식하면서 어떻게 폭력적 미국의 저지기계의 역할을 수행하는지 살펴보고자 한다.

초과실재의 전략인 저지기계의 실제 사례는 9·11 테러 이후 영상매체로 재현된 하이퍼리얼을 이용하여 이슬람에 대한 과격 이미지를 덧칠하는 전략에서도 확인할 수 있다. 미국은 9·11 테러 이후 아랍과 이슬람교도들에게 대대적으로 과격 이미지를 씌웠다. 그 결과 아랍인들과 이슬람교도들은 서구 사회에서 무분

---

25 리처드 레인, 앞의 책, 173-174쪽.

별한 '마녀사냥'에 시달려야 했다.

서구의 뉴스 미디어뿐만 아니라 할리우드 영화도 저지기계를 수행한다. 영화 속 '폭력적 이슬람'의 이미지가 덧칠된 시뮬라크르들은 영화를 보는 관객에게 '이슬람 세계는 과격하고 세계 평화를 위협하는 세력'이라는 인식을 갖게 했다. 영화를 본 관객들의 인식 속 아랍인은 할리우드 영화 속 테러리스트의 모습으로 대체되는 것이다. 테러의 공포에 휩싸인 세계에서 테러리즘으로 점철된 아랍인의 이미지는 점차 현실이자 실재가 되었다.

영화 속 시뮬라크르를 통해 '폭력적 이슬람'의 이미지가 만들어지고 이는 '폭력적 미국'을 은폐하는 효과를 낳는다. 먼저 '폭력적 이슬람'이라는 하이퍼리얼을 만들어 폭력적 미국을 은폐하는 사례로 영화 〈킹덤The Kingdom〉을 분석해 보고자 한다. 영화 〈킹덤〉은 피터 버그가 감독을 맡은 액션 영화로, 2007년 9월 미국에서 개봉했으며, 미국 박스오피스 2위에 오른 흥행작이다. 흥행한 만큼 무슬림 테러리스트의 시뮬라크르를 미국인들에게 확실히 각인시켜 준 전형적인 할리우드 영화라고 할 수 있다.

이 영화는 '무슬림=테러리스트'라는 시뮬라크르를 의도적으로 시뮬라시옹하고 있다. 영화 초반, 미국 정유회사의 직원들과 그들의 가족이, 리야드라는 미국인 거주 지역에서 소프트볼을 하며 평화로운 한때를 보내고 있다. 그러던 중 테러리스트들이 지프를 타고 나타나 이곳을 휩쓸면서 그들에게 총을 난사한다. 황급히 대피하는 미국인들을 유도하던 사우디 경찰이 갑자기 "알라는 유일신이며 모하메드는 알라의 사자다"라고 말하면서 수류탄으로 자폭한다. 밤이 되어 아수라장이 된 거주 지역에 구급차와 경찰 등 구조를 위한 인력들이 모여들고, 그들을 겨냥한 2차 폭탄 테러가 다시 발생하게 된다. 사우디 경찰조차 폭력적인 테러 집단으로 그려지는 것이다. 아이 앞에서 테러리스트의 총에 무참히 살해되는 아버지의 장면을 넣음으로써 무슬림 테러리스트의 잔인성을 부각시키고, 자폭하기 직전 아랍어로 신에 대한 기도를 올리는 장면을 넣음으로써 테러리스트의 종교적 광신을 강조한다. 영어 속에서 갑자기 튀어나오는 낯선 아랍어는 관객(미국인)들에게 아랍민족에 대한 이질감과 거부감을 높이는 효과를 낳는다. 이 같은 영화 속 테러 장면은 무슬림 테러리스트를 만드는 전형적인 시뮬라시옹의 예라고 할 수 있다.

〈킹덤〉은 테러 장면이나 무슬림 테러리스트의 모습 등을 매우 사실적으로 그려 내고 있는 영화다. 하지만 그 '사실성'은 실제 무슬림들, 실제 이슬람문화를 묘사하고 있지 않다. 대신 이 영화의 사실적인 이미지가 묘사하고 있는 무슬림의 모습은 '극단적인 광신자이자 테러리스트'라는, 하나의 거대한 하이퍼리얼이다. 그런 식으로, 이 영화는 이슬람 테러리스트 이미지를 만들어 내고 있다.

2011년 4월 우리나라에서도 개봉된 인도 영화 〈내 이름은 칸 My Name is Khan〉은 미국 사회를 지배한 반反이슬람 분위기에서 한 남자가 무슬림이라는 이유로 고충을 겪는 내용을 담고 있다. 지능지수는 높으나 자폐증에 시달리는 칸은 이슬람교도다. 그는 고향인 인도에서 어머니를 여의고 동생이 있는 미국으로 향한다. 이후 동생의 반대에도 불구하고 힌두교도인 싱글맘 만디라와 결혼하게 된다.

영화는 주인공의 삶을 통해 9·11 테러 이후 무슬림이 겪는 차별과 정신적 고통을 잘 묘사하고 있다. 9·11 테러가 터지고 무슬림들이 핍박받게 되면서 칸의 가정에도 불운이 찾아온다. 만디라와 그의 아들은 힌두교도지만, 남편인 칸이 무슬림이기 때문에 운영하던 미용실 문을 닫아야 했다. 동네에 칸 가족과 친하게 지내던 이웃의 저널리스트 가족이 있었다. 그 저널리스트가 아프가니스탄 전쟁에 종군기자로 갔다 희생되자 그의 아들마저 칸의 의붓아들을 적대시하게 된다. 칸의 의붓아들은 또래들에게 "빈 라덴이 너의 영웅이냐"라는 조롱을 듣게 된다. 아이는 이에 격분

해서 싸우다 집단 린치를 당해 급기야 죽게 된다. 결국 칸의 행복한 결혼생활도 파국을 맞이한다. 힌두교도였던 아내는 무슬림 남편과 결혼하면서 이슬람식 이름으로 개명한 일이 아들의 죽음을 불러왔다며, 칸과 더 이상 함께 살 수 없다고 선언한 것이다. 그리고 부인은 칸에게 미국 대통령을 만나 '나는 테러리스트가 아니다'라고 말해 보라고 한다. 이 말을 듣고 칸은 대통령을 만나기 위한 기나긴 여정에 오른다. 대통령을 만나 이슬람을 향한 미국인의 차가운 시선, 종교적 오해와 편견을 고발하기 위해서다. 이 영화에서 "내 이름은 칸입니다. 나는 테러리스트가 아닙니다"라는 대사가 반복되는 것은 이 때문이다.

칸은 아내와의 약속을 지키기 위해 미국 대통령이 있는 곳들을 쫓아다닌다. 어렵사리 한 대학교의 행사장에서 대통령을 만날 뻔 했지만 이때 "나는 테러리스트가 아닙니다"라고 중얼거리다 '테러리스트'라는 말을 했다는 이유로 FBI에게 심문을 받는다. 결국 천신만고 끝에 대통령을 만나게 되고 이렇게 말한다. "대통령님, 제 이름은 칸입니다. 저는 테러리스트가 아닙니다Mr. President, My name is khan. I'm not a terrorist."

무슬림에 대한 편견은 '아랍계 무슬림'[26]에게 더 가혹하다. 이슬람에 대한 과격 이미지와 테러리스트 낙인은 미디어 보도의 편견이 한몫하고 있다. 대부분 친서방 미디어들이 이슬람에 대해서는 '과격 테러리스트'라는 시각에 함몰되어 있기 때문이다. "9·11 이후 미국 사회에 '이슬라모포비아Islamophobia(반이슬람주의)'가 광범위하게 퍼졌다. 이슬람은 테러와 직결되는 이미지로 미국인들 사이에 각인됐다"[27]고 무슬림들은 말한다.

스티븐 스필버그 감독이 만든 영화 〈뮌헨Munich〉은 인간적 고뇌를 담고 있기는 하지만 폭력적 이슬람이라는 시뮬라크르를 재생산하고 있다. 영화 〈뮌헨〉은 1972년 뮌헨 올림픽에서 벌어졌던 팔레스타인 무장조직 '검은 9월단'이 이스라엘 측 올림픽 선수들을 납치해서 인질극을 벌이다가 11명을 전부 사살한 사건에서 시작된다. 그 후, 분노한 이스라엘 측에서 비밀조직을 결성, 팔레스타인에게 복수를 감행하고, 그 과정에서 주인공들이 겪게 되는 인간적 고뇌, 번민, 갈등을 그린 영화이다.

---

[26] 미국 공항에서 이집트 여행을 다녀오던 11살의 소년이 무슬림이라는 이유로 테러리스트로 몰릴 뻔한 사건도 있었다. "미국에서 태어난 무슬림인 무함마드 엘타헤르 군은 올해 겨우 11세인데 2월 텍사스주 댈러스 국제공항에서 테러리스트로 몰릴 뻔했다. 아버지와 함께 이집트 여행을 다녀오는 그에게 이민국 심사관은 30분 가까이 '이집트 여행 목적이 무엇이냐', '이집트에서 누구를 만났느냐', '왜 자주 이집트에 가느냐' 등의 질문을 퍼부었다. 당황해 제대로 대답을 못하자 심사대에서 이민국 사무실로 옮겨 30분 가량을 더 조사받은 후에야 가까스로 입국할 수 있었다"(정미경, "[9·11 그 후 10년, 삶이 달라진 사람들]⑵ 장벽-이슬람모포비아 狂風… 美 240만 무슬림 '고난의 10년.'", 동아일보, 2011.09.05).

[27] 동아일보(2011.09.05).

팔레스타인의 청년 알리가 말한 대사에 "Home is everything"이 있다. 이스라엘은 자신들의 조상이 살던 땅이라는 명분으로 중동전쟁을 일으키면서 팔레스타인 사람들이 살고 있던 땅을 이스라엘의 땅으로 만들어 버렸다. 그 와중에 집을 잃은 팔레스타인 사람들은 갈 곳을 잃고 방황하게 된다. 집을 뺏은 자들에게 집을 뺏긴 자들이 보내는 메시지가 "Home is everything"이다. 스필버그 감독은 이런 유의 대사들을 영화 곳곳에 투입함으로써 자기의 뿌리인 유대민족이 팔레스타인 민족에게 행하였던 행동들이 정당하지 못하였다는 사실을 암시하고 있다. 이렇게 스필버그는 이스라엘에만 카메라의 렌즈를 들이대는 대신에 팔레스타인에게도 자신들의 입장을 소리 높여서 말할 기회를 준 것이다.

영화는 모사드의 요원이었던 아브너가 뮌헨 테러 주도자들을 암살하기 위해 다른 요원들과 함께 암살단을 결성하여 팔레스타인 테러 용의자들을 암살하는 과정을 그린다. 이 과정에서 단순히 '악'에 대한 '선'의 응징으로 이 사건을 담고 있는 것이 아니라, 무엇이 진정한 악이고 선인가를 묻는 방식으로 이 사건을 다루고 있다. 팔레스타인의 독립을 위해 싸운다는 아랍인 알리와의 대화를 통해 아브너는 무엇이 이성이고 비이성인지에 대한 혼란에 휩싸이게 된다. 또한 함샤리를 암살하려다가 딸까지 살해할 수도 있는 긴박한 상황에 놓이면서 도덕적으로도 갈등하게 된다. 결국 이스라엘의 암살단은 테러 용의자를 암살하는 과정에서 그들 스스로가 누군가에게 또 다른 '악'이 되어 보복의 대상이 되는 역설적인 결과를 맞닥뜨리게 된다.

반면 암살된 테러 용의자들의 자리는 더 폭력성이 짙은 후임자에 의해 메워지게 되면서 이 복수의 연결고리는 뫼비우스의 띠처럼 안과 밖, 정의와 부정의를 알 수 없는 형태로 반복된다. 암살단이 오히려 다른 이들에 의해 암살되는 처참한 상황을 목격하게 되면서 아브너는 두려움에 휩싸인다. 하지만 이 영화를 보면 '검은 9월단'이 이스라엘 선수 11명을 죽인 사건의 이미지가 압도적으로 먼저 떠오른다. 팔레스타인이 그렇게 할 수밖에 없었던 이유를 영화 곳곳에 배치해 놓았기 때문이다. '검은 9월단'의 이스라엘에 대한 테러는 영화의 가장 첫 부분에 아주 강렬하게 묘사되어 있고 끝날 때까지 주요 이야기로 되풀이된다. 게다가 이스라엘의 비밀요원들이 팔레스타인 테러리스트들을 한 명씩 암살할 때에는 이 비밀요원들의 인간적 고뇌와 갈등을 깊숙이 드러낸다.

그러나 이 영화는 결국 '팔레스타인, 이스라엘을 상대로 무자비한 테러 자행'이라는 이미지를 강하게 심어 준다. 결국 〈뮌헨〉

이 객관적 시선으로 이스라엘과 팔레스타인의 문제를 다룬 것 같지만 카메라 앵글은 여전히 이스라엘을 긍정적으로 묘사하고 있다는 인상을 준다. 말하자면 팔레스타인인은 '테러리스트'라는 시뮬라크르의 연장이고, 이스라엘인은 '테러의 희생자'라는 시뮬라크르로 그려지고 있는 것이다.

영화라는 장르는 보드리야르가 정의한 시뮬라시옹을 현대사회에서 가장 충실하게 수행하는 매체라고 할 수 있다. 보드리야르는 시뮬라시옹을 지시대상 없는 이미지의 난무라고 보았으며, 기의 없이 기표의 상호작용 속에서만 생산되는 의미라고 규정했다. 그는 영화를 시뮬라시옹의 예로 들면서 영상이 역사적 실재와 관계없이 자기 자신에게 매혹되어 스스로를 반복적으로 재생산한다고 규정했다. 그는 "영화는 스스로를 표절하고, 스스로를 복사하며, 자신의 고전을 다시 반복하고, 자신의 원래 신화로 소급해 올라가며, 상실된 대상으로서 자기 자신에 의하여 매혹된다"[28]고 말한다. 그리고 그렇게 재생산된 이미지들이 거꾸로 현실을 구속하게 된다는 것이다.

기술발전이 급속도로 이루어지고 있는 현대사회에 이러한 하

---

28 보드리야르, 『시뮬라시옹』, 99쪽.

이퍼리얼을 만들어 내는 작업은 훨씬 더 사실적이고 정교한 형태로 이루어지고 있다. 그러한 작업을 주도하고 있는 대표적인 미디어가 바로 영화라고 할 수 있다. 특히 뉴스채널뿐만 아니라 영화는, 미국에서 9·11 테러 이후 이슬람세계에 대해 '테러리스트'라는 시뮬라크르를 만들어 내는 데 중요한 역할을 수행했다.

(2) 폭력적 미국을 은폐하는 폭력적 이슬람

테러리스트로서의 아랍인들은 수많은 할리우드의 영화와 매체상의 이미지를 통해 시뮬라시옹을 거치면서 더욱더 강렬한 이미지를 만들어 낸다. 시뮬라시옹 과정을 거쳐 현실을 압도하는, 더 현실적인 재현, 원본보다 더 원본의 행세를 하는 시뮬라크르가 만들어진 것이다. 사실 테러리스트라는 아랍인의 이미지는 9·11 테러로 새롭게 떠오른 이미지가 아니었다. 오랜 시뮬라시옹을 거쳐 만들어진 시뮬라크르였던 것이다.

뉴스채널과 영화 등 영상매체에서 그려지는 폭력적이고 과격한 이슬람의 시뮬라크르를 보드리야르의 하이퍼리얼 저지기계로 들여다보면 흥미로운 분석이 나온다. 바로 파괴적이고 폭력적인 미국의 모습을 은폐 혹은 저지하기 위한 전략으로, 뉴스와 영화 등 미디어를 통해 이슬람의 과격 이미지를 대대적으로 활용했다고도 볼 수 있는 것이다. 미국 등 서구 세계는 냉전종식 이후 또 하나의 '악의 축'으로 이슬람을 만들어 낸 것이다. 미국은 선량하고 이슬람만이 평화를 방해하는 세력이라고 볼 수는 없다. 이분법적으로 선과 악을 명쾌하게 구분할 수 없다. 미국인들은 아랍인들보다 더 평화적이라고 감히 말할 수 있을까. 9·11 테러 이후 아랍과 이슬람세력에 대해 과격한 이미지를 씌우고, 세계 평화를 파괴하는 세력으로 몰아감으로써 이에 맞서 싸우는 미국인과 서구인은 평화세력이라는 시뮬라크르가 만들어진 것이다. 미국이 과격하고 폭력적인 국가라는 이미지를 저지하기 위해 과격하고 폭력적인 이슬람이라는 시뮬라크르를 만들어 유포시킨 것이라고 볼 수 있다.

파괴적이고 폭력적인 것은 미국인도 예외가 아니다. 바로 9·11 테러 이후 '탄저균 테러'와 그 이전의 오클라호마 연방청사 테러는 이슬람세력이 아니라 다름 아닌 '미국인'이 저지른 테러였다. 그때 미국 언론과 수사당국은 그 배후로 이슬람세력을 꼽고 대대적으로 조사를 벌였다. 조지 W. 부시George W. Bush 전 미국 대통령은 사건 발생 한달 후 "알 카에다al-Qaeda가 화생 및 핵무기 테러를 시도하고 있다"며 알 카에다 연루설을 시사했고 이스라엘은 사담 후세인Saddam Hussein 당시 이라크 대통령이 연루돼 있다고 주장했다.

그러나 수사 결과 범인은 바로 미국인이었다. 2008년 8월 7일 미국 당국이 발표한 조사 결과에 따르면 2001년 9·11 테러 직후 미국인을 공포에 떨게 했던 '탄저균 테러'의 범인은 알 카에다 같은 반미세력이 아니라 미국 육군 소속 생물학자인 '브루스 아이빈스Bruce Ivins'로 밝혀졌다. 미국 법무부는, 수사망이 좁혀 오자 2008년 7월 29일 자살한 브루스 아이빈스가 단독 범인이라고 발표했다. 수사당국은 범행에 사용된 탄저균의 DNA 지문을 조사한 결과 아이빈스 실험실의 탄저균과 동일하다는 사실을 밝혀냈으며, 당시 탄저균이 묻은 편지를 부친 시간에 아이빈스가 혼자 실험실에 있었던 사실도 확인했다.

미국 등 서구 언론은 탄저균 보도에서도 편향된 시각을 고스란히 보여 주었다. 1995년 4월에 미국 오클라호마주 연방청사 테러에서, 처음 미 수사당국은 이를 과격 이슬람 분자의 소행으로 의심했다. 그러나 결국에는 미국 내 극우주의자인 '티머시 맥베이Timothy McVeigh'의 소행으로 밝혀졌다. 1995년 오클라호마주 연방청사에 폭탄이 터져 168명의 사망자가 발생했다. 범인 티머시 맥베이는 연방정부의 불법무기 소지 단속에 분노했고 연방정부는 개인의 자유를 억압하는 거대한 권력이라며 폭파를 결행했다고 고백했다.

오클라호마주 연방정부 건물에 테러가 발생했을 때, 미국 조지타운대학교 교수이자 이슬람·기독교 화해연구소장이었던 존 에스포지토John Esposit는 '이슬람의 위협'을 강조하는 미국 언론에 강하게 항의하며 미국 언론의 이슬람에 대한 잘못된 인식과 단순화된 편견의 위험성을 경고했다. 당시 CNN 등 미국의 주요 방송국 기자들이 던진 첫 번째 질문은 "오클라호마 지역에 어떤 이슬람 근본주의자들이 있는가?"라는 것이었다.[29] 이것은 테러는 당연히 이슬람교도들에 의해 저질러진 것이고, 이슬람은 과격한 근본주의 종교라는 등식으로 세상을 보고 있다는 단적인 예다. 그는 이런 현상이 이슬람에 대한 가장 잘못된 편견으로 이슬람을 지나치게 단순화, 일반화하는 것이라고 지적한다. 이슬람을 '이슬람 근본주의자', '이슬람 과격파' 등으로 단순화함으로써 이슬람 세계의 다양성과 포용성을 없애 버리고, 이슬람을 서방의 기독교 문명과 대립관계에 둔다는 것이다. 미국이 9·11 테러 이후 이슬람에 대한 과격한 이미지를 확대재생산하는 것은 폭력적인 미국을 은폐하기 위한 저지기계 또는 저지전략으로 이해할 수 있을 것이다.

[29] 정연주, "존 에스포지토 인터뷰 ― 그들은 냉전이후 새로운 적이 필요했다", 한겨레, 1998.07.08.

3) 외설스러운 성문화의 저지기계로서 포르노그래피

(1) 시뮬라크르로서의 포르노그래피

시노렐N. Signorielli은 "매체 이미지는 알리기 위한 것이 아니라 매혹하기 위한 것이다. 그래서 매체가 수용자들을 매혹하고 붙들어 가는 방법의 하나가 성이다"[30]라고 강조한다. 즉 성, 성행위, 성욕은 대부분의 시각적인 매체 내용에서 중요한 요소로, 현대적 성욕은 매체에 의해 계발되는 것이라고 할 수 있다.

보드리야르는 『유혹에 대하여』에서 매체의 모델에 의해 계발된 성욕이란 일종의 '시뮬라크르'라며 포르노그래피 역시 시뮬라크르라고 말한다. 보드리야르는 "진짜보다 더 진짜 같은 포르노그래피, 이것이 시뮬라크르의 절정이다"[31]라고 말한다.

보드리야르에게 시뮬라크르는 실제로는 존재하지 않는 대상을 존재하는 것처럼 만들어 놓은 인공물을 지칭한다. 시뮬라크르는 흉내 낼 대상이 없는 이미지이며, 이 원본 없는 이미지가 그 자체로서 현실을 대체하고, 현실은 이 이미지에 의해서 지배받게

---

[30] Signorielli, N., Sex and sexuality, p.51. In N. Signorielli (Ed.), *Mass media images and impact on health*. Westport, CT: Greenwood; 가브리엘 와이만, 『매체의 현실 구성론』, 김용호 역, 커뮤니케이션북스, 2003, 191쪽.

[31] 보드리야르, 『유혹에 대하여』, 79쪽.

되므로 오히려 현실보다 더 현실적인 것이다.

포르노의 경우 '원본'이 없고 또한 진실이라고 규정할 수 있는 것이 존재하지 않는다. 사실 포르노는 성적인 것의 역설적인 경계에 지나지 않는다. 포르노는 실재를 사실주의적으로 묘사한 것이고, 실재에 편집광적으로 사로잡혀 있는 것이다. 그럼에도 불구하고 포르노그래피는 마치 모델을 통해 성행위의 원본이나 진실이 존재하는 것처럼 위장한다. 포르노그래피는 스펙터클한 성행위를 모방하게 함으로써 시뮬라크르의 모방을 낳는다. 남성은 온갖 체위에 현혹되어 모방을 하고 여성은 성적 흥분에 상관없이 극화된 신음소리를 내야 한다. 즉 포르노그래피를 보는 사람들은 포르노그래피의 섹스 장면을 원본이라고 생각하면서 이를 현실에서 재현하려고 한다. 미디어에 의한 욕망의 재현이다.

사람들은 포르노그래피를 '봄'으로써 시뮬라크르에 강제되고 억압을 받게 된다. "포르노는 이렇게 말한다. 즉 포르노가 바람직한 성의 풍자화인 이상, 어딘가에 바람직한 성이 있다는 것이다, 자신의 그로테스크한 외설스러움을 통해, 포르노는 성의 진실을 구현하려고 시도한다."[32] 즉 바람직한 면이 전혀 없는데도,

---

32 보드리야르, 『유혹에 대하여』, 51쪽.

포르노를 바람직한 성, 진짜의 성, 진실의 성으로 믿는 효과를 낳게 된다고 보드리야르는 말한다.

(2) 현실의 성문화는 이미 포르노그래피적이다

사실 포르노그래피는 현실의 성문화가 포르노그래피의 수준이 아니라는 것을 은폐하기 위해 필요하다. 그래서 포르노그래피나 외설영화는 과도하게 선정적인 성행위를 보여 준다는 이유로 TV에서 방영하거나 영화관에서 상영하는 것을 금지하고 있다. 그것은 현실의 성문화가 '금도禁度'를 넘어서면 성모럴의 타락을 사회 전반적으로 확산시켜 건전한 성문화를 해칠 수 있기 때문이며, 겉으로는 건전한 성문화가 정착되어 있다는 것을 국민들에게 인식시켜 주어야 하기 때문이다.

우리가 사는 현실은 이미 포르노그래피적이다. NBC에 따르면 전 세계 포르노 산업 시장규모는 2014년 970억달러(약 110조원)를 돌파했다.[33] 이는 섹스의 '세속화secularization' 경향으로 설명된다. 이로 인해 성과 시장의 관계가 지속적으로 심화되고, 성이 상품관계와 '사적 생활' 영역의 교환관계 속으로 흡인되는 과정들로

---

[33] 이새봄, "태블릿 PC 몰락은 '포르노 사이트'가 제일 먼저 안다?", 매일경제, 2019.01.24.

무너 재차 촉진되면서 포르노시장이 엄청난 성장을 가져왔다는 것이다. 특히 인터넷을 통한 포르노그래피의 소비는 일상적인 문화로 탈바꿈시키면서 포르노의 일상적인 소비로 이어지고 있다. 시뮬라시옹된 성문화는 개개인의 성적 욕구를 개발하고 생산해 낸다.

이미 세상의 성문화는 '포르노적'이라고 해도 과언이 아니다. 하지만 포르노그래피는 공중파에 의해 방송될 수 없고 인터넷 사이트에서도 규제되고 있다. 현실은 이미 포르노그래피의 홍수 상태이지만 외형적으로는 정부 당국, 즉 방송통신위원회에 의해 접속차단 등의 조치로 규제되고 있는 것이다.

(3) 외설적 성문화를 은폐하는 포르노그래피

포르노그래피는 극단적인 연출을 통한 성의 과잉이미지를 퍼뜨리고 모방하게 함으로써 보드리야르가 제기한 하이퍼리얼을 낳게 된다. 가짜인 포르노의 행위와 섹스문화가 진짜이자 원본이 되면서 현실에 영향을 미치고 지배적인 성문화로 둔갑하는 것이다.

포르노그래피가 시각영상물로 확산되기 이전에는 인도의 성교본으로 통하는 『카마수트라』와 중국의 『소녀경』 등이 원본으로 간주되었다. 이들 텍스트는 다양한 체위를 '춘화春畵'로 곁들이고 있는데, 성의 교본으로 회자되기도 했다. 『카마수트라』나 『소녀경』에 이어 포르노그래피 또한 원본처럼 모방의 대상이 되고, 진짜처럼 욕망의 환상을 불러일으킴으로써 시뮬라르크로 자리 잡게 되는 것이다. 그 중심에는 과잉이미지를 반복 재생산하며 확산하는 미디어가 자리 잡고 있다. 포르노를 본 사람들에 의해 모델들의 성행위와 문화가 재현되고 섹스문화로 광범위하게 자리 잡게 되면, 이것이 새로운 성의 현실이 되고 마는데, 바로 포르노그래피의 하이퍼리얼 단계라고 할 수 있다.

여기서 포르노그래피는 현실의 왜곡되고 음란한 성문화를 은폐하는 '저지기계'라고 할 수 있다. 이미 우리 사회의 성문화는 포르노그래피와의 경계를 구분할 수 없다. 그렇지만 포르노그래피는 정부에 의해 유통이 제한됨으로써 현실의 성문화가 포르노그래피적이라는 사실을 은폐하기 위한 '저지기계' 또는 '저지전략'으로서 존재해야 하는 것이다. 그래야만 우리 사회에서는 여전히 성도덕이 유지되고 있다고 주장할 수 있기 때문이다.

(4) 섹슈얼리티로부터의 소외

포르노그래피의 욕망은 자율적인 주체에 의해 생겨난 것이 아니라 미디어에 의힌 디지회된 욕망이다. 판타지의 욕망을 자극하는 시뮬라크르의 모델이 미디어를 통해 섹슈얼리티의 과잉이미지를 만들어 내면 이를 보는 사람들은 모방욕구를 자극받는 동시에, 모델에 의한 억압과 배제를 경험하게 되는 것이다. 달리 말하자면 포르로그래피 혹은 '섹슈얼리티로부터의 소외'인 셈이다.

사람들은 포르노그래피에 의한 성의 해방이 아니라 시각적 감응에 의한 억압을 경험함으로써 성을 자신의 것으로 향유하지 못하게 된다. 왜냐하면 포르노그래피는 성적인 것의 스펙터클한 행위에 의해 만들어진 시뮬라크르이기 때문이다. 즉 포르노그래피는 실재를 사실주의적·극단적으로 묘사한 것이고, 실재에 편집광적으로 사로잡혀 있는 것이다. 포르노그래피는 대부분 남성 고객을 대상으로 하는데 남성은 포르노그래피를 '봄'으로써 실재하지 않는 성적 원본이 주는 성적 도취에 대한 강박관념을 지니게 된다.

포르노그래피는 성의 과잉이미지를 퍼뜨리고 모방하게 함으로써 보드리야르가 제기한 성의 하이퍼리얼을 낳게 된다. 가짜인 포르노그래피의 행위와 섹스문화가 진짜이자 원본이 되면서 현실에 영향을 미치고 지배적인 성문화로 둔갑하는 것이다. 포르노그래피가 이를 본 사람들에 의해 재현되고 그게 진짜 섹스

문화로 광범위하게 자리 잡게 되면 새로운 성의 현실이 되는데, 이게 포르노그래피의 하이퍼리얼 단계라고 할 수 있다.

4) 섹스 스캔들을 감추는 스캔들 효과

(1) 섹슈얼리티 '드러내기'의 섹스 스캔들

섹슈얼리티의 사전적 개념은 '개인의 성생활이나 성적 취향'이다. 성행위에 대한 인간의 성적 욕망과 이에 관련된 사회제도와 규범들, 즉 욕망의 차원을 넘어 인간의 성행동뿐만 아니라 인간이 성에 대해 가지고 있는 태도, 사고, 감정, 가치관, 이해심, 환상, 성의 존재 의미 등의 모든 것이다.

옥스퍼드 사전에는 섹슈얼리티를 '성적인' 혹은 '성을 갖는 것의 성질'이라고 규정한다. 푸코는 『성의 역사』에서 섹슈얼리티가 19세기에 처음으로 등장한 말이라고 한다. 섹슈얼리티라는 낱말은 이미 1800년대에 생물학과 동물학에서 기술적인 용어로 존재했지만 오늘날 우리가 사용하는 것과 유사한 의미로 널리 사용되기 시작한 것은 19세기 말경이다. 특히 섹슈얼리티는 권력의 장 내에서 작동하는 하나의 사회적 구성물이다.[34]

현대 소비사회에서 섹슈얼리티는 억압되는 게 아니라 과시적인 드러내기, 즉 모델이나 미디어를 통해 상업적인 이미지로 확대재생산되고 소비된다. 결국 섹슈얼리티는 억압되는 게 아니라 소비사회의 메커니즘에 의해 생산되고 소비되는 것이다. 심지어 섹슈얼리티 이미지의 생산과 소비에 따라 여성들은 오히려 섹슈얼리티로부터 소외를 경험하게 된다. 시뮬라크르가 생산해 내는 섹슈얼리티의 과잉이미지는 자칫 섹슈얼리티의 허깨비에 사로잡혀 자아를 상실하는 단계로 이어질 수 있다.

미국의 《뉴스위크》지는 한 슈퍼모델의 자살을 심층보도한 적이 있는데, 섹슈얼리티라는 시뮬라크르의 소비에 대한 위험성을 엿볼 수 있다. 이 기사에는 다음과 같은 대목이 나온다.

모델은 허상뿐인 세상에서 산다. 항상 쇼를 하는 대가로 돈을 받는다. 남자들이 잠자리를 함께 하는 사람은 자신이 아니라 '사진 속'의 여자다. 그러나 자신의 감정은 진실하다. 어느 시점에 가서 무엇이 자신의 진짜 모습인지 분간하기 어려워진다. 나인가, 내가 보여 주는 이미지인가. 그리고 기이하게도 자신의 진짜 모습을 되찾는 길은 자살밖에 없다고 느끼게 된다.[35]

---

[35] 안토니 기든스, 「푸코와 섹슈얼리티」, 『미셸 푸코, 섹슈얼리티의 정치와 페미니즘』, 새물결, 1995, 45쪽.

이 기사는 러시아의 10대 슈퍼모델 루슬라나 고르뉴노바Руслан
а Сергеевна Коршунова의 돌연한 자살사건을 다루고 있다. 루슬라
나는 뉴욕 맨해튼 월스트리트 모퉁이의 9층 아파트에서 살고 있
었는데, 2008년 6월 23일 그 옆 건설현장에서 뛰어내려 자살했
다. 니나리치Nina Ricci 향수 모델로 등장하면서 일약 세계적인 모
델로 각광받았는데 결국 미디어가 증식한 과잉이미지에 희생된
것이다. 루슬라나는 러시아의 재벌 청년과 교제를 하다 헤어졌
고 이 사건이 자살로 이어졌다. 재벌 청년이 사랑한 것은 '인간
루슬라나'가 아닌 '모델 루슬라나'의 이미지였기 때문이다. 이 기
사는 단순히 한 모델의 자살사건을 넘어서 미디어에 의한 섹슈
얼리티 '드러내기'의 위험성을 엿볼 수 있게 한다. 수많은 섹스 스
캔들은 바로 섹슈얼리티의 과도한 이미지 드러내기와 과잉증식
이 그 기저에 깔려 있기 때문이다.

(2) 스캔들을 은폐하는 스캔들

연예인들의 섹스비디오 유출은 이제 뉴스거리도 아니다. "요
즘 섹스비디오 하나 없는 여배우는 할리우드에서 골동품 취급받

---

35 뉴스위크, "어느 수퍼모델의 죽음", 통권 981호(2011.06.01), 55쪽.

232

기 십상이다. '가십걸gossip girl(소문의 중심이 되는 여성)'에서부터 미스 USA에 이르기까지 마치 섹스테이프가 출세의 지름길인 양 너도 나도 비디오 찍기 바쁜 세상이다. 한 할리우드 소식통은 섹스테이프가 없는 여배우는 아마 없을 것 같다고 귀띔할 정도다. 대부분 벽장 속에 숨겨 놓고 있어서 그렇지 누구나 하나쯤은 갖고 있다는 것이다."[36] 그래서 보드리야르는 스캔들은 이제 감춰야 하는 게 아니라고 말한다. "옛날에는 사람들이 스캔들을 감추려고 노력하였다. 그러나 오늘날은 그건 스캔들이 아니라는 것을 감추려고 애를 쓴다."[37]

이는 국제뉴스로 들려오는 섹스비디오 유출사건을 봐도 알 수 있다. 이제 자극의 강도가 심하지 않은 섹스비디오의 유출은 '사건'으로 취급받지도 못한다. 여배우나 모델뿐만 아니라 요즘에는 연인이나 부부도 섹스비디오를 찍곤 한다.

앤서니 기든스Anthony Giddens에 따르면, 섹스 스캔들은 주로 미디어가 생산해 내는 것이다. 미디어와 저널리스트는 국민의 신체를 관리하고 통제해야 하는 '해부학적 정치anatamo politics' 혹은 '생

---

36 김성은, "파멜라 앤더슨, '아들에 엄마 섹스장면 보여 주겠다.'", 유코피아, 2009.11.20.
37 보드리야르, 『시뮬라시옹』, 44-45쪽.

체권력biopower'[38]과 일종의 공생관계라고 할 수 있다. 생체권력은 우리가 사는 현실이 섹스 스캔들로 얼룩져 있지 않고 도덕적인 섹스문화가 유지된다는 것을 보여 줄 필요가 있기 때문에 저널리스트에게 스캔들과 관련한 정보를 제공한다. 저널리스트 또한 사회적 환경 감시와 특종 보도의 경쟁에 따라 생체권력이 제공하는 스캔들에 대한 정보를 가공해서 보도한다. 미디어는 환경 감시의 사회적 기능, 즉 보드리야르가 말하는 '스캔들 효과scandal effect'를 드러내는 데 일조하게 되는 것이다. 하나의 섹스 스캔들이 보도되면 그 외의 섹스 스캔들은 은폐되면서, 이것 말고는 비정상적이고 해로운 성적 사건이 존재하지 않는다는 스캔들 효과를 불러오기 때문이다.

5) 스캔들 효과와 아이러니

보드리야르는 세상에 총체적 환멸을 나타내는 정신상태를 '아이러니irony'라고 말하면서 "선을 조건적으로 실행하는 우리의 모

---

[38] 근대 국가와 근대적 조직은 시간과 공간을 넘어서 인구를 면밀하게 통제하는 것에 의존하고 있다. 그러한 통제는 신체의 능력을 규제할 뿐만 아니라, 최적화하는 것을 목표로 하는 신체적 관리의 테크놀로지, 곧 '인간 신체의 해부학적 정치의 발달로부터 비롯된다. 나아가 해부학적 정치는 생체권력이라는 보다 광범위한 영역의 한 핵심이 된다(Michel Foucault, *The History of Sexuality*, Vol.1, Hamondsworth, Pelican, 1981; 앤서니 기든스, 앞의 책, 43~44쪽 재인용).

든 시스템과 기술을 통해서 완전한 악이 윤곽을 드러낸다"[39]고 역설한다. 선의 억제할 수 없는 성향은 부정적인 역효과를 산출하고 결국 선을 산출하는 악의 은밀한 성향만큼이나 강해진다. 그렇다고 선이 악을 제거하거나, 악이 선을 제거하지 못한다는 것이다.

그래서 보드리야르는 선과 악은 한쪽이 다른 한쪽으로 환원될 수 없으며, 그들의 관계는 서로 뒤얽혀 있다고 주장한다. 따라서 보드리야르는 우리가 직선적인 방법으로 끝없이 선을 향해서만 나아간다면, 언젠가 다른 선의 굽어짐을 통해서 확실히 악에 이르게 될 것이라고 말한다. 보드리야르의 이러한 시각에서 보면, 우리는 선에 의해 그리고 선의 이름으로 저질러진 완전범죄의 길을 걷고 있다. 또한 우리의 모든 욕망을 실현할 수 있을 기술적이고 인위적인 세계를 향한 집요한 완성의 길을 걷고 있다. 이는 모든 것이 충만하고, 완전하기를 바라는 환각이다. 결국 분명하게 자멸을 지휘하는 것은 악이 아니라 선이다. 이제 선은 자신이 선이기를 포기하는 경우에만 악을 무너뜨릴 수 있을 것이다. 왜냐하면 선이 세계적인 힘을 독점할 경우 그에 비례하여 폭력을

---

[39] 배영달, 『보드리야르의 아이러니』, 동문선, 2009, 212쪽.

야기하기 때문이다.[40]

　말하자면, '스캔들 효과'로 인해 하나의 스캔들이 폭로될 경우, 다른 스캔들이 은폐되거나 면죄부를 받으면서, 선으로 향하기 위해 들추어 낸 스캔들이 결국에는 악을 옹호하는 결과를 초래하고 만다는 것이다. 앞서 살펴본 것처럼, 미국의 '워터게이트 스캔들'에서 선은 닉슨의 부도덕성을 드러내 단죄하려 하지만, 결국에는 다른 정치세력들의 도청 관행을 묵인해 주었고 급기야 다른 정치세력과 검은 세력들을 비호해 준 결과를 초래했다. 이는 스캔들에도 마찬가지로 적용될 수 있다. 한 연예인의 스캔들은 다른 연예인들의 스캔들을 은폐시켜 주는 결과를 낳으면서 부도덕성을 옹호하는 악의 산출로 이어지는 것이다. 스캔들은 다른 스캔들을 덮어 버리게 할 뿐만 아니라 폭로된 스캔들 외에는 철저히 은폐되면서 나아가 도덕적으로 비난받지 않게 되는 착시효과를 주게 된다. 보드리야르에 따르면 이 역시 선의 이름으로 저질러지는 환각이다.

　우리 사회에서도 그동안 수많은 '게이트'가 있었고 수많은 정치인들이 연루되었다. 게이트의 리스트에 포함된 정치인 가운데

---

[40] 배영달, 『보드리야르의 아이러니』, 212-214쪽 참고.

극히 소수만이 처벌을 받았다. 운 좋게 검은돈을 받았지만 리스트에서 빠져나온 정치인도 있을 수 있다. 그러나 리스트에 오르지 않았거나, 올랐어도 게이트가 종결됨으로써 무죄판결을 받았다면, 그 정치인은 깨끗한 정치인으로 행세할 수 있다. 또한 검은돈을 받았지만 수사가 이루어지지 않거나 혹은 은폐를 해서 '게이트'가 되지 않은 경우도 있을 수 있다. 보드리야르는 바로 이 점을 지적한 것이다.

스캔들 또는 게이트가 언론을 통해 보도되는 시점은 워터게이트처럼 너무 공공연한 부도덕이 판칠 때다. 부도덕이 지나치게 드러나면 이를 경계하고 본보기를 보이면서 다시금 질서회복을 필요로 하는 임계점에 도달하기 때문이다. 예컨대 워터게이트가 터진 것은 당시 미국에서 정적에 대한 도청이 만연해 있었던 탓이다. 이 같은 상황에 다다르면 일종의 '희생양'이 필요하게 된다. 우리 사회가 스캔들에 분노하는 것은 은밀한 스캔들이 너무 만연해 있기 때문일지도 모른다. 그것은 하나의 스캔들을 만듦으로써 결과적으로 다른 수많은 스캔들이 은폐돼 도덕불감증이 만연해졌기 때문이라고도 분석할 수 있을 것이다. 이것이 바로 스캔들 효과가 낳는 아이러니인 것이다.

6) 우리 모두 스캔들의 공범이다

보드리야르가 말한 저지기계 혹은 저지전략이란 세상이 모두 시뮬라크르로 가득차고 현실을 대체하면서 하이퍼리얼이 되는 것을 저지하기 위해 만든 장치 혹은 전략이다. 감옥이 그렇고 디즈니랜드, 나아가 스캔들이 그렇다는 것이다. 세상이 감옥처럼 숨 막히는 공간이 아니라는 것을 드러내기 위해 별도로 감옥을 만들었다. 세상이 우스꽝스럽고 유치하지 않다는 것을 드러내기 위해 디즈니랜드를 만들었다. 세상은 부도덕하지도, 외설적이지도 않다는 것을 보여 주기 위해 부도덕하고 외설적인 스캔들을 만들어 낸다. 왜냐하면 세상이 감옥 같이 숨 막히고 우스꽝스럽고 유치하다면, 또 부도덕하고 외설스럽다면 세상은 '악몽' 그 자체이기 때문이다.

그런데 현대 포스트모던 사회에 대해 극도로 회의적인 보드리야르에 따르면, 우리가 살고 있는 세상은 이미 악몽 그 자체이다. 세상을 뒤숭숭하게 만든 스펙위조나 유명인들의 스캔들은 비단 스캔들로만 엿볼 수 있는 게 아니라 우리가 사는 현실 그 자체, 즉 실재인 것이다. 우리 이웃들 혹은 친구들을 통해 때때로 목격하고 전해 듣는 이야기들이다. 심지어 사회를 뒤흔든 스캔들보다 더한 스캔들도 우리 주위에서 들을 수 있다. 디즈니랜드와 같이 유치하고 퇴행적인 이야기들이 우리가 사는 세상의 도처에서 나돈다. 이미 우리들 모두가 사회적 모순 혹은 스캔들의 공범이다.

보드리야르는 『불가능한 교환』에서 다이애나 왕세자비Diana Frances Spencer의 죽음을 사례로 들며 어떤 숙명적인 사건에 대하여 우리는 수동적인 목격자가 아니라 살인을 범하는 공범자, 완전한 관련자가 된다고 역설한다. 보드리야르는 "다이애나는 '스펙터클 사회'의 희생자였다고들 한다"면서 이렇게 말한다.

그녀의 역할은 희생자였고, 대중들의 역할은 죽음의 장면을 엿보는 것이었다.[41]

사실 다이애나 자신이 왕실을 나와 대중의 관심이 집중된 삶을 선택한 것이 사실이지만, 대중들은 매스미디어와 파파라치를 통해 그녀의 공생활과 사생활의 리얼리티쇼 속에 들어가 직접적인 가해자 역할을 한다고 질타한다. "파파라치 뒤에는 미디어가 있고, 미디어의 뒤에는 우리, 우리 모두가 있으며, 우리의 욕망은 미디어에 생기를 부여하고, 우리는 미디어, 망, 전도체와 같다."[42]

41 보드리야르, 『불가능한 교환』, 162쪽.
42 보드리야르, 『불가능한 교환』, 163쪽.

미디어에 의해 욕망을 소비하는 현대인들은 미디어가 연출하는 욕망의 리일리티쇼에 포획되어 있고 관음중 환자처럼 욕망을 충족하는 타자성 욕망으로 전락한다. 다이애나는 마치 한바탕 제의를 벌이면서 죽음의 리얼리티쇼를 영상에 남기듯이 사라졌다. 그 제의의 과정에서 우리 모두가 죽음의 공범자라고 보드리야르는 역설한다. 이게 포스트모더니즘 사회가 보여 주는 아이러니이자 현대 소비사회의 초상이다.

2
시뮬라크르의 유혹과 하이퍼리얼의 리얼리티

TV 채널마다 진짜 같은 가짜의 '리얼리티쇼'가 난무하고 있다. 요즘 대중매체들은 '있는 그대로'의 단순한 '리얼리티'를 넘어 진짜보다 더 진짜 같은 시뮬라크르를 생성하며 하이퍼리얼의 리얼리티를 낳고 있다.

요컨대 미디어는 우리에게 있는 그대로의 리얼리티를 전달하는 것이 아니라, 다만 일련의 시각적 충격을 통해 '현기증 나는 소용돌이'만을 전달할 뿐이다. 따라서 우리는 현실이 거부된 세계 속에서, 기호의 보호를 받으며 살아간다.[43]

보드리야르는 우리는 시뮬라크르가 지시하는 기호를 소비하며 현실이 아닌 하이퍼리얼 세상을 살아간다고 말한다. 그는 '리얼리티' 자체를 일종의 허구적인 개념으로 간주한다. 그러나 『소비의 사회』에서 '리얼리티'를 문제 삼는 이유는 그것이 '진정한' 현실로부터 분리되었기 때문이다. 즉 아직 현실 그 자체는 명백히 존재하고 있는 것이다. 그러나 후기로 갈수록 보드리야르에게는 궁극적으로 현실의 존재 자체가 의문시된다.[44] 보드리야르는 『시뮬라크르와 시뮬라시옹』에서 시뮬라크르에 의해 생성된 하이퍼리얼이 새로운 실재, 즉 현실을 구성하면서 리얼리티를 지니게 된다고 주장하기에 이른다. 말하자면 리얼리티가 아니라 시뮬라시옹을 통해 구성된 하이퍼리얼의 리얼리티가 실재를 지배하고 구속한다는 것이다.

43 리처드 레인, 앞의 책, 132쪽 재인용.
44 리처드 레인, 앞의 책, 132쪽

미디어에 의한 욕망의 재현은 영상미디어뿐만 아니라 문자미디어에 의해서도 일어나고 하이퍼리얼을 생성하고 있다. 플라톤의 시인추방론[45]은 바로 시인(작가)이 만들어 내는 허구적 이야기인 하이퍼리얼리티에 대한 경고였다고 할 수 있다. 여기서는 텍스트 속에서 하이퍼리얼이 어떻게 실재를 대체하는지를 살펴보고자 한다. 우선 시뮬라시옹 질서를 형상화한 돈 드릴로의 소설 『화이트 노이즈』와 하이퍼리얼 현실을 살펴볼 것이다. 이어 대표적인 이상향의 시뮬라크르를 만든 샹그릴라를 소재로 하는 제임스 힐턴의 소설 『잃어버린 지평선』을 살펴보고, 샹그릴라와 함께 티베트의 신성화라는 시뮬라크르가 어떻게 생성되었는지를 추적하고자 한다. 아울러 구스타브 플로베르의 『보바리 부인』과 세르반테스의 『돈키호테』에서 주인공의 캐릭터를 보드리야르의 시뮬라크르 생성 과정으로 고찰해 보고자 한다.

---

[45] 플라톤이 『국가론』에서 시민교육에 도움이 되지 않는다며 시를 배척한 기준은 '유용성'이다. 시는 실재로부터 떨어진 "모방의 모방"일 뿐이고, 영혼의 나쁜 부분만을 장려할 뿐이라며 시를 배척한다. 즉 올바른 사람이 무엇인가 하는 문제는 그런 사람을 기르는 교육에 의해서 좌우되는데, 이때 시는 사람을 올바른 삶으로 이끄는 데 유용하지 않다는 말이다. "시인들이 묘사한 왕은 진짜 왕과 진리로부터 세 번째인 왕이다. 그러므로 시인은 진리로부터 세 번째가 되는 환상에 대한 장인일 뿐이다." 시인이 하는 거짓말이 청소년을 건전한 시민으로 기르는 데 유용하지 않으면 결국 그것은 '고상한 거짓말'이 아니라 '타락한 거짓말'일 뿐이며 이런 거짓말을 전달하는 시인은 추방되어야 한다는 것이다. 플라톤은 호메로스의 『일리아스』를 집중 거론하며 영혼을 나쁘게 전염시키는 허구적 요소는 가르치지 않아야 한다고 강조한다.

1) 소설 『화이트 노이즈』와 하이퍼리얼 현실

미국의 포스트모더니즘적인 소설로 잘 알려진 돈 드릴로Don DeLillo의 『화이트 노이즈White Noise』(1984)는 보드리야르의 시뮬라시옹 질서뿐만 아니라 대중매체의 전체주의적 메시지에 지배당하는 대중의 모습을 잘 그려 내고 있다.

이 소설에서 글래드니 가족은 결핍을 채워 줄 것 같은 힘을 미디어와 상품사회에서 빨아들이고 그 힘으로 버티며 산다.[46] 텔레비전의 힘은 이미지이므로 그 이미지는 상품사회의 소비자들을 유혹하는 능력이 있다. 텔레비전의 이미지는 사람들의 상상력에 잠입하여 그들의 상상력을 텔레비전의 이미지와 중첩되게, 또는 불가분의 관계로 설정한다. 따라서 텔레비전의 상업적 이미지는 모든 것을 매개, 중재하는 셈이다. 이 작품에도 좋은 예가 있다. 글래드니가 그의 딸 스테피가 잠결에 속삭이는 내용을 들었을 때, 그것은 그에게 "마치 제식의 의미를 가지는 것처럼, 그리고 주술적 언어의 일부나 무아경의 성가"인 양 들렸다. "아이는 그저 TV에 나오는 어떤 목소리를 따라하고 있었던 것이다. 도요타, 코롤라, 도요타 셀리카, 도요타 크레씨다. 컴퓨터로 합성된, 다소

---

46 권택영, 「죽음 충동이 플롯을 만든다: 돈 드릴로의 『백색소음』」, 『영어영문학』 제47권 1호, 2001, 154쪽.

간 보편적으로 발음될 수 있는 초국가적인 이름들…. 이 말이 어디서 나왔든시 산에 그것은 눈부신 초월의 순간에 겪는 충격으로 내게 다가왔다."[47] 글래드니는 왜 그 단어들이 "아름답고 신비롭고 어렴풋한 경이감"이 있는가, 그 원천이 무엇이든지 간에, 어째서 그 발언이 찬란한 황홀경의 순간으로 그를 강타하는 영향력을 가지는가에 대해 궁금해 한다.[48]

『화이트 노이즈』에서는 문맥에 상관없이 툭툭 튀어나오는 상표명과 아이들의 무의식까지 침투해 들어간 광고문구, 무시로 흘러나오는 텔레비전 소리가 이들의 일상이 소비주의의 위력에 저항할 여지없이 포획되었음을 알리는 효과적인 장치로 작동한다.[49]

보드리야르가 말한 대로 『화이트 노이즈』에서 개인으로서의 존재는 기호의 조작과 계산 속에서 사라진다. 상표가 아이들의 무의식까지 파고들어간 것이다. 소비사회에서 소비의 진정한 주체는 개인이 아니라 기호의 질서가 되는 것이다. 사물이나 개인의 존재는 기호의 질서 안에 흡수되고 소멸된다. 소비뿐만 아니

---

47 돈 드릴로, 『화이트 노이즈』, 강미숙 역, 창비, 2005, 272-273쪽.
48 박은정, 「히틀러에 대한 향수인가? 죽음에 대한 두려움인가?―돈 드릴로의 『무소음』에 나타난 모사현실과 문화제국주의」, 『미국학논집』 29-1, 1997, 284쪽.
49 돈 드릴로, 앞의 책, 572쪽.

라 의사소통과 여론의 형성도 미디어를 통해 표현되고 있다. 심지어 일상의 화제도 텔레비전이나 영화 등 시각적 매체가 지배하고 있다. 즉 미디어가 말하지 않은 것은 말해지지 않고 미디어가 말해야만 비로소 말해지는 것이다. 이게 바로 보드리야르가 말한 매체에 의한 의미의 함열, 즉 내파에 해당한다.

미디어에 의한 내파는 소설 『화이트 노이즈』에서 잘 보여 주고 있다.

이런 일은 노출된 지역에 사는 빈민들에게나 일어나는 법이야. … 우리는 고상한 이름을 가진 대학 근처의 말끔하고 쾌적한 마을에 살고 있어. 이런 일은 블랙스미스 같은 곳에선 일어나지 않아.[50]

이 소설에서 배비트와 하인리히가 유독가스 누출사고로 발생한 검은 소용돌이 구름이 자기 집으로 올 수 있다고 말하자 아버지인 글래드니는 그런 일은 없을 거라고 말한다. 글래드니는 그 증거로 텔레비전에서 자신들이 살고 있는 곳과 같은 부유한 마을에서 재난이 일어나는 장면을 방송한 적이 없다고 강조한다.

50 돈 드릴로, 앞의 책, 199쪽.

재난이나 인재는 가난한 사람이 사는 마을에서나 일어나는 일이
며, 이는 텔레비전 재난방송에서 늘 확인하는 것이라고 말한다.
즉 글래드니는 부자 동네에서 재난이 발생하는 보도를 텔레비전
에서 거의 방영하지 않았기 때문에 부자동네에서는 재난이 실제
로도 일어나지 않는다고 생각하는 것이다. 하지만 이는 독해체
계를 독점한 미디어가 만들어 낸 초과실재라고 할 수 있는데 글
래드니는 이를 진짜 현실로 믿는 것이다. 이와 같이 시각매체의
스펙터클 경향은 껍데기뿐인 과잉이미지들을 소비하게 함으로
써 의사소통을 왜곡시키고 진실마저 실종되게 한다.

　미디어는 죽음 또한 '소비'하게 만들면서 위안을 얻기도 한다.
신문매체의 부고란은 산 자에게는 살아 있음을 안도하면서 죽음
을 생각하게 하는 억압적인 공간이기도 하다. 즉 신문의 부고란
은 죽은 자의 정보를 대면함으로써 산 자 또한 죽음에 강박되어
간다. 『화이트 노이즈』에서 잭을 비롯해서 등장인물들 대부분은
미디어를 통해 '소비'되는 죽음을 마주칠 때마다 죽음의 공포를
체험한다. "부고란을 읽을 때마다 나는 언제나 죽은 이의 나이를
확인한다. 그러면서 저절로 그 숫자를 내 나이와 연결 짓게 된다.
4년 남았구나, 라고 나는 생각한다. 9년 더 남았네. 2년 있으면
난 죽는구나. 죽는 때를 생각할 때보다 숫자의 힘이 더 명백해지

는 순간은 없다. 때때로 나는 자신과 흥정하기도 한다. 예순다섯이라면, 칭기즈칸이 죽은 그 나이라면 흔쾌히 받아들이겠지?"[51] 그럴수록 이들은 텔레비전을 보거나 쇼핑을 함으로써 살아 있음에 안도하고 삶의 본능을 추구한다. 그러나 미디어로부터 죽음의 소비는 또 다른 죽음에 대한 공포의 환기인 것이다. 미디어는 끊임없이 죽음을 환기시킨다. 소설에서처럼 신문이나 방송에서 누군가의 부음 소식을 접할 때 이런 생각을 했을 법하다.

> 그녀(배비트)에게 두려운 것은 홀로 남겨진다는 것이다. 공허, 온 우주에 드리운 암흑이 두려운 것이다.
> 마스터카드, 비자, 아메리칸 익스프레스.
> 나는 내가 먼저 죽고 싶다고 말한다. 그녀에게 너무도 익숙해져서 가련할 만치 결핍감을 느낄 테니까.[52]

글래드니 부부가 죽음에 대해 생각하는 이 장면에서 갑자기 "마스터카드, 비자, 아메리칸 익스프레스"와 같은 신용카드 상표가 언급된다. 글의 전개 과정에서 문맥에 전혀 관계없는데도 이

51 돈 드릴로, 앞의 책, 175-176쪽.
52 돈 드릴로, 앞의 책, 178쪽.

는 다분히 의도적이라고 할 수 있다. 이 정도로 텔레비전 혹은 텔레비전 광고의 이미지는 모든 이의 무의식을 어떤 구조로 형상화한다. 왜냐하면 현대인의 주체는 대중매체가 산출하는 이데올로기 내에서 구성되고 주형되기 때문이다. 이 이데올로기적 패러다임은 라캉의 정의인 "무의식은 언어처럼 구조화되어 있다"와 같은 것이다. 왜냐하면 라캉에 의하면 무의식은 억눌려진 열망과 본능적 충동의 자족적인 영역에 의해서라기보다는 완전히 기표의 질서에 의해 조종되기 때문이다.[53]

『화이트 노이즈』는 실제에 선행하는 모사현실을 보여 준다. 유독가스 공중유출사건이 일어나자 재난대피는 주정부의 모의대피 프로그램에 따라 이루어지고 있는 것으로 드러난다. 모의대피 프로그램이란 일종의 시뮬라시옹인데 유독가스 공중유출사건이 일어나자 가상대피 때 적용하기 위해 만들어 놓은 컴퓨터의 모의대피 프로그램에 따라 재난대피 과정이 처리되고 있는 것이다. 글래드니가 유독가스에 노출된 것을 알고 현장에 있던 요원에게 자신의 상태에 대해 문의를 하다 이러한 사실을 발견한다.

53 박은정, 앞의 책, 284-285쪽.

"하지만 이번 대피는 모의가 아니잖습니까? 이건 실재인데요."

"알고 있습니다. 하지만 이번 사건을 모델로 이용할 수 있을 거예요."

"일종의 훈련으로 말입니까? 모의훈련을 위해 실제 사건을 이용할 수 있다고 생각하는 말씀인가요?"[54]

즉 실제 사건이 시뮬라시옹 과정으로 만들어진 가상의 모의대피 프로그램에 따라 처리되는 것이다. 여기서 보드리야르가 말한 시뮬라시옹(모사현실)이 실재보다 선행하고 있음을 알 수 있다. 실재가 시뮬라시옹을 만들어 내는 것이 아니라, 거꾸로 모사현실이 실재를 만들어 내는 것이다. 그래서 가상대피 프로젝트의 담당자들은 실제 사건을 거꾸로 자신들의 모의대피 계획의 참고자료로 이용하고, 단지 그런 관점에서 의미를 부여할 뿐이다. 이들에게 개인의 목숨과 안위는 하나의 데이터, 혹은 모의대피 훈련 수행을 방해하는 부수적 피해 정도로 인식되는 것이다.

"오늘 밤에 비가 올 거예요."

"지금 오고 있는데." 내가 말했다.

---

[54] 돈 드릴로, 앞의 책, 243-244쪽.

"라디오에서는 오늘 밤이라고 했어요…."

"앞 유리를 봐." 내가 말했다. "저게 비가 아니야?"

"방송에서 들은 대로 말하는 것뿐이에요…."

"비가 오고 있냐, 아니냐?" 내가 말했다.

"대답을 강요하지 마세요."[55]

　돈 드릴로는 소설 『화이트 노이즈』에서 소설 속 등장인물들이 미디어의 중독으로 인해 현실과 모사현실, 즉 시뮬라시옹된 현실의 경계적 인식에 대해 들려준다. 잭의 가족을 하나로 묶어 주는 것은 라디오와 TV, 그리고 주말에 함께 하는 쇼핑이다. 특히 큰아들 하인리히는 라디오에 중독되어 눈으로 보이는 현실도 보도와 맞지 않으면 믿지 않는다.

　글래드니와 아들 하인리히가 주고받은 대화에서 하인리히에게 현재 내리고 있는 비는 '진실'이 아닌 것이다. 그에게 진실은 라디오다. 라디오가 오늘 밤에 비가 내린다고 예보했기 때문에 지금 내리고 있는 비는 의미가 없다. 오직 라디오에서 말해지는 정보만이 그에게는 진실인 것이다. 글래드니가 아무리 비라고

---

55 돈 드릴로, 앞의 책, 41-42쪽.

해도 소용없다. 그는 내리고 있는 진짜 비도 인정하지 않는다.

스테피는 라디오가 물을 끓여 먹어야 한다고 말했기 때문에 그렇게 따라 한다. 스테피에게는 앞서 하인리히와 마찬가지로 라디오가 말할 때에야 비로소 정보가 의미 있게 다가오는 것이다. 스테피는 "내 진실이 무슨 소용이에요. 내 진실이란 아무 의미도 없어요"[56]라고 말할 정도로 라디오가 말하지 않는 것은 절대로 진실이라 받아들이지 않는다.

돈 드릴로의 소설에서 보여 주는 미디어중독은 보드리야르의 미디어에 대한 극단적인 허무주의와 연결된다.

소설 『화이트 노이즈』에서 글래드니의 동료 교수인 머레이에게도 TV는 자아 이상의 구실을 한다. 그에게 TV는 자기지시적이고 자기완결적인 매체이다. 급기야 그는 "텔레비전 보는 법을 배우셔야 할 겁니다. 그 정보에 자신을 개방해야 한다는 것이죠. 텔레비전은 엄청난 양의 심리적 정보를 제공합니다"[57]라고 말한다. 그는 학생들이 텔레비전을 정크메일이라고 한다면서 자신은 그것을 받아들일 수 없다고 말한다. 그에게 TV와 상품광고는 독송讀誦과도 같은 것이다.

---

56 돈 드릴로, 앞의 책, 42쪽.
57 돈 드릴로, 앞의 책, 92쪽.

『화이트 노이즈』는 실제 현실과 미디어에서 재생산된 모사현실 간의 구분이 모호해진 포스트모던 사회를 소실점으로 스펙터클하게 형상화한 작품이다. 이 소설에서 사람들은 미디어가 만들어 낸 스펙터클한 이미지를 소비한다. 또 죽음조차도 자본의 욕망에 의해 재생산되면서 사람들은 미디어를 통해 끊임없이 죽음을 소비하고 억압당하며 살아간다. 여기에 죽음충동과 현기증을 일으키는 자극적이고 파괴적인 재난의 이미지가 더욱 스펙터클하게 '소비'되는 이유가 있다. 즉 역설적이게도 스펙터클 이미지가 난무하는 시각적 매체로부터 수용자들은 안전에 대한 욕구와 함께 위안을 얻는다. 이때 위안은 다시 살아갈 힘을 주는 '생산적 위안'이면서 동시에 죽음충동을 소비하는 '허무주의적 위안'[58]과 같은 것이다.

2) 샹그릴라와 티베트의 시뮬라크럼

제임스 힐턴James Hilton의 소설 『잃어버린 지평선Lost Horizon』

---

[58] 기술매체의 허무주의에 따르면, 탈근대 문화는 새로운 종류의 깊이 없는 문화, 새로운 종류의 피상성을 특징으로 한다. 그래서 그로스버그는 포스트모던 감성을 '신명나는 허무주의(Empowering Nihilism)'라고 비유하기도 한다. 탈근대 이미지가 정서적 몰입을 유도하기는 하지만 내용이 허무주의적이기 때문이다. 그 에너지가 주체와 현실 사이의 모순에서 나오는 것이 아니라 단순한 정서적 몰입에서 나오는 탓이다.

(1933)은 중국 도연명陶淵明이 상상 속의 선경인 무릉도원을 그려 냈듯이 '샹그릴라Shangri-La'[59]라는 이상향을 그리고 있다. 영국 소설가가 창안해 낸 샹그릴라는 히말라야에 실제로 존재하는 어느 지명인 것처럼 알려져 있으나 사실 소설 속 가상공간일 뿐이다.

그러자 샹그릴라의 정적이 더욱 강렬하게 다가왔다. 고독한 뜰과 달빛 속 창백한 건물들이 존재의 모든 고뇌가 물러가고 시간마저 정지한 듯한 침묵 속에서 홀연히 빛나고 있었다.[60]

소설에서 샹그릴라는 티베트에 위치해 있지만 마치 공중에 떠 있는 것처럼 푸른달 골짜기 저 높은 곳, 즉 카라칼의 거대한 절벽

---

59 위키백과에는 다음과 같이 소개하고 있다. "샹그릴라는 제임스 힐튼이 쓴 《잃어버린 지평선》이라는 작품에 나오는 가공의 장소이다. 쿤룬(Kunlun)산맥의 서쪽 끝자락에 있는 숨겨진 장소에 소재하는 신비롭고 평화로운 계곡, 영원한 행복을 누릴 수 있고 외부로부터 단절된 히말라야의 유토피아로 묘사되었다. 소설이 대중적인 인기를 얻고 시간이 흐르면서 이 말은 지상의 어딘가에 존재하는 천국을 가리키는 보통명사가 되었다. 샹그릴라 사람들은 평균적인 수명을 훨씬 뛰어넘어 거의 불사(不死)의 삶을 살 수 있다고 한다. 이 말은 상상에서 우러난 동양에 대한 이국적 호기심을 담고 있다. 샹그릴라 이야기는 티베트 불교에 전승되는 신비의 도시 샴바라(Shambhala, 香巴拉)에 기초하고 있다." 그런데 중국 정부는 1997년 중국 윈난성(雲南省) 디칭티베트족자치주(迪慶藏族自治州)에 있는 중뎬현(中甸縣)을 샹그릴라(香格里拉)다고 공식 발표하였고 2001년에는 중뎬을 샹그릴라라고 개명하였다. 샹그릴라는 티베트어로 '마음 속의 해와 달'이라는 뜻이다. 샹그릴라 지명의 경우 시뮬라크르가 실재를 선행하고 있다.

60 제임스 힐턴, 『잃어버린 지평선』, 류시화 역, 정신세계사, 1995, 140쪽.

에 우뚝 솟아 있는 라마사원을 무대로 한다.

그 계곡은 사방이 산으로 에워싸인, 놀라울 정도로 풍요로운 낙원이었다. 계곡은 수직으로 약 1천 미터 정도의 고도차가 있어서 온대에서 열대에 이르는 기후를 다 포함하고 있었으며 수없이 다양한 농작물들이 한 치의 빈 틈도 없이 빽빽하게 자라고 있었다. 설산의 눈이 한 방울씩 녹아 흘러 대지를 적시는 작은 시냇물은 얼음처럼 차가웠으나 대지는 그늘에서도 따뜻했다.[61]

그런데 소설에서 샹그릴라는 인간이 범접하기 쉽지 않은 곳처럼 가파른 절벽에 위치해 있다. 반면 샹그릴라에서 2천 미터 낭떠러지 아래에 있는, 티베트인들이 사는 '푸른달 골짜기'가 더 인간적인 공간이자 이상향으로 다가온다.

한번은 KBS에서 방영한 〈잃어버린 낙원, 샹그릴라〉(2008)를 본적이 있는데, 히말라야의 샹그릴라를 찾아가는 여정을 담은 다큐멘터리였다. 그런데 샹그릴라라고 찾아간 곳에서 만난 사람들은 저마다 샹그릴라를 모른다고 했다. 방송에서 샹그릴라는 평화와

---

61 제임스 힐턴, 앞의 책, 145쪽.

안식을 희구하는 사람들의 마음속에 존재한다고 싱겁게 결론을 지었다.

샹그릴라의 모델이 된 지역이 산스크리트어로 '샴발라'[62]라는 주장도 있다. 샴발라는 북쪽에 있는 전설상의 나라를 가리키는 말이다. 샴발라는 티베트어로 '데죵'이라 불리며 '행복의 근원'을 뜻한다.

도널드 S. 로페즈 주니어Donald S. Lopez Jr.가 쓴 『샹그릴라의 포로들Prisoners of Shangri-La』(1998)에는 힐턴의 『잃어버린 지평선』의 샹그릴라에 대한 분석뿐만 아니라 티베트가 어떻게 서구인들에게 순수를 간직한 땅으로 인식되었는지, 티베트불교가 어떻게 순수한 형태를 보존하고 있는 불교, 즉 신성화된 불교로 인식되었는지를 분석하고 있다. 이 책에는 또한 오스카 와일드Oscar Wilde의 에세이 「거짓말의 쇠퇴에 대한 고찰The Decay of Lying: An Observation」(1889)도 소개하고 있다. 와일드에 따르면, 거짓말은 특히 예술에서 중요하게 여겨진다. 이는 예술이 삶을 모방한다는 사람들의 생각과는 달리 삶이 예술을 모방하기 때문이다. 예를 들어, 런던

---

62 도널드 S. 로페즈 주니어, 『샹그릴라의 포로들』, 정희은 역, 창비, 2013, 351쪽. 샴발라가 영어로 처음 언급된 것은 알렉산더 초마 데 쾨뢰시가 1833년에 펴낸 글에서였다. 샴발라는 북위 45도에서 50도 사이에 위치해 있고 시타 강 또는 시르 다리야 강 너머에 있다.

의 기후는 프랑스에 인상주의가 생겨나기 10년 전과 비교하여 크게 달라졌다. 인상주의 회가들이 런던을 안개 낀 도시로 묘사하기 전까지 런던은 결코 안개에 휩싸인 도시가 아니었다는 것이다. 와일드는 "예술은 자연을 원재료로 삼고, 자연을 재현하며, 새로운 형태로 고쳐 만든다. 예술은 현실에는 전적으로 무관심하며 새로운 것을 만들고 상상하며 꿈꾼다"[63]고 주장한다. 와일드는 이러한 의미에서 "티베트는 예술의 과장과 선택의 기법을 통해 역사에 근거를 두지 않은 이상향으로 만들어졌다"고 주장한다. 오스카 와일드는 여기서 도시의 경관과 저녁노을뿐 아니라 특정한 나라와 국민들에 대해서도 이야기한다. 그에 따르면 사람들이 머릿속에 떠올리는 일본인은 특정 예술가들의 창조물이다. "또 일본 전체도 순전한 창조물이다. 우리가 상상하는 일본과 일본인은 현실 속에 존재하지 않는다"[64]고 와일드는 강조한다. 로페즈 주니어는 서양의 티베트불교는 그 애호가들이 만들어 낸 시뮬라크르라고 강조한다. "여기서 와일드의 이론을 확장시켜 보면, 서양의 티베트불교 애호가들은 실제 티베트인들보다 티베트불교에 대해 더 제대로 알고 있는 것처럼 보인다. 이는 서양의 애호가

63 로페즈 주니어, 앞의 책, 355쪽.
64 로페즈 주니어, 앞의 책, 355쪽.

들이 순전한 창조물이자 고안물인 티베트의 시뮬라크럼simulacrum
에 더 정통하기 때문이다."[65]

로페즈 주니어에 따르면, '순수한 티베트(불교)'는 서구가 만들
어 낸 인위적인 이미지의 산물이라고 말한다. 서양인들은 일본
인들을 보통의 일본인들이 아니라, 서양인들이 예술작품에서 만
들어 낸 이미지들의 시뮬라크르로서의 일본인들로 떠올린다. 이
와 마찬가지로 사람들은 티베트나 티베트불교에 대해 서양인들
이 만들어 낸 시뮬라크르들을 떠올린다는 것이다. 그리고 그것
이 실재를 대체하고 있다는 것이다. 이렇게 보면 서양인들은 예
술작품 등을 통해 만들어진 이미지인 시뮬라크르들로 일본인이
나 티베트, 티베트불교를 인식하는 셈이다.

로페즈 주니어는 티베트에 대한 서양의 견해가 한국의 시각에
까지 영향을 미치고 있다고 말한다. 오늘날 한국에서 티베트에
대한 견해는 양극단 사이를 오간다. 한편으로 티베트불교는 한
국불교와 비교되어 어딘가 결핍된 종교로 여겨진다. 다른 한편
으로 한국인들은 티베트인들을 유례없이 영적인 민족으로 그려
내기도 한다. 티베트인들은 결코 탐욕과 욕심에 지지 않고, 약초

---

65 로페즈 주니어, 앞의 책, 356쪽.

를 이용해 히말라야 고산지대의 곤궁한 환경에 용감히 맞선다는 것이다. 이러한 묘사 속의 티베트인들은 푸른빛 골짜기나 샹그릴라 라마사원에 사는 행복한 주민들과 다를 바가 없다. 2012년 4월 4일자 《법보신문》에는 티베트에서 자살을 하는 경우가 없다는 글이 실렸다. 그러나 당시 분신焚身처럼 자살을 통한 자기희생의 물결이 동티베트를 휩쓸고 있었고 이는 곧 중국의 티베트 점령에 대한 절망이 표출된 것이나 다름없었다. 이 글에서는 티베트인들에게는 행복이라는 개념이 없으므로 그들은 우울해지지도 않는다는 내용도 들어 있다. 그러나 티베트에서 가장 흔한 여자이름 중 하나는 문자 그대로 '행복'을 뜻하는 '테키Bde skyid'이다.[66] 이와 같이 로페즈 주니어는 한국인들 또한 서구의 티베트불교 애호가들이 구성한 티베트의 시뮬라크르를 소비하고 있다고 강조한다.

역사적으로 티베트불교를 비하한 것은 유럽인들이었다. 이들은 티베트의 불교를 불교의 타락한 형태라고 보았고 적절한 명칭을 얻을 자격조차 없으므로 '라마교Lamaism'라 불려 마땅하다고 여겼다. 티베트를 점령한 중국인들은 달라이 라마와 티베트불교

---

[66] 로페즈 주니어, 앞의 책, 8-9쪽.

를 악마화한다.[67] 그런데 티베트불교의 악마화는 신성화를 동반해 왔다. 필립 로슨Philip Rawson은 1991년 출간한 책 『신성한 티베트*Sacted Tibet*』에서 다음과 같은 설명을 내놓는다.

우리에게 진정 흥미로운 점은 서구의 자기중심적 생활방식, 짧은 집중력, 무의미한 물질적 만족의 추구, 그리고 이런 것들에 실망하게 될 때 느끼는 절망감에 티베트문화가 강력하고 변치 않는 지속적 대안이 되어 준다는 것이다.[68]

말하자면 서구인들의 물질중심적인 생활방식에서 오는 한계의 돌파구를 티베트에서 구한다는 것이다.

한때 유럽의 시인들과 철학자들은 인도와 중국을 두고 온갖 찬사를 늘어놓았다고 로페즈 주니어는 강조한다. 19세기 이전의 프랑스 계몽주의자들은 학자-관리 계급이 엄청난 수의 인구를 다스리는 중국을 이상적인 국가로 보았다. 또한 제2차 세계대전 발발 당시 중국인들과 중국 공산당은 한동안 포악한 일본인들에 대비되어 자유를 사랑하는 자들로 그려졌다. 독일의 낭만주의자

67 로페즈 주니어, 앞의 책, 10-11쪽.
68 로페즈 주니어, 앞의 책, 34-35쪽.

들은 인도를 정신의 성지로 보았다. 이는 유럽식 낭만의 초기형 태로 시양은 자신의 결핍을 찾아내 동양에 투사하면서 동양 어딘가에 이에 대한 해결책이 있으리라는 환상을 키워 온 것이다. 그러나 1800년경에 이르러 유럽이 아시아를 식민지로 만들려는 야심을 드러내면서 중국과 인도에 대한 평가도 완전히 달라졌다. 그들은 부패하고 뒤처진 나라로 여겨졌고 유럽의 식민지 건설이 정당화될 수 있게끔 자치능력이 없는 나라 취급을 받았다. 이게 에드워드 사이드Edward Said가 말한 오리엔탈리즘Orientalism[69]인데, 이는 서양인이 동양에 대해 구성한 실체 없는 시뮬라크르이다.

한편 유럽인들이 탐험을 떠나고 식민지를 세우던 이 시기에 티베트는 여전히 닫힌 나라로 남아 있었다. 당시만 해도 산은 차갑

[69] 오리엔탈리즘은 원래 유럽의 문화와 예술에서 나타난 동방에 대한 취향趣味을 나타냈던 말이다. 하지만 오늘날에는 동양과 서양을 이분법적으로 구분하여 동양에 대한 서양의 우월성이나 동양에 대한 서양의 지배를 정당화하는, 서양의 동양에 대한 고정되고 왜곡된 인식과 태도 등을 총체적으로 나타내는 말로 쓰인다. 오리엔탈리즘이라는 개념이 '서양의 동양에 대한 인식'이라는 폭넓은 의미로 쓰이게 된 것은 1978년 에드워드 사이드가 펴낸 『오리엔탈리즘』이 계기가 되었다. 사이드는 서구 국가들이 비(非)서구 사회를 지배하고 식민화하는 과정에서 동양에 대한 왜곡된 인식과 태도가 어떻게 만들어져 확산되었는지를 분석했다. 사이드가 말한 오리엔탈리즘은 동양이 열등한 타자라는 시뮬라크르를 만들었고, 이러한 이미지는 시뮬라시옹 과정으로 확대재생산되면서 초과실재로 이어졌다. 사이드는 "동양이란 사실상 유럽인들의 머릿속에서 조작된 것"으로 보고 오리엔탈리즘을 인식론적 폭력으로 규정했다.

고 깨끗한 원시의 순수를 상징했으므로 세계에서 가장 높은 산과 맞닿아 있는 티베트는 잃어버린 지혜를 간직한 곳으로 여겨졌다. 또 티베트는 끝내 유럽의 식민지로 전락하지 않았으므로, 식민정책으로 인해 산산조각난 인도와 중국에 대한 많은 환상이 히말라야 산맥을 넘어 이상화된 티베트로 옮겨 가게 되었다. 신지론자들은 티베트인들의 숨겨진 평화로운 골짜기를 소개하는 안내서 『빼율abas yul』을 썼다.[70]

서구인들에게 샹그릴라는 히말라야의 높은 산 위에 자리 잡은 채 시간과 역사의 바깥에서 고대문명이 영원히 지속되는 공간으로 상상되었다. 1968년 만들어진 어느 다큐멘터리의 해설에 따르면 "티베트는 이 세상에 속하지 않는 것처럼 보인다. 마치 호박 속에 굳어져 그대로 멈춰 버린 사회처럼 말이다. 그곳은 하늘에 너무 가까워 사람들이 자연스럽게 기도만 하는 나라다"[71]라고 언급하기도 했다. 달라이 라마Dalai-Lama는 『나의 티베트My Tibet』(1990)에서 다음과 같이 말한다. "티베트 고원 전체가 인류와 자연이 평화롭게 조화롭게 살아갈 수 있는 자유로운 안식처가 되는

---

70 로페즈 주니어, 앞의 책, 28쪽.

71 Huston Smith, *Requiem for a Faith*, Hartley Film Foundation, 1968; 로페즈 주니어, 앞의 책, 30쪽 재인용.

것이 나의 꿈이다. 그렇게 되면 티베트는 세계 각지의 사람들이 다른 지역에서 겪는 갈등과 스트레스를 피해 자신들 안에 있는 평화의 진정한 의미를 찾으러 오는 곳이 될 것이다."[72] 달라이 라마의 글은 티베트인들의 디아스포라 전후의 티베트에 대한 환상과 매끄럽게 섞이는 것처럼 보인다. 여기에는 달라이 라마의 티베트 '평화지대론'도 한몫하고 있는 셈이다. 티베트와 티베트불교에 대한 시뮬라크럼은 주로 서구적 결핍을 동양에서 보완하려는 서구인들에 의해, 시뮬라시옹 과정을 거쳐 하이퍼리얼의 리얼리티를 구성하게 된 것이다.

3) 보바리 부인의 낭만벽과 불륜의 기원

구스타프 플로베르Gustave Flaubert의 『보바리 부인Madame Bovary』(1857)에서도 하이퍼리얼의 리얼리티를 엿볼 수 있다. 엠마의 성격을 형성하게 한 것 중의 하나가 소설이다. 엠마는 소녀시절 수도원 기숙사에서 닥치는 대로 애정과 사랑을 주제로 한 낭만소설을 읽고 그림책을 보았다. 엠마는 심지어 상상력 과잉의 병에 걸린다.

---

72 로페즈 주니어, 앞의 책, 392-393쪽 재인용.

그녀는 중세풍의 아치 문 아래서 돌 위에 턱을 괴고서 들판 저 멀리서 흰 깃털을 꽂은 투구를 쓰고 흑마를 타고 달려오는 기사를 매일 기다리는 공주처럼 어느 오래된 궁성에서 살고 싶었다.[73]

궁성에서 공주처럼 살고 싶었던 엠마는 궁색한 현실을 견디지 못하고 소설 속의 '공주'가 되기 위해 불륜에 빠져든다. 그녀는 신혼여행과 그 단꿈에 대해서도 판타지의 욕망을 가지고 있었다.

그녀는 가끔 지금이 일생의 가장 좋은 때이고 세상에서 흔히 말하는 밀월인가 하고 의아해했다. 밀월의 즐거움을 맛보기 위해서는 여러 나라로 여행을 하고 거기에서 결혼 다음 날을 한층 더 달콤하고 한가하게 시간을 보냈어야 했을 것을![74]

이 소설에서 엠마의 성격을 형성하게 한 것 중의 하나가 낭만 소설이다. 엠마는 연애소설에서 읽은 가상의 장면들과 현실을 구분하지 못한다. 소설의 장면들이 그녀의 현실을 집어삼킨다.

---

73 구스타브 플로베르, 『보봐리 부인』, 최현주 역, 청목, 2006, 40쪽.
74 구스타브 플로베르, 앞의 책, 43쪽.

날이 저물면 굽이치는 바닷가에서 레몬 향기를 맡고 밤이 되면 별장 전망대에서 둘만의 세계에 잠겨 손에 손을 잡고 미래에 대한 계획을 세우면서 별을 바라본다. 특정한 지방에서만 자라는 식물이 있는 것처럼 이 지상의 어디엔가는 행복이 자라나기에 알맞은 나라가 틀림없이 있을 것 같았다. 왜 자기는 지금 길게 끌리는 검은 빌로도 옷을 입고 끝이 뾰족한 모자를 쓰고 멋진 장화를 신고 소매에 아름다운 장식을 단 남편과 스위스 산장 발코니에 기대 서 있거나 스코틀랜드의 산골 집에서 애수에 젖을 수 없는 것일까?[75]

엠마의 낭만벽은 그야말로 병적인 수준이었다. 엠마는 현실에서 환상을 충족시키지 못할 때면 다시 환상이 가득한 책 속으로 빨려 들어갔다. 그녀는 낭만소설에서와 같이 환상이라는 '하이퍼리얼의 현실'에서 살고 있는 것이다. 소설 속의 공주와 같은 가공의 이미지가 시뮬라크르라고 할 수 있고 이러한 시뮬라크르들이 시뮬라시옹의 과정을 거쳐 하이퍼리얼로 이어진다고 볼 수 있다. 엠마가 낭만적인 애정소설을 탐독한 나머지 상상적 현실을 실재의 현실로 받아들이는 감각의 확장으로 이어지고 이를 현실

---

75 구스타브 플로베르, 앞의 책, 43쪽.

에서 이루기 위해 불륜에 빠져들게 된 것이다. 그녀가 읽은 소설에서처럼 흑마를 탄 기사를 기다리는 엠마의 불륜 드라마는 바로 하이퍼리얼로 초래된 비극인 것이다.

이는 '지금-여기서'도 일어나고 있는 일종의 하이퍼리얼의 리얼리티라고 할 수 있다. 우리 사회에서도 불륜이 저질러지는 이유들 중의 하나로 엠마와 같이 매체의 과잉이미지가 만든 시뮬라크르를 꼽을 수 있을 것이다. 또한 엠마처럼 현실의 궁핍함에도 불구하고 유럽 등지로 떠나는 일부 여행객들은 미디어로 가공된 유럽의 시뮬라크르를 소비하기 위해 신용카드를 가불假拂해 사용한다. 이는 영화와 같은 미디어가 만들어 낸 과잉이미지의 영향이라고도 할 수 있을 것이다. 말하자면 보드리야르가 말한 향유의 강제, 여가의 강박적 소비인 것이다.

4) 편력기사 소설에 빠져 편력기사가 된 돈키호테

미겔 데 세르반테스Miguel de Cervantes의 『돈키호테*El Ingenioso Hidalgo Dom Quijote de la Mancha*』(1604)에서 '알론소 키하노'라 불리는 라만차 지방의 한 시골 귀족은, 당시 유행하던 방랑(편력)기사 소설[76]을 너무 읽은 나머지 공상에 사로잡혀 스스로 이름을 '돈키호테'라고 짓고 방랑기사가 되어 모험에 나선다. 돈키호테의 정체성은 당시 유행하던 편력기사 소설의 주인공들에 매료되어 형성된 것이다. 세르반테스의 독창성은 기사소설을 직접 패러디한데 있는 것이 아니다. 시골 귀족이 기사소설을 모방하고 문자 그대로 삶에 적용하려는 과정을 통해 무의식적으로 기사소설을 패러디했다는 데 있다. 콜럼버스Christopher Columbus의 아메리카 대륙 발견과 아프리카, 유럽, 아시아의 정복이 스페인을 세계의 정복자로 만들고 모두를 영웅적 기사로 추켜세우는 사회적 분위기가 조성되었다. 그런데 16세기 당시 스페인에 실제로 방랑기사라는 제도는 실재하지도 않았다. 단지 당시 기사소설 속에서만 개인적인 이상이나 사랑 실현을 추구하는 방랑기사 유형이 있었다는 이야기다. 즉 실제로 중남미나 멕시코로 떠나는 모든 정복자들이 이런 방랑기사적인 자기실현의 목표를 향해 나가 싸우는 무리들이 아니었다는 이야기이다.

오십 줄에 접어들었고 마른 체형에 얼굴도 홀쭉한 알론소 키하

---

76 르네 지라르는 『낭만적 거짓과 소설적 진실』에서 플로베르의 『보바리 부인』과 함께 세르반테스의 『돈키호테』를 '삼각형의 욕망'으로 분석한다. 르네 지라르는 "기독교인으로서의 삶이 바로 예수 그리스도의 모방이라는 의미에서, 기사로서의 삶은 바로 아마디스의 모방인 것이다"라면서 소설 속 삼각형의 욕망을 분석한다. 이 책에서는, 엠마가 읽은 낭만소설과 시골 귀족이 읽은 방랑기사 소설의 경우, 모델들의 욕망을 모방하게 함으로써 엠마와 시골 귀족에게 하이퍼리얼의 현실을 구성하게 한다는 관점에서 보드리야르의 시뮬라크르 개념을 적용하고자 한다.

노는 기사소설에 심취한 나머지 재산관리는 뒷전이었으며, 나중에는 읽고 싶은 책을 구입하려고 전답까지 팔아 치운 열렬한 독서광이었다. 덕분에 집안 가득 기사소설을 빼곡히 들여놓을 수 있었다.

결국 그는 책을 읽는 데 너무 열중한 나머지 몇 날 밤을 한숨도 자지 않고 말똥말똥한 상태로 지새곤 하는 반면 낮에는 완전히 비몽사몽이었다. 이렇게 잠도 안 자고 책만 읽다 보니 머릿속이 푸석푸석해지는가 싶더니 결국은 이성을 잃어버리기에 이르렀다.

머릿속이 책에서 읽은 마법 같은 이야기들, 즉 고통과 전투, 도전, 상추, 사랑의 밀어들과 연애, 가능치도 않은 갖가지 일들로 가득 차버린 것이었다. 그는 책에서 읽은 몽환적인 이야기들이 진실이라고 생각했으며 이 세상에서 이보다 더 확실한 이야기는 없다고 확신하기에 이르렀다.[77]

이렇게 알론소 키하노는 책에서 읽은 내용을 모두 사실이라고 믿고 실천에 옮기기로 결심한다. 이렇게 『라만차 지방의 돈키호

---

77 미겔 데 세르반테스, 『돈키호테』, 박철 역, 시공사, 2005, 40쪽.

테』가 탄생하게 되었다. 그는 기사소설의 영웅들을 모방하고자 이름까지 돈키호테로 바꾸고 편력기사가 되었다. 따라서 돈키호테는 그가 읽었던 기사소설에서 태어났으며 그의 활약상이 담긴 책 안에서 불멸을 얻게 되었다. "사실상 그는 이성을 상실해 버렸기 때문에 세상 그 어떤 미치광이도 생각지 않았던 이상한 생각을 하기 시작했다. 조국을 위해 헌신하는 편력기사가 되어 무기를 들고 말 등에 올라 세상 곳곳을 돌아다니며 지금까지 읽었던 소설 속 편력기사의 모험을 직접 실천에 옮겨 자신의 이름과 명성을 길이 남겨야 한다고 생각했던 것이다."[78]

이와 같이 알론소 키하노는 과도하게 기사소설을 읽은 탓에 자신이 읽은 이야기를 현실로 받아들여 스스로를 기사소설 속에 등장하는 아마디스나 팔메린 같은 편력기사들 중 한 명이라고 믿게 된다. 돈키호테는 증조부가 쓰던 낡은 투구 등으로 무장하고 자신의 상상이 만들어 낸 여인 둘시네아의 사랑을 얻기 위해 로시난테를 타고서 불의를 무찌르고 기사의 숭고한 이상을 실행할 기회가 있는 모험을 찾아 세상을 떠돌아다닌다. 그렇게 모두 세 번에 걸쳐 집을 나서 편력기사로 방황한다.

---

[78] 미겔 데 세르반테스, 앞의 책, 41쪽.

돈키호테는 처음 집을 나섰다 심하게 매를 맞는데, 이를 농부가 발견해 집으로 돌아온다. 이때 돈키호테의 광기가 기사소설 때문이라고 생각하던 그의 조카딸과 가정부, 그리고 동네 이발사와 신부는 그의 서재에 있는 책들 모조리 끄집어내어 불살라 버린다. 또한 그들은 친구의 병을 고치기 위해 돈키호테가 책들을 찾지 못하도록 그의 서재에 벽을 쌓아 아예 막아 버린다.

세르반테스는 『돈키호테』를 통해 1598년부터 1620년까지 스페인의 상황을 묘사했다. 그 기간은 무적함대의 패배로 예감되었던 스페인의 몰락이 본격화된 시기였다. 당시 스페인은 카롤로스 황제시기(1516-1555)를 기점으로 일약 대제국으로 군림했다. 그러다 합스부르크 왕가의 스페인은, 외적으로는 유럽에서의 정치적·군사적 주도권을 상실하기 시작했고, 내적으로는 살인적인 인플레이션과 잦은 흑사병의 창궐, 농업의 몰락과 금융기관들의 도산, 도적의 출몰 등으로 이미 총체적인 위기에 접어들었다. 17세기 스페인 사람들은 이러한 위기에 내몰린 스페인 제국의 임종을 지켜보면서 환멸을 느꼈고 세르반테스는 그러한 환멸의 시대를 『돈키호테』에 담아냈다.

17세기 스페인의 영웅주의는 꿈과 현실을 누비는 방랑기사의 시대로 요약될 수 있다. 돈키호테가 부르짖는 것은 "억울한 사람을 풀어 주고(1권 4장)", "없는 자나 윗사람에게 억눌린 자를 도와 주고(1권 22장)", "처녀들을 보호해 주고 과부들을 돌봐 주며 고아들, 배곯는 자들을 구해 주는(1권 11장)" 극히 인도주의적인 투쟁을 목표로 하고 있다. 당시 스페인은 중산층이 없었고 극단적으로 부익부 빈익빈 현상이 깊어져 있었다. 스페인에는 엄청난 부자와 찢어지게 가난한 자들로 첨예하게 대립되었다.

돈키호테 2권 20장에는 이런 대목이 나온다. "세상에는 오직 두 가문만이 있을 뿐이다, 가진 자와 가지지 못한 자들이 바로 그들이다." 이러한 불합리한 시대상에서 주인공 돈키호테는 편력기사 소설을 읽으면서 세상을 구원해 줄 편력기사(시뮬라크르)를 자신과 동일시하게 되었고, 현실에는 존재하지 않는 편력기사의 세계를 구현하기 위해 모험을 나선 것이다.

소설은 허구의 세계이지만 당대의 사회상과 인간의 삶을 반영하고 더욱이 고전일 경우 시대를 관통해 독자들에게 영향을 끼치기에 소설 속의 하이퍼리얼 또한 '지금-여기'서 여전히 영향력을 발휘한다고 하겠다.

5) 하이퍼리얼은 가짜가 아니다

요한 볼프강 폰 괴테Johann Wolfgang von Goethe의 『젊은 베르테르의 슬픔Die Leiden des jungen Werthers』(1774)에서 유래한 '베르테르 효과'[79]도 하이퍼리얼이라고 할 수 있다. 소설의 주인공 베르테르는 약혼자가 있는 로테라는 여인을 사랑하지만, 그녀가 자신의 사랑을 받아들이지 않자 깊은 실의에 빠진다. 결국 베르테르는 로테와의 추억이 깃든 옷을 입고 권총 자살을 한다. 유럽의 청년들 사이에 베르테르의 열풍이 불었다. 청년들은 소설에 묘사된 베르테르의 옷차림을 따라했고, 베르테르의 고뇌에 공감했다. 심지어 베르테르를 모방한 자살이 유행처럼 번졌다고도 한다. 베르테르의 모방 자살은 지금도 세계 각국의 현실세계에서 재현되고 있다.

'샹그릴라'의 이상향과 '베르테르 효과'에서도 보이듯이 하이퍼리얼은 가짜가 아니라 실재이다. 우리는 하이퍼리얼이 만드는 리얼리티에 포위되어 살고 있다고 해도 과언이 아니다. 더욱이 스타를 내세운 광고가 만들어 낸 인위적인 과잉이미지는 이미 우리의 일상 깊숙이 침투해 있다. 스타의 이미지가 투영된 상

---

[79] 미국의 자살 연구학자 필립스는 유명인의 자살 사건이 언론에 보도된 이후 일반인의 자살이 급증하는 패턴을 발견하고, 이 같은 현상에 '베르테르 효과'라는 이름을 붙였다.

품을 소비하며 그 스타를 소비하고 있다고 착각하면서 살아가고 있디. 싱품과 모넬 스타와는 아무런 연관성이 없는데도 말이다. 거액의 모델료를 주고 만들어진 광고의 영상이미지를 실재하는 이미지로 받아들이고 그 상품을 소비한다. 이렇게 보면 우리가 살고 있는 현실은 진짜가 아니라 가짜의 복제, 모사들, 즉 시뮬라크르들과 그 이미지들이 지배하고 있다는 생각마저 든다. 예를 들면, 하동군 악양면에 있는 드라마 〈토지〉(2004-2005)의 세트장은 토지문학관으로 관광객들에게 선보이고 있다. 최참판댁이 살았다는 한옥의 건물들은 그러나 실제로 최참판댁이 살았던 역사적인 공간이 아니라 드라마 촬영을 위해 지은 집일뿐이다. 그런데 마치 최참판댁이 살았던 공간인 것처럼 실재로 둔갑하고 있다. 드라마의 시뮬라크르들이 진짜 행세를 하고 있는 것이다.

보드리야르는 하이퍼리얼(혹은 하이퍼리얼리티)은 '가짜'가 아니라고 말한다. "하이퍼리얼리티는 현실을 더럽히는 재현이라는 의미를 지닌 '가짜'가 아니다. 그것은 또 다른 유형의 '리얼리티'이며, 주체가 리얼리티를 경험하는 또 다른 방식이다."[80] 우리는 실재라고 하는 현실에 살고 있지만 하이퍼리얼이 새로운 현실을

---

80 리처드 레인, 앞의 책, 183쪽.

만들어 실재의 모델 자리를 갈취하고 있다는 것이다. 어떤 의미에서 우리는 누구나 소비사회에 의해 생산되고 통제되는 모델, 즉 시뮬라크르가 되어 살아가고 있다는 것이다. 이렇게 되면 현실은 보드리야르가 말했듯이, '현기증이 없는 진공상태'[81], 혹은 '무중력상태'의 현실이라고 할 수 있지 않을까.

---

[81] 보드리야르는 현실은 현기증이 가득하지만, 하이퍼리얼의 현실은 현기증이 없는 상태라고 정의했다.

세창사상가산책 | JEAN BAUDRILLARD

4

보드리야르의 급진적 사유와
허무주의 사상의 의의

1
세계는 근본적으로 환상이다

2019년 대한민국에서 일상을 살아가는 사람은 하루를 대부분 시뮬라시옹의 과정과 '동행'한다. 아침에 등교하거나 출근할 때 스마트폰으로 유튜브나 뉴스 등을 보는데, 이는 시뮬라시옹 질서에 스스로 동참하는 행위라고 할 수 있다. 유튜브나 뉴스를 클릭할 때마다 자신도 모르는 사이에 새로운 이미지를 만들어 내는 데 일조하기 때문이다. 말하자면 클릭을 하는 순간 시뮬라크르를 구성하는 데 동참하는 셈이다. 이러한 수많은 클릭이 모여 어떤 이미지를 만들어 내고 그 이미지들이 누적되어 새로운 시뮬라크르를 만들어 내기 때문이다. 그것이 정치적 신념과 관련된 것일 수도 있고, 광고의 이미지를 강화하는 것일 수도 있다. 개인들은 저마다 자신의 '멋진' 이미지를 보여 주기에 바쁘다. 자신의 얼굴을 그대로 드러내는 '민낯'의 리얼리티보다 '편집' 과정을 거친 얼굴을 '대표 얼굴'로 보여 준다. 그것은 자신의 육체일 수도 있고, 패션일 수도 있고, 음식일 수도 있다. 여기서 '편집' 과정을 거치는 게 다름 아닌 시뮬라시옹이고 그러한 과정을 거쳐 나온 새로운 얼굴의 이미지가 바로 시뮬라크르이다. 유튜브나 페이스북, 키카오톡 등 화면을 클릭하면 이 또한 시뮬라시옹 과정에 참여하는 셈이다. 친구나 이웃이 되어 서로 클릭을 주고받으면서 모두 시뮬라시옹 질서의 일원이 되고 시뮬라크르를 만드는 '공범'이 되는 것이다.

시내버스를 타면 모니터에는 현란한 영상이미지들이 쏟아진다. 출근길에 만나는 수많은 자동차들은 모두가 시뮬라크르이다. 새로운 디자인의 고급 승용차일수록 2개에서 4개의 배기통을 달고 있다. 이는 성능과는 큰 관련이 없다. 앞서 살펴본 바와 같이 보드리야르는 이를 '가제트'라고 명명했다. 배기통은 단순히 배기가스를 실어 나르는 것에 머물지 않고 고급차의 이미지를 실어 나른다. 또한 차체 그 자체는 위세차이표시를 실어 나르는 시뮬라크르가 된다. 거리에서 마주치는 여성들은 유명 모델을 흉내 내고 자기도취적인 자태를 뽐내면서 스스로 시뮬라크르를 자처한다. 아이돌그룹 등의 대중 스타들은 우리 시대의 대표적인 시뮬라크르들이다. 예컨대 BTS(방탄소년단) 팬들은 'BTS 소비하기'를 따라하며 즐거이 시뮬라크르의 일원으로 살아간다. BTS의 패션을 흉내 내고, BTS이 단골로 다니는 카페나 음식을 찾아 BTS의 메뉴대로 소비하며, BTS 따라하기로 즐거워한다. 인터넷

게임은 가상현실로 빠져들게 하는데, 거기에는 시뮬라시옹된 현실의 극단적인 내용들이 가득하다. 이제 가상과 현실, 가짜와 진짜의 경계가 모호해 진다. 보드리야르의 표현처럼 온종일 남성들은 '병정놀이'를 하고 여성들은 '인형놀이'를 하며 자신도 모르는 새 시뮬라크르로 살아가는 것이다.[01]

이와 같이 현대 소비사회는 일상생활의 모든 영역에서 새로운 이미지를 만들어 내는 시뮬라시옹 과정이 진행되고 있다. 그리고 구성원들은 자발적으로 이에 동참하고 있다. 보드리야르는 "실물의 특징 및 요소를 조합하여 하나의 모델이 '제조'되고, 현실의 여러 측면을 조합하여 사건, 구조 또는 상황의 예측이 행해지고, 이 예측에서 현실의 세계에 시행할 전술이 결정된다"[02]고 말한다. 이 방법은 과학적 연구의 경우에는 하나의 분석 수단이 되지만, 매스커뮤니케이션에서는 현실로서의 힘을 가지게 된다. 따라서 그곳에서는 현실은 사라지고 미디어 자체에 의해, 형체를 가지게 된 모델의 네오-리얼리티가 우위를 차지한다는 것이다. 말하자면 우리는 일상생활의 이미지들을 빚어내는 시뮬라시옹의 질서에 스스로 동참하며 여기서 구성된 시뮬라크르를 소비하

---

01 보드리야르, 『소비의 사회』, 131쪽.
02 보드리야르, 『소비의 사회』, 185쪽.

며 살아간다고 해도 과언이 아니다.

디욱이 컴퓨터 같은 디지털매체는 기존 매체의 영상을 통합하는 의미에서 '합성영상synthetische Bilder'이라는 특성을 갖고 있다. 비릴리오Paul Virilio에 의하면 "합성영상이란 직접적 또는 간접적 관찰이 더 이상 가능하지 않은 도구에 의해 생산된 시각적 영상, 다시 말해 기계에 의해 기계를 위해 생산된 영상"[03]을 말한다. 문자매체와 달리 오늘날의 기술매체는 시간과 공간에 제약받지 않고 시공간을 자유롭게 넘나들며, 몽타주 방식으로 조합된 합성영상이 새로운 의사소통의 공간을 구성하고 있다. 예컨대 기쁨과 슬픔, 축하 등을 표현하는 이모티콘이 대표적이다. 이모티콘이 인간의 감정을 대신 전달하는 의사소통의 역할을 하고 있다. 기계에 의해 생산되고 수용되는 합성영상의 세계에서 영상들 간의 자유로운 결합은 전혀 예측하지 못한 방향으로 진행되고 있으며, 그 결과 현대인은 새로운 '영상세계Bilderwelt'에서 살아가고 있다. "더 이상 예술에서처럼 유일무이한 영상은 존재하지 않으며 끝이 없고 관객의 자연적인 눈의 움직임을 통합적으로 재구성하는 영상세계가 존재한다."[04]

---

[03] Paul Virilio, *Die Sehmaschine*, Berlin: Merve, Verlag, 1989, p.137; 최문규, "문화, 매체, 그리고 기억과 망각", 최문규 외, 『기억과 망각―문학과 문화학의 교차점』, 책세상, 2003, 385쪽 재인용.

기술매체시대는 문화의 특성을 변화시키면서 불투명성을 확산시킨다. 가령 순간 포착이나 그것의 인위적인 결합인 영상은 기억을 공고히 해 주는 것이 아니라 오히려 의미의 애매함, 더 나아가 영상을 읽을 수 없는 상황까지 초래할 수 있다. 또 무언가를 간직하기 위해 영상으로 저장해 놓았음에도, 그것을 보고 지각하는 사람들은 도대체 영상에서 무엇을 읽어야 할지, 무엇을 표상해야 좋을지 모르는 상태에 빠지기 마련이다. 비릴리오는 그러한 상태를 '독서 장애적 응시ein dyslexiches Sehen[05]로 표현하고 있다.

시각적 합성영상이 지배하는 기술매체시대의 또 다른 문제점으로는 컴퓨터 그래픽, 인터넷 등에 의한 시각적 영상이 팽배하더라도 그것이 기억의 지속성을 보장해 줄 수는 없다는 것이다. 디지털매체의 세계에서는 영상이 서로 자유롭게 넘나들며 결합한다. 일종의 '영상의 표류'라고 일컬어지는 그러한 상황은 기억의 지속성까지도 애매하게 만든다. 그 주된 원인은 영상들 간의 경쟁이다. 대부분의 영상들은 만들어지는 그 순간 사라지거나 아예 영상으로 부각되지도 못한 채 사라지는 운명을 띠고 있다. 비릴리오는 이를 '시선의 우생학'이라고 명명한다. 즉 수많은 영

04 Virilio, *Die Sehmaschine*, p.123; 최문규 외, 앞의 책, 386쪽 재인용.
05 Virilio, *Die Sehmaschine*, p.290; 최문규 외, 앞의 책, 390-391쪽 재인용.

상들이 생산되고 있지만, 사람들의 눈길을 끌 수 있는 영상만 잠깐동안 살아남을 뿐이다. 다시 말해 참과 거짓 같은 규범적인 기준보다는 '눈길을 끌 수 있는' 미학적 영향력이 결정적인 기준으로 작용한다. 영상시대에는 본질(기의)이 존재하지 않는 표피적인 영상(기표)을 단지 우발적으로 응시하는 행위만이 존속할 뿐이고, 그로 인해 기억의 문화 또한 그와 같은 우발적 응시에 의해 형성된다는 것이다. 요컨대 인과적이고 필연적인 이유로 특정한 영상을 바라보고 그 의미를 간직한다는 전통적이고 의식적인 기억 행위보다는, 이제 '우발적 응시'에 의한 '우발적 의미생산'의 '우발적 기억'이 우리의 의식을 지배할 것이다.[06]

기술영상은 삶과 세계를 들여다볼 수 있는, 역사의식을 함양할 수 있는 '창문'으로 간주되지만, 영상을 자유롭게 결합하는 기술영상의 독특성으로 인해 오히려 역사의식의 부재나 종말을 가져온다. 이 점에 대해 플루서Vilém Flusser는 다음과 같이 밝히고 있다.

영상은 창문이 아니라 역사의 제방이다. 이제 정치적 선언은 세계

06 최문규 외, 앞의 책, 392-393쪽 참고.

의 변화를 목표로 삼지 않고 사진으로 촬영되는 것을 목표로 삼는다. 새로운 형태의 소통, 즉 영상과 사건 간의 피드백이 설정되는 것이다. 즉 사건이 영상을 먹어 치우고 영상이 사건을 먹어 치운다.[07]

여기서 특히 영상이 사건을 '먹어 치운다'는 표현은 섬뜩하기조차 하다. 영상은 사건의 의미마저 빨아들이는 거대한 블랙홀 역할을 한다. 수많은 인파가 운집한 광화문 광장의 대중 집회 사진은 그 영상만으로 의미를 증폭시킨다. 또한 사건이 일어난 뒤 그 사건을 영상이 담아낸다는 생각은 영상매체가 주도하는 오늘날의 상황을 정확하게 파악하지 못한 것이다. 장엄하고 충격적인 영상의 기술매체시대에서는 영상으로 옮겨지기 위해 사건이 일어나거나 또는 영상이 사건을 만들기 때문이다. 이러한 기술매체시대에서 영상 밖의 사건과 그 사건에 의한 종말론적 의식, 역사적 기억의 의미 등이 상실되고 대신 영상 자체가 종말론적으로 끊임없이 현재화될 가능성이 매우 높다.

엇비슷한 파국들은 더 이상 필요치 않으며 오히려 기술영상 자체

07 Vilém Flusser, *Ins Universum der technischen Bilder*, Göttingen: European Photography Verlag, 1999, p.62; 최문규 외, 앞의 책, 393쪽 재인용.

가 종말이다 … 즉 전문적인 목적을 위해서, 직선적 시간을 끝내기 위해서, 요컨대 신비로운 순환을 다시 준비하기 위해서, 영원히 순환하며 모든 것을 현재화하는 기억으로서 영상들이 만들어지고 있는 것이다. 다른 어떤 파국보다 기술영상 자체가 종말론적이다.[08]

끊임없이 무언가를 현재화한다는 의미에서 영상이 만들어지고 있지만, 그 영상은 실제 역사와는 아무런 관계없이 그 자체의 재생산에 몰두해 있으며 또한 영상 이면의 어떤 궁극적인 의미를 주지도 않는다. 영상은 당장 이 세계와 삶이 종말에 도달한 듯한 의미를 주지만, 실제로는 그 영상만이 종말론적으로 반복될 뿐이다. 결국 사건과 역사를 위한 수단으로서의 영상이라는 전통적 사유는 사라지고 '만들어진' 영상과 인위적이고도 유희적인 영상의 탈역사성이 나타나게 된다. 기술매체시대에서 영상은 이제 '역사 그 자체'나 '본래의 역사'와는 무관하게 스스로 서사로서의 역사를 만들어 나가고 있는 것이다. 보드리야르는 "영화는 환영들만을 부활시킬 따름이고, 거기서 영화 자신이 상실된다"[09]고 강조하는 이유가 여기에 있다.

08 Flusser, *Ins Universum der technischen Bilder*, p.66; 최문규 외, 앞의 책, 394-395쪽 재인용.
09 보드리야르, 『시뮬라시옹』, 100쪽.

기술영상매체의 발전에 따라 인간은 시각영상에 대한 독해의 장애로 또 한 번 객체로 전락한다. 더욱이 기술매체에 의해 실재가 아닌 우연의 역사가 만들어지는 상황에서 기억마저 완전한 것이 되지 못한다. 이전에 기억했던 것들도 합성이 자유로운 기술매체에 의해 한순간에 부정되는 순간도 경험할 수 있는 것이다. 그야말로 영상이미지가 만들어 내는 시뮬라시옹 과정은 세계를 쉼 없이 근본적으로 환상인 시간 속으로 유혹한다. 시뮬라크르는 가짜가 아닌 실재이고 하이퍼리얼은 환상이 아닌 현실인 것이다.

이러한 기술영상매체로 인한 극단적인 허무주의는 보드리야르로 하여금 자본주의와 소비사회에 대한 구원의 부재, 전망의 부재로 이어지고 있다.

보드리야르는 일종의 '비약'을 전제하지 않는다면, 갑작스런 혁명 혹은 자본주의 자체의 종언을 기대할 수 없다는 비관주의적 전망을 남겼다. 보드리야르의 비관주의에는 소비사회가 옥죄는 억압과 배제, 소외, 이로 인한 잠재적 폭력에 대한 경고가 담겨 있다. 이러한 문제에 대한 성찰, 나아가 이를 경감시키거나 해체하고 전복시키려는 부단한 성찰과 노력이야말로 소비적 자아들의 과제일 것이다.

사물의 배후에는 텅 빈 인간관계가 있고, 엄청난 규모로 동원된 생산력과 사회적 힘이 물상화되고 돋보이지만, 어느 날 갑자기 난폭한 폭발과 붕괴의 과정이 시작되어 1968년 5월과 같이, 예측할 수 없지만 확실한 방법으로 이 소비의 하얀 미사messe blanche를 때려 부수기를 기다려 보자.[10]

보드리야르는 『소비의 사회』의 마지막 문장을 이렇게 장식한다. 그가 젊은 시절에 경험했던 프랑스의 '68혁명'처럼 인간을 구원할 소비사회의 내파를 갈망한다. 보드리야르는 어느 날 자본주의 소비사회가 돌연 붕괴될 수도 있을 것이라며 이 같은 현상을 '내파'라고 말한다. 내파란 자본주의가 동시다발적으로 붕괴되는 현상이다. 이때 68혁명과 같은 혁명이 일어나 자본주의 체제가 전복될 수도 있지만 이 가설에 보드리야르는 비관적이다. 우리 사회에서도 그 상징적 사건의 단초를 발견할 수 있다. 그에 대한 사례로, 2015년 9월 10일 미국에 의해 폭로돼 전 세계를 강타한 폭스바겐Volkswagen의 배기가스 소프트웨어 조작 사건, 즉 '디젤게이트' 또는 '디젤스캔들'을 들 수 있다. 디젤게이트Dieselgate

10 보드리야르, 『소비의 사회』, 305쪽.

는 2015년 9월 폭스바겐 AG 그룹의 디젤 배기가스 조작을 둘러 싼 일련의 스캔들이다. 폭스바겐의 디젤 엔진에서 배기가스가 기준치의 40배나 발생한다는 사실이 밝혀졌고, 센서감지 결과를 바탕으로 주행시험으로 판단이 될 때만 저감 장치를 작동시켜 환경기준을 충족하도록 엔진 제어 장치를 프로그래밍했다는 사 실이 드러났다. 그동안 사측에 의해 실체적 진실이 은폐되어 왔 지만 명품 이미지라는 시뮬라크르에 힘입어 세계 1위의 명차로 소비되고 있었다. 말하자면 시뮬라크르가 만들어 낸 하이퍼리얼 이 현실을 지배하고 있었던 셈이다. 폭스바겐사의 사기극이 폭 로되자 폭스바겐 판매량은 급감했다. 이는 벤야민이 말한, 기술 복제에 의한 '아우라의 붕괴'에 비유되는 '하이퍼리얼의 붕괴'라 고 할 수 있을 것이다. 하이퍼리얼의 붕괴가 일종의 소비혁명의 단초라고 할 수 있다면, 소비사회의 구원 가능성이 여기서부터 열릴 수 있을 거라 전망해 본다.

"따라서 세계에 대한 확인 가능한 것도 없다. — 그러므로 '현 실'은 속임수이다. 확인 가능한 것이 없다면, 세계는 근본적으로 환상이다. 전체 가운데 일부가 무엇으로 확인되더라도, 총괄적 으로 세계의 불확실성은 결정적이다."[11] 보드리야르의 『불가능한 교환』에 나오는 이 말은 극단으로 끌어올린 급진적 사유의 발로

일 테지만, 이 세상이 실재가 실종된 환상이라는 진단은 섬뜩하기조차 하다. 보드리야르는 이러한 속임수의 환상의 소비사회에서 혁명은 결코 도래하지 않는다고 강조한다. 메시지의 소비, 즉 메시지만 생산되고 소비되는 사회를 살아가는 소비인간은, 메시지의 소비에 함몰되어 혁명을 꿈꾸지도, 꿈꿀 의지도 없기 때문이다.

미디어가 독해체계의 제국주의를 만들고 있는 현실에서는 우리의 일상을 뚫고 들어오는 다양한 커뮤니케이션 매체와 그것의 상징성, 그리고 그 메시지를 파악하는 '미디어 독해력media literacy'[12]이 무엇보다 요구된다. 우리는 미디어 재현의 위기, 무기

---

11 보드리야르, 『불가능한 교환』, 배영달 역, 울력, 2001, 7쪽.
12 예컨대 우리나라의 새로운 정치 현상인 '강남좌파'는 부자와 진보의 이미지가 덧씌워진 시뮬라크르이다. 위키백과에서는 "강남좌파(江南左派)는 대한민국 사회의 진보적 이념, 프롤레타리아적 의식을 지닌 고학력, 고소득 계층을 지칭한다. 2005년 강준만 전북대 신문방송학과 교수가 범여권 386세대 인사들의 자체모순적 행태를 비꼬는 말로 쓰면서 일부 학계와 언론계 등에서 사용되기 시작했다. 당시에는 범여권 386 인사들의 특성을 비꼬는 말이었지만 신개념의 전문직, 문화계 종사자, 지식인 또는 고유한 특성을 가진 집단군을 지칭하는 용어로 확대되어 쓰이고 있다. 물론 의식과 물질이 따로 노는 이 같은 경향은 때때로 가진 자의 위선이나 허위의식이라고 비판받기도 한다. 그러나 '사회 양극화 방지', '인권', '평등 개념' 등 이들의 의식적 진보성이 많은 사회운동과 변혁의 동인이 돼 왔음은 부인할 수 없다"고 소개한다. 비판자들은 '패션 좌파', '살롱 좌파'라고도 한다. 간단히 말하면 자본주의의 부정적 측면을 이용해 돈 벌고 소비하고 누릴 것은 다 누리면서, 마치 패션을 위해 명품 옷을 구매하듯이, 진보적 정치 태도를 취하는 것을 말한다. 이때 강남좌파의 '이미지'에 편승해 자신의 정치적 신념을 결정한다면 역사의 퇴행을 초래하는 국면에 일조할 수도 있다. 따라서 정보 소비자에게는, 특히 영상미디어에 조작당하지 않는 자신만의 시선을 가지는 것이 무엇보다 요구된다고 하겠다.

력한 대중의 위기에 대응해야 한다. 따라서 대중은 자율적이고 주체적인 삶을 통해 미디어에 의한 자기재현을 지양하고 기본적으로 소비적 자아들마다 '차이의 욕망'을 추구하지 않는 것에서부터 출발해야 한다.

2
의미에게 더 이상 희망이 없다

내가 시간에 대해 말할 때, 그것은 아직 없으며

한 장소에 대해 말할 때, 그것은 사라져 버렸고

한 인간에 대해 말할 때, 그는 이미 사망했으며

시절에 대해 말할 때, 그것은 이미 더 이상 존재하지 않는다.[13]

보드리야르는 2007년 77세의 나이로 별세하기 직전에 『왜 모

---

13 보드리야르, 『사라짐에 대하여』, 하태환 역, 민음사, 2012, 13쪽. 레이몽 크노의 시 「은유들의 설명」 세 번째 연을 약간 변형한 듯하다. "한 장소에 대해 말할 때, 그것은 사라져 버렸고/한 인간에 대해 말할 때, 그는 이미 사망했으며/시절에 대해 말할 때, 그것은 이미 더 이상 존재하지 않는다."

든 것은 아직 사라지지 않았는가?』라는 텍스트를 남겼는데 이를 번역한 책이 『사라짐에 대하여』이다. 이 책에 소개된 이 시는 마치 보드리야르가 운명 직전에 읊은 '백조의 노래'[14]처럼 들린다. 그의 유작인 이 책은 극단으로 치닫는 현대문명에 유언장을 던지고 있다. 보드리야르는 "객관적 지식 습득과 기술 지배를 향해 나아가는 현대에 실제 세상과 인간은 사라졌으며, 현대의 문화는 유령으로 가득 찼다"고 이야기한다.

보드리야르는 디지털 기술이 극단으로 치달으면 결국 인간의 기능은 쓸모없게 되고 마침내 인류의 사라짐으로 귀결된다고 한다. "모든 것이 현실성 과도로 인해 사라지게 되면, 그리고 인간이 무제한의 기술 전개 덕분에, 정신적으로나 물질적으로나 자기가능성의 극단에 이를 수 있게 되면, 그러면 인간은 자신을 추방하는 인위적 세상에 자리를 넘기면서 사라진다."[15] 보드리야르는 "기술은 자신과 인간 사이에 결정적인 구분선을 긋고, 결국에는 인간에 반대하는 끝없는 가능성들을 전개하고, 조만간 인간의 사라짐을 초래할 것이다"[16]라고 말한다.

---

[14] 죽음을 눈앞에 두고 우는 백조의 아름다운 목소리에 대한 비유. 슈베르트의 〈백조의 노래〉(4번, 세레나데)가 유명하다.
[15] 보드리야르, 『사라짐에 대하여』, 19쪽.
[16] 보드리야르, 『사라짐에 대하여』, 21쪽.

따라서 마르크스가 보았던, 부정의 힘과 모순의 모터에 의해 추진되었던 근대는 그 완성의 과도함으로 인해 다른 세상이 되었다. 그 세상에서는 사물은 존재하기 위해 더 이상 그 반대가 필요하지 않으니. 빛은 더 이상 그림자가, 여성은 더 이상 남성이, 선은 더 이상 악이 필요하지 않다. 그리고 세상은 더 이상 우리를 필요로 하지 않는다.[17]

권터 안더스Günther Anders는 기술이 인간의 골동품성을 초래한다면서 문화종말론을 주장한다. "산업생산 기술은 인간에게 거꾸로 구속력 있는 영향을 미친다. 왜냐하면 인간은 인간의 통제에서 벗어나는 기구들을 더 이상 따라잡을 수 없기 때문이다. 진행성의 기술은 그 반대로 진행으로서 퇴행적인 인간학적 상황을 만들어 내고 인간의 골동품성을 초래한다."[18]

보드리야르는 안더스의 글을 인용하며 "인류가 만들어 낸 무기나 지식은 대재앙을 초래할 정도로 발전했지만 그를 표상하고 느끼는 인간의 능력은 원시 수준에 머물러 있다"고 지적한다.

리오타르Jean-François Lyotard는 『포스트모던의 조건La condition

---

17 보드리야르, 『사라짐에 대하여』, 21쪽.
18 프랑크 하르트만, 『미디어 철학』, 이상엽 외 역, 북코리아, 2006, 292쪽.

postmoderne』(1979)에서 예컨대 인간이 컴퓨터를 사용하게 되었다고 해서 세계를 이전보다 더욱 심층적이고 본질적으로 이해하게 되었다는 식의 사고는 존재하지 않는다고 강조한다. 기술이 더 깊이 있는 세계로 우리를 이끌지는 않으며 단지 더 효율적이고 생산적인 방식이 존재하게 되었을 뿐이라는 것이다.

그런데 안더스는 이러한 디지털 기술이 지배하는 사회에서 "미디어적 인간은 미디어적 실천에 맹목적으로 몰두한다"고 말한다. 왜냐하면 현실적인 것은 이러한 텔레비전의 모사를 통해서야 비로소 현실적인 것이 되고 영상의 현실이 진정한 세계경험을 대신하는 대체물이 되기 때문이다. 안더스는 "텔레비전의 고유한 기술은 현대의 미디어적 인간들을 플라톤의 동굴 속으로 내던졌다"고 강조한다.

텔레비전은 결국 매개의 차원에서의 미디어가 아니라 사이버 현실을 생산하는 역설적 기계인 것이다. 사이버 현실은 현실보다 더 현실적으로 존재함을 요구한다.[19]

19 프랑크 하르트만, 앞의 책, 314쪽.

이로써 텔레비전에서 명백하게 드러나는 것은 텔레비전이 현실을 모사하는 것이 아니라 자신의 고유한 현실을 만들어 낸다는 점이다. 인간은 이러한 맥락을 파악하고 있지 못하기 때문에 플라톤의 동굴과 같은 유형의 미디어문화 속에 사로잡혀 있다. 우리는 미디어 현실과 실제 현실을 혼동하게끔 강요당하고 있다.[20] 안더스가 그리는 미디어적 인간은 보드리야르의 시뮬라시옹 질서에 의해 만들어진 시뮬라크르라고 할 수 있을 것이다.

보드리야르는 "모든 형태의 기술적 이미지란 우리가 객관적 진실을 악착스럽게 추구하면서 만들어 낸 최후의 위대한 발명이다"라면서 "기술적 이미지로 모든 것을 가상의, 디지털의, 컴퓨터화된, 수치적 '현실'로 바꾸는 것 같다"[21]고 말한다. 그리고 그러한 기술들로 인해 인간의 사라짐을 예언한다.

"기술의 본질은, 전체에 대해, 그리고 전체에 반대하여 자신의 가능성들을 철저히 전개하고 불태우는 것이다. 그 전체 속에는 조만간 자신의 사라짐을 내포하고 있는 인간도 포함된다. … 그 세계는 더 이상 우리를 필요로 하지 않으며, 우리의 재현도 필요로 하지 않는다."[22]

---

20 프랑크 하르트만, 앞의 책, 317쪽.
21 보드리야르, 『사라짐에 대하여』, 43쪽.

기술에 의해 인간이 더 이상 할 일이 없게 되는 세상, 지능을 포함해 대부분 인간의 기능이 인공지능에 대체됨으로써 '쓸모없는 기능'으로 전락한다면 인간은 존재하지만 존재하지 않는 투명인간 신세가 될 것이다. 그것은 보드리야르가 암울하게 전망한 인간의 사라짐보다 오히려 더 비극적이다.

보드리야르에 따르면, 오늘날 허무주의는 더 이상 세기말적인, 음울하고, 바그너적이며, 스펭글러적이고 음침한 색깔을 띠지 않는다. 허무주의는 더 이상 퇴폐주의의 세계관으로부터도, (니체의) 신의 죽음으로부터 온 급진적인 형이상학과 그로부터 이끌어 내는 모든 결과들로부터도 유래하지 않는다.[23] 보드리야르는 오늘날의 허무주의는 투명성의 허무주의이며, 이것은 어떤 의미에서는 앞선 역사적 허무주의 형태들보다도 훨씬 근본적이고 치명적이라고 강조한다. 왜냐하면 이러한 투명성은 해소 불가능한 체계의 투명성, 그리고 이 체계를 분석하겠다고 주장하는 모든 이론의 투명성이기 때문이다.

보드리야르는 "신이 죽었을 때는, 아직 이 사실을 알릴 니체가 있었다. 그러나 모든 사물들의 시뮬라크르된 투명성 앞에서는,

---

22 보드리야르, 『사라짐에 대하여』, 45쪽.
23 보드리야르, 『시뮬라시옹』, 245쪽.

신은 죽지 않고, 초과실재가 되었다, 더 이상 자신의 것들을 알아볼 이론적이고 비평적인 신이 없다"고 강조한다. 신이나 성상마저도 시뮬라크르로 인식되는 세계에서는 인간이 구원을 호소할 존재가 사라지기 때문이다. 급기야 보드리야르는 "세계, 그리고 우리 모두는, 산 채로 시뮬라크르 속으로 들어간다"면서 "허무주의는 기묘한 방식으로 더 이상 파괴 속에서가 아니라 시뮬라시옹과 저지 속에서 완전히 실현되었다"[24]고 강조한다. 보드리야르는 자신은 허무주의자라며 이렇게 외친다.

더 이상 생산의 양식이 아니라, 사라짐의 양식에 의해 강박적으로 사로잡혀 있는 것이 허무주의적이라 한다면, 나는 허무주의자이다.[25]

오늘날 세계는 시뮬라시옹에 의한 의미의 파괴, 과도 시뮬라시옹, 이상발달, 과도 목적성에 의한 자기 목적의 부정, 증식에 대한 과잉증식의 복수, 무기력 속에서 속도의 복수 등으로 허무주의를 가속화시킨다고 보드리야르는 주장한다. 보드리야르는 실재하지 않는 시뮬라크르들이 포스트모던 이전의 주요한 사실인

---

24 보드리야르, 『시뮬라시옹』, 245-246쪽.
25 보드리야르, 『시뮬라시옹』, 249쪽.

역사와 재현, 비판 등 진짜 의미를 파괴했다면서 "변증법적인 무대, 비평적인 무대는 공허하다. 더 이상 무대가 없다. 그래서 의미의 치료법 혹은 의미에 의한 치료법은 없다"[26]고 말한다.

보드리야르는 『시뮬라크르와 시뮬라시옹』의 마지막 문장을 이렇게 장식한다.

의미에게 더 이상 희망이 없다. 그리고 이것은 다음을 말한다: 의미는 죽음을 면할 수 없는 것이다.[27]

보드리야르에게서는 인간의 구원 가능성이 보이지 않는다. 하지만 역설적으로 그의 이러한 급진적 사유는 아직 인간에게 구원의 시간이 남아 있다는 외침이 아닐까.

26 보드리야르, 『시뮬라시옹』, 247쪽.
27 보드리야르, 『시뮬라시옹』, 252쪽.

참고문헌

• **보드리야르 저서 단행본**

보드리야르, 장(1968), 『사물의 체계*Le Système des objets: la consommation des signes*』, 배영달 역, 지식을만드는지식, 2011.

_____(1970), 『소비의 사회*La Société de Consommation: ses mythes, ses structures*』, 이상률 역, 문예출판사, 1992.

_____(1972), 『기호의 정치경제학비판*Pour une critique de l'économie politique du signe*』, 이규현 역, 문학과지성사, 1998.

_____(1973), 『생산의 거울*Le Miroir de la production*』, 배영달 역, 백의, 1994.

_____(1979), 『유혹에 대하여*De la séduction*』, 배영달 역, 백의, 2002.

_____(1981), 『시뮬라시옹*Simulacres et Simulation*』, 하태환 역, 민음사, 2001.

_____(1986), 『아메리카*Amérique*』, 주은우 역, 산책자, 2009.

_____(1991), 『세계의 폭력*La Violence du monde avec Edgar Morin*』, 배영달 역, 동문선, 2003.

_____(1997), 『토탈 스크린*Écran total*』, 배영달 역, 동문선, 2002.

_____(1999), 『불가능한 교환*L'Échange impossible*』, 배영달 역, 울력, 2001.

_____(2000), 『건축과 철학*Les Objets singuliers: architecture & philosophie, dialogue avec l'architecte Jean Nouvel*』, 배영달 역, 동문선, 2003.

_____(2000), 『암호*Mots de passe*』, 배영달 역, 동문선, 2006.

_____(2002), 『지옥의 힘*Power Inferno*』, 배영달 역, 동문선, 2003.

_____(2002), 『테러리즘의 정신*L'esprit du terrorisme*』, 배영달 역, 동문선, 2003.

_____(2007), 『사라짐에 대하여*Pourquoi tout N'a-t-il pas Deja Disparu?*』, 하태환 역, 민음사, 2012.

• 주요 단행본

강태완, 「매체미학을 통한 탈시뮬레이션 전략」, 김성재 외, 『매체미학』, 나남, 1998.

권택영, 『잉여 쾌락의 시대』, 문예출판사, 2003.

김규원, 『몸의 확장』, 가산출판사, 2000.

김성재 외, 『매체미학』, 나남, 1998.

김호기 외, 『지식의 최전선』, 한길사, 2002.

드릴로, 돈, 『화이트 노이즈』, 강미숙 역, 창비, 2005.

드보르, 기, 『스펙터클의 사회』, 이경숙 역, 현실문화연구, 1996.

드브레, 레지스, 『이미지의 삶과 죽음』, 정진국 역, 시각과 언어, 1994.

드워킨, 안드레아, 『포르노그래피』, 유혜련 역, 동문선, 1996.

레인, 리처드 J., 『장 보드리야르 소비하기』, 곽상순 역, 앨피, 2008.

로페즈 주니어, 도널드 S., 『샹그릴라의 포로들』, 정희은 역, 창비, 2013.

르페브르, 앙리, 『현대세계의 일상성』, 박정자 역, 기파랑, 2005.

_____, 『모더니티 입문』, 이종민 역, 동문선, 1999.

리오타르, J. F., 「포스트모더니즘이란 무엇인가?」, 『포스트모더니즘의 이해』, 김 욱동 편, 문학과지성사, 1999.

마이어스, 토니, 『누가 슬라보예 지젝을 미워하는가』, 박광수 역, 앨피, 2005.

매체철학연구회, 『매체 철학의 이해』, 인간사랑, 2005.

맥루언, 마셜, 『미디어의 이해』, 김성기·이한우 역, 민음사, 2002.

메리필드, 앤디, 『매혹의 도시, 맑스주의를 만나다』, 남청수 외 역, 시울, 2005.

박기현, 『문화콘텐츠를 위한 미디어미학』, 만남, 2006.

박재환, 『일상생활의 사회학』, 한울, 2008.

박정자, 『로빈슨 크루소의 사치』, 기파랑, 2006.

배영달, 『보드리야르와 시뮬라시옹』, 살림, 2005.

_____, 『보드리야르의 아이러니』, 동문선, 2009.

벤야민, 발터, 『발터 벤야민의 문예이론』, 반성완 편역, 민음사, 1983.

부어맨, 닐, 『나는 왜 루이비통을 불태웠는가』, 최기철·윤성호 역, 미래의창, 2007.

불츠, 노르베르트, 『구텐베르크—은하계의 끝에서』, 윤종석 역, 문학과지성사, 2000.

브리스토우, 조셉, 『섹슈얼리티』, 이연정·공선희 역, 한나래, 2000.

사회와 철학 연구회, 『촛불, 어떻게 볼 것인가』, 울력, 2009.

쉬어, 로버트, 『권력의 포르노그래피』, 노승영 역, 책보세, 2009.

스트러더스, 윌리엄 M., 『포르노그래피로부터의 자유』, 황혜숙 역, 코리아닷컴, 2011.

심상민, 『미디어는 콘텐츠다』, 김영사, 2002.

아리스토텔레스, 『니코마코스 윤리학/정치학/시학』, 손명현 역, 동서문화사, 2007.

안창현, 「전자기술시대의 하이퍼리얼리티」, 『영화문화연구』 제11회 논문집, 한국예술종합학교 영상원 영상이론과, 2009.

앰브로즈, 스티븐, 『국제 질서와 세계주의』, 권만학 역, 을유문화사, 1996.

에틴거, 로버트, 『냉동인간』, 문은실 역, 김영사, 2011.

와이만, 가브리엘, 『매체의 현실 구성론』, 김용호 역, 커뮤니케이션북스, 2003.

웍스, 제프리, 『섹슈얼리티: 성의 정치』, 서동진 역, 현실문화연구, 1994.

유수민, 『과학이 광우병을 말하다』, 지안, 2008.

이희수·이원삼, 『이슬람: 9·11테러와 이슬람 세계 이해하기』, 청아출판사, 2004.

임철규, 『눈의 역사 눈의 미학』, 한길사, 2004.

제임슨, 프레드릭, 『보이는 것의 날인』, 남인영 역, 한나래, 2003.

지라르, 르네, 『낭만적 거짓과 소설적 진실』, 김치수 외 역, 한길사, 2001.

지젝, 슬라보예, 『잉여쾌락의 시대』, 권택영 역, 문예출판사, 2003.

진중권, 『진중권의 현대미학 강의』, 아트북스, 2003.

참여연대 참여사회연구소, 『어둠은 빛을 이길 수 없습니다』, 한겨레출판, 2008.

최문규 외, 『기억과 망각―문학과 문화학의 교차점』, 책세상, 2003.

최효찬, 『일상의 공간과 미디어』, 연세대출판부, 2007.

_____, 『테러리즘과 미디어』, 커뮤니케이션북스, 2001.

_____, 『하이퍼리얼 쇼크』, 위즈덤하우스, 2011.

칸트, 이마누엘, 『판단력 비판』, 김상현 역, 책세상, 2005.

코펜스, 아라만드, 『어느 포르노 수집가의 회고록』, 송병선 역, 예문, 1995.

파울슈티히, 베르너, 『근대초기 매체의 역사』, 황대현 역, 지식의풍경, 2007.

푸코, 미셸, 『미셸 푸코, 섹슈얼리티의 정치와 페미니즘』, 황정미 역, 새물결, 1995.

_____, 『감시와 처벌』, 오생근 역, 나남, 2003.

플라톤, 『플라톤의 국가론』, 최현 역, 집문당, 1990.

플로베르, 구스타브, 『보봐리 부인』, 최현주 역, 청목, 1989.

하비, 데이비드, 『모더니티의 수도 파리』, 김병화 역, 생각의 나무, 2005.

호록스, 크리스 글·저브틱, 조란 그림, 『보드리야르』, 권순만 역, 김영사, 2008.

힐튼, 제임스, 『잃어버린 지평선』, 류시화 역, 정신세계사, 1995.

• 외서

Bataille, Georges(1985), *Visions of Excess Selected Writings*, 1927–1939, trans.
　　Allan Stoekl, Carl R. Lovitt and Donald M. Leslie, Jr, Minneapolis: University of
　　Minnesota Press.

Baudrillard, Jean(1981) [1972], *For a Critique of the Political Economy of the Sign*,
　　trans. Charles Levin, St Louis: Telos.

＿＿＿＿＿＿(1995) [1991], *The Gulf War Did Not Take Place*, trans. Paul Patton,
　　Sydney: Power.

＿＿＿＿＿＿(1997) [1968], *The System of Objects*, trans. James Benedict, London:
　　Sage.

＿＿＿＿＿＿(1998b) [1970], *The Consumer Society: Myths and Structures*, Lon
　　don: Sage.

Cohen, Robert(ed.)(1998), *Peter Weiss: Marat/Sade*, The Investigation, The Shadow
　　of the body of the Coachman, New York: Continuum.

Larkin, Maurice(1991), *France Since the Popular Front: Govermment and Peaple
　　1936–1986*, Oxford: Clarendon.

• 논문

고길섶, 「기관 없는 신체와 이데올로기적 국가장치」, 『문화과학』, 통권30호, 2002.

권택영, 「죽음 충동이 플롯을 만든다: 돈 드릴로의 『백색소음』」, 『영어영문학』 제

157권 1호, 2001.

양운덕, 「현대 비판사회이론의 흐름—푸코의 권력계보학」, 『경제와 사회』 35, 1997.

엄기호, 「포르노 문화를 통해 본 청소년 섹슈얼리티 연구」, 연세대 석사논문, 1998.

이은정, 「'이방인'들의 공동체: 인간과 공동체에 대한 하이데거와 레비나스의 사유」, 연세대 박사논문, 2009.

조광익, 「근대 규율권력과 여가 관광: 푸코의 권력의 계보학」, 『관광학연구』 제26권, 2002.

최효찬, 「한국 신문의 논제구축에 관한 연구」, 연세대 석사논문, 1996.

_____, 「시각적 감응에 의한 억압과 배제」, 『비교문학』 제52집, 2010.

_____, 「하이퍼리얼 '저지기계'로서의 스캔들 그리고 아이러니: 장 보드리야르의 시뮬라시옹 질서를 중심으로」, 『비교문학』 제63집, 2014.

• 기타

강준만, "보드리야르: '시뮬라시옹'이란 무엇인가", 대자보, 2006.07.07.

김성은, "파멜라 앤더슨, '아들에 엄마 섹스장면 보여 주겠다.'", 유코피아, 2009.11.20.

김유영, "진짜보다 진짜 같은 뉴스 '진실의 종말' 시대 오나", 동아일보, 2019.03.01.

김종목, "'삼촌팬' 위장한 이성애적 욕망", 경향신문, 2010.07.13.

뉴스위크, "어느 슈퍼모델의 죽음", 통권 981호(2011.06.01).

문수경, "우리나라 여성들은 왜 다이어트에 목숨 걸까", 노컷뉴스, 2010.11.25.

신용관, "당신의 인생을 바꿀 영화 〈19〉〈대부2〉", Topclass, 2019.06.

송병승, "〈특집: 9·11 5년〉 ⑧ 범인재판 흐지부지 … 끊이지 않는 음모론", 연합뉴스, 2006.09.01.

이새봄, "태블릿 PC 몰락은 '포르노 사이트'가 제일 먼저 안다?", 매일경제, 2019.
01.24.

정미경, "[9·11 그 후 10년, 삶이 달라진 사람들]〈2〉 장벽-이슬라모포비아 狂風…
美 240만 무슬림 '고난의 10년.'", 동아일보, 2011.09.05.

정용인, "9·11테러 '음모론' 진실은 어디 있나?", 주간경향 742호(2007.09.18).

조지영, "'〈비트〉 이후 조폭 영화 지양' … 정우성이 밝힌 책임감의 무게", 스포츠
조선, 2019.01.22.

정연주, "존 에스포지토 인터뷰 ─ 그들은 냉전이후 새로운 적이 필요했다", 한겨
레, 1998.07.08.

최승현, "가창력 꼴찌 아이돌 그룹·멤버", 조선일보, 2011.04.08.

영화 〈내 이름은 칸My Name Is Khan〉, 카란 조하란, 2010.

영화 〈뮌헨Munich〉, 스티븐 스필버그, 2005.

영화 〈킹덤The Kingdom〉, 피터 버스, 2007.

퐁피두센터(https://www.maxpixel.net/Pompidou-Centre-Art-Gallery-France-
Paris-732740).

세창사상가산책 **18** │ 보드리야르

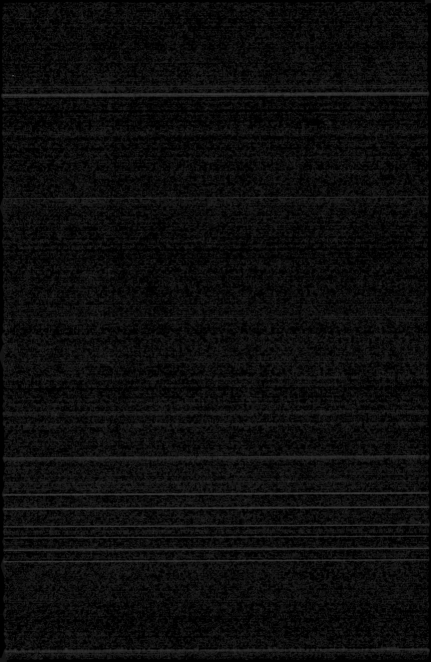